성품리더십훈련을 통해서 그리스도의 온전穩全한 성품을 닮은 리더가 많이 나오기를 간절히 기도합니다

지은이 **신명균(申溟均)**

저자는 조금은 특별한 인생을 경험했다.
변호사를 꿈꾸던 학창시절 우주의 신비로움에 사로 잡혀
스스로 교회에 첫 발을 디딘 것이 계기가 되어 목회자가 되었다.
하나님께서 학창시절 자신이 꿈꾸던 장래희망(변호사-외교관-목사)과는 역순으로
29세에 먼저 목사가 되게 하신 후 무역·법무일 등 그가 꿈꾸던
일들을 경험케 하셨다고 고백한다. 하나님을 인격적으로 만난 이후,
그리스도의 온전한 성품을 따르고자 하는 그의 삶은
'그리스도 중심적 성품리더십' 연구로 이어졌다.
그는 날마다 성령의 열매를 일깨우고 강화하는 훈련을 통해
그리스도의 성품을 닮은 온전한 사람으로 변화될 수 있음을 믿는다.

■ 학력
백석대학교 기독교전문대학원 졸업(신학박사/Th.D.)
백석대학교 실천신학대학원 졸업(신학석사/Th.M.)
경희대학교 언론정보대학원 졸업(언론학석사/저널리즘학과 신문잡지전공)

■ 논문(신학박사 학위논문)
"그리스도 중심적 성품리더십 연구: 소그룹리더 양육훈련을 중심으로"

리더가 갖추어야 할
성품리더십

리더가 갖추어야 할 성품리더십

- 2쇄 2025년 5월 31일
- 저자 신명균   • 발행인 윤상철
- 편집 이연실
- 표지그림 손형우
- 발행처 대유학당   • 출판등록 1993년 8월 2일 제 1-1561호
- 주소 서울 성동구 아차산로17길 48 SK V1 센터 1동 814호
- 전화 (02) 2249-5630, 010-9727-5630
- 블로그 http://blog.naver.com/daeyoudang
- 유튜브 대유학당 TV
- 본문의 성경은 『개역개정 성경』을 따랐음
- ISBN 978-89-6369-163-3 03230
- 값 23,000원

추천의 글

최낙중 박사
(사)한국청소년바로세우기운동협회 이사장
해오름교회 원로목사

저자 신명균 박사는 영성과 지성을 겸비한 분이다. 추천인이 백석대학교 기독교전문대학원 초빙교수시절에 석사과정 5학기를 함께 공부하였는데 성품이 온화하고 긍정적이며 섬김을 다했던 모범 학생이었다. 늘 성실함을 보였던 저자는 오랜 연구 끝에 "그리스도 중심적 성품리더십 연구" 논문으로 박사 학위를 받았다.

이번에 발간하는 『리더가 갖추어야 할 성품리더십』이라는 책은 이 시대 교회 소그룹리더 및 모든 공동체 리더들에게 반드시 필요한 책이다. 예수 그리스도께서 친히 본을 보여주신 섬김의 리더십(servant leadership)이 어떤 것인가를 명확히 알려 주고 있기 때문이다. 이 책의 저자가 목회 현장에서 배우고 익힌 것들을 담은 것이기에 더욱 실감이 난다. 우리 그리스도인은 인격과 삶에 있어서 그리스도의 장성한 분량까지 자라야 한다(엡 4:13).

그리스도인이란 그리스도에게 속한 자요 그리스도를 닮은 자라는 뜻이다. 요즘에는 성령의 권능을 받고 여러 가지 은사들도 받은 분들이 많으나 하나님께서 원하시고 바라시는 성령의 열매를 맺는 자는 많지 않다. 잘 훈련된 한 사람이 훈련되지 않고 무장되지 않은 천명보다 낫다. 십삼만 명의 미디안 군대와 싸워서 이긴 기드온의 삼백 명 용사를 보라! 제자(disciple)는 훈련(discipline)으로 된다. 훈련은 이미 알고 있는 것들을 단순, 반복, 지속, 강행으로 그것들을 습관화하고 체질화하며 생활화에 이르게 하는 것이다. 이번에 발간된 이 책을 통해 하나님이 보시기에 합당한 교회 리더들이 많이 나오기를 바란다.

> "우리가 다 하나님의 아들을 믿는 것과 아는 일에
> 하나가 되어 온전한 사람을 이루어
> 그리스도의 장성한 분량이 충만한 데까지 이르리니"
> - 에베소서 4장 13절 -

추천의 글

조성래 목사(신학박사)
TEE Korea/공동체학습연구원장

　그리스도의 제자는 교회의 리더로 세워지기 전에 "그리스도의 말씀으로 변화를 받아" 그 성품이 그리스도를 닮아 작은 그리스도가 되어가고 있어야 합니다. 작은 그리스도가 되어가는 변화가 계속 일어나고 있어야 비로소 그 따르는 자들을 변화로 이끌 수 있을 것입니다. 그러므로 교회리더 훈련에서 성품 훈련을 강조하는 것은 당연히 있어야 할 것입니다. 이런 면에서 신명균 박사님의 저서『리더가 갖추어야 할 성품리더십』은 교회 리더가 갖추고 있어야 할 성품 구축에 대한 새롭고도 변혁적인 접근 방식을 제공하는 시의적절한 책입니다.

　이 책의 강점은 철저하게 성경적이면서 또한 철저하게 실천적이라는 것입니다. 즉 먼저 모든 주장을 갈라디아서 5:22-23에 나와 있는 성령의 9가지 열매에 초점을 맞추어 성품 변화를 위한 강력한 성경적 기초를 제공하고 있으며, 이어서 단지 신학적 고찰이나 서사에 그치지 않고 실천적으로 '제자훈련' 'TEE 소그룹

공동체학습' 등 몇 개의 프로그램에 적용하여 해석해 보고 다시 신학적으로 고찰하는 프락시스의 과정을 거쳐서 리더의 성품 훈련을 위한 성경적이면서도 견고한 실천적 내용을 가지고 있다는 것입니다.

교회의 리더들을 그리스도와 같은 성품을 갖춘 리더로 훈련하고 참된 하나님의 나라를 이루어가고자 하는 열망을 가진 교회와 모든 공동체를 이끄는 리더들에게 이 책을 필독할 것을 적극 추천합니다.

추천의 글

김상구 교수(신학박사)
백석대학교 개혁주의생명신학실천원 본부장
실천신학대학원 원장

훌륭한 리더 양육은 건강한 공동체 활성화에 지대한 영향을 끼친다. 영적으로 건강하고 성숙한 리더를 양육하기 위한 체계적인 성품 훈련은 매우 중요하며, 교회나 모든 공동체에서 절실하게 요구된다. 그럼에도 한국교회의 리더 양육은 훈련체계의 부족과 리더의 성품 훈련 및 리더십 훈련에 아쉬움을 더하고 있다.

저자는 교회 소그룹공동체 활성화에 많은 관심을 가지고 있으며, 그리스도 중심의 성품리더십 연구에 매진하였다. 그 연구 성과는 '성령의 9가지 열매를 핵심 원리로 리더를 위한 성품리더십 양육훈련 프로그램'이라는 교회 공동체의 새로운 도약을 위한 실천신학의 성과로 이어졌다. 이 책에서 제시하고 있는 성품리더십 훈련은 교회 공동체 활성화를 위한 그리스도 중심의 성품리더십을 지닌 인재 양성에 크게 기여할 것이다.

저자가 이 책에서 제시하고 있는 '성품리더십 양육훈련'은 건강한 교회 공동체를 회복하고, 그리스도의 성품을 겸비한 전인적인 리더를 재생산한다. 성품리더십 양육훈련의 핵심 원리와 가치는 성령의 9가지 열매에 있다. '성령의 열매'는 하나님의 은혜로 주어지는 것이기에 가르쳐서 얻어지는 것이 아니며, 지속적이고 반복적인 훈련을 통해 영적으로 일깨우고 강화할 수 있음을 저자는 밝히고 있다.

성품리더십 훈련은 교회 리더에게 하나님을 섬기는 종, 예수 그리스도의 헌신과 사랑, 성실함과 정직함, 한결같은 사랑과 정의를 실천하는 성품리더십을 강화하고 실천적 삶을 이루게 하며, 사회의 모든 소그룹의 공동체 활성화에 기여할 수 있다. 성품리더십은 이 시대 모든 리더가 갖추어야 할 리더십이다. 그런 의미에서 목회자뿐 아니라 평신도 리더들이 본서를 읽고 숙독(熟讀)하길 적극적으로 추천한다. 이 책은 새로운 시대를 여는 리더십의 지침서가 될 것이다.

추천의 글

김영태 박사
백석대학교 기독교전문대학원 외래교수
원주신촌감리교회 담임목사

한국교회는 아직도 목회자나 소그룹 리더의 핵심 자질을 설교 사역이나 말씀양육을 최우선에 두고 있다. 그러나 말씀사역을 전무(專務)할 목회자는 설교자이기 전에 참된 "인격, 성격, 인성, 기질"을 토대로 소위 자신의 콜링에 합당히 쓰임받도록 그리스도 성품을 소유하는 자가 되는 것이 중요하다. 이 성품을 기반한 리더십을 유기체적 생명체인 교회의 모든 구성원들에게 발휘해야 할 것이다. 스텐리 하우어워스(Stanley Hauerwas)는 "바른 성품이란 자신의 부르심에 합당한 존재가 된다는 의미"라고 말하면서, 그리스도인은 좋은 삶을 일구고 삶의 의미를 선택하려고 할 때 결국 그 사람의 "성품"이 결정하는 것이라고 보았다. 모든 교회의 리더들이 새겨야 할 애정 어린 조언이라고 본다.

그렇다. 교회는 사람들로 하여금 타고난 성품을 발견하여 구원에 이르도록 돕고, 후천적으로 훈련하여 균형 잡힌 그리스도인으로 살아가도록 리더십을 발휘하도록 양육하는 곳이다. 이러한 과업 앞에 그동안 한국교회는 그리스도인으로 살아가도록 돕고 훈련하는 성품이 발화되는 리더 세우기와 성품리더십에 무관심하였다. 목회자들은 성품 훈련을 받은 적도 거의 없으며, 교회 안에 소그룹이나 소그룹 리더에게 성품을 갖추는 훈련과 양육에는 미온적이었다. 예수께는 호감이 가지만, 목회자를 포함하여 교회리더들의 성품이 불량하여 실망하고 교회와 신앙을 떠나 가나안 교인이 되거나, 플로팅 성도들이 된 이들이 얼마나 많은가!

본서 『리더가 갖추어야 할 성품리더십』은 이같은 성찰에 해답을 풀어가게 해주는 마중물과 같은 책이다. 이 책이 세상에 빛을 보게 되어 정말 기쁘기 그지 없다. 저자 신명균 박사는 거의 10년 정도를 이 분야를 연구하여 논문을 제출하고 학위를 마친 그리스도성품 목사이다. 그리스도중심의 성품리더십을 창안하신 목회자이다. 『리더가 갖추어야 할 성품리더십』은 교회의 소그룹과 소그룹리더들이 살아야 교회가 살고, 목회자가 사역이 혼자가는 외로운 일이 되지 않으며 교회 본질에 충실할 수 있다고 항변한다. 본서의 구성과 강조점은 다음과 같다. 첫째, 교회는 소그룹과 리더십이 중요한데, 소그룹리더들은 다양한 일반 리더십유형도 중요하지만, 그리스도중심성으로 성품리더십을 갖추어야 한다는 것이다. 둘째, 소그룹리더들을 위한 그리스도중심 성품리더십을 자세히 살피고 있다. 성품리더십이 일반리더십에서도 이미 사용된다는 전제하에, 저자는 교회 안의 소그룹 리더들은 성경적인 성품리더십이 필요하다는 것이다. 성경적이고 그리스도중심적인 리더십이란 그리스도의 사랑과 희생으로 교회공동체 구성원들에게 영향을 끼치는 섬김의 리더십이며, 이는 타고난 성품 플러스에 후천적 훈련으로 성품이 얼마든지 변화될 수 있다고 보고 있다. 셋째, 그리스도 중심성품리더십을 실제 훈련하는 프로세스를 성령의 9가지 열매로 제시한다. 성령의 열매가 타고난 성품은 아니지만, 성령의 사람이 되면 누구나 훈련을 통해 9가지 열매가 더 풍성하게 결실하게 되어 결국 소그룹은 그리스도중심의 성숙한 그리스도인으로 성장할 수 있다고 강조한다.

이 책의 특화된 강점은 바로 성품리더십 훈련프로세스라는 이론과 실제를 실증적으로 제시해 주고 있다는 점이다. 각 교회가 실제로 성품리더십 훈련세미나와 성경공부 시간을 활용하여 시행할 수 있도록 친절하고 재미있게 구성하였다. 마지막으로 그리스도중심 성품리더십의 텔로스는 소그룹공동체의 활성화에 있다고 강조하며, 이 훈련프로세스를 통해 얻게 될 기대효과를 제시해 주고 있다.

나와 10년 지기 신명균 박사는 박사과정 중에 '성품목사'로 별칭을 얻었다. 그는 연구 중에도 콘텐츠에 대해 머리나 가슴에만 담지 않고, 마치 예수 그리스도가 그렇게 하셨듯이 몸으로 실행하시는 분이었다. 수업중이든 식사를 하든 모임을 하든 어떤 상황앞에서도 원우들이나 교수를 앞서지 않고 사랑과 희생의 그리스도성품을 실제화하신 분이다. 그의 수고로 내놓은 본서가 한국교회 소그룹리더와 목회자들에게 그리스도 성품훈련을 통한 교회 건강성은 물론 리더십 회복에 큰 기여를 하는 첫걸음이 되길 소망한다. 교회소그룹 리더십 갱신에 고민하거나 새물결을 찾고자 하는 신학도, 목회자, 교회소그룹 리더들이 꼭 일독하시길 기대한다. 교회마다 그리스도중심 성품교회들로 새로운 변화를 일으키는 빛나는 발화체가 되길 바라며, 본서를 적극 추천하는 바이다.

서 문

　필자는 신앙생활을 하면서 '어떻게 하면 그리스도의 성품을 온전히 닮을 수 있을까?'를 늘 고민하였다. 인생의 큰 스승이신 靑海 목사님께서 "마음보(良心)를 바르게 하고 일생 경천(一生敬天)의 삶을 살라"고 하신 가르침을 늘 마음속에 새기고, 성경 속에서 그 답을 찾고 실천하고자 노력하였다.

　이 책은 필자의 박사학위 논문 "그리스도 중심적 성품리더십 연구"의 3장과 4장의 내용을 중심으로 편집하였다.

　본 책은 '성령의 9가지 열매'를 핵심원리로 한 '성품리더십 재생산 훈련'을 통해 전인적(全人的)인 리더를 양육하는데 목적이 있다. 성경을 공부해서 성품리더십을 체득한 리더의 교인양육훈련은, 교회 공동체 형성 및 활성화에 튼튼한 뿌리가 될 뿐 아니라 교인이 아닌 일반인들의 성품리더십 형성에도 긍정적 효과를 줄 수 있기 때문이다.

　본 책의 핵심은 '리더의 성품리더십 훈련'에 있다. 성품리더십 훈련은 건강한 교회 공동체를 회복하고, 그리스도의 성품을 체득한 전인적인 리더를 양육하는 것을 목표로 한다. 성품리더십 훈련의 원리인 '성령의 9가지 열매'는 가르쳐서 얻어지는 것이 아니다. 이미 은혜를 받아서 각자의 내면에 '성령의 열매'가 담겨져 있으므로, 이를 일깨우고 강화할 뿐이다.

이 '성령의 9가지 열매'를 일깨우고 강화하는 훈련을 '그리스도 중심적 성품리더십 양육훈련'이라고 한다. 그리스도 중심적 성품리더십 양육훈련은, 이웃과 형제에 대한 실천적 사랑을 통해서 '관계적 공동체성'을 회복할 수 있게 한다. 리더는 이웃과 사회적 약자를 배려하는 기쁨으로, 어려움을 극복하고 공동체의 결속력을 공고하게 하는 성품리더십을 강화함으로써 리더십을 재생산하는 것이다. 즉 타인에 대한 관용과 사랑의 마음으로 건강한 신앙공동체를 이루게 하는 것이다.

그리스도 중심적 성품리더십 훈련은, 리더에게 하나님을 섬기는 종, 예수 그리스도의 헌신과 사랑, 성실함과 정직함, 한결같은 사랑과 정의를 실천하는 리더십을 강화하게 만듦으로써 그리스도 중심적 삶을 실천하게 한다.

필자는 '그리스도 중심적 성품리더십 양육훈련'이 소그룹 활성화와 공동체 강화에도 크게 기여할 수 있으리라 확신하며, 목회 현장과 사회 각 분야의 소그룹공동체에 적용되고 활용되어서 선한 영향력을 끼칠 수 있기를 소망한다. 아울러 이 성품리더십훈련을 통해서 그리스도의 성품을 온전히 닮은 리더가 많이 나올 수 있기를 예수 그리스도 앞에서 간절히 기도하는 것으로 서문을 대신한다.

목 차

추천의 글　최낙중 박사　　　　　　　　　　4
추천의 글　조성래 목사(신학박사)　　　　　6
추천의 글　김상구 교수(신학박사)　　　　　8
추천의 글　김영태 박사　　　　　　　　　　10
서문 14 / 목차 16

Chapter1 소그룹과 리더십　　　　　　　17
제1절　교회 내 소그룹 이해　　　　　　　　20
제2절　리더십과 성품리더십　　　　　　　　65

Chapter2 성경에 담긴 성품리더십　　　　93
제1절　성품리더십의 성경적 이해　　　　　　96
제2절　성품리더십의 그리스도 중심성　　　109
제3절　리더에게 필요한 성품리더십　　　　115

Chapter3 성경적 성품리더십 훈련 프로세스　137
제1절　소그룹리더를 위한 성령의 열매 훈련 근거　139
제2절　성령의 열매를 통한 훈련　　　　　　144
제3절　재생산 훈련　　　　　　　　　　　　230
제4절　그리스도 중심 성품리더십 원리와 훈련 프락시스　250
제5절　소그룹 공동체 강화 활성화 방안　　265
제6절　소그룹리더 양육훈련의 기대효과와 전망　274

Chapter4 결론　　　　　　　　　　　　　285
참고 문헌　　　　　　　　　　　　　　　　292

Chapter1 소그룹과 리더십

현대 한국교회가 당면한 중요한 문제 중의 하나는 소그룹목회 시스템의 부재로 소그룹활동이 위축되고 있다는 것이다. 이와 같은 현상은 소그룹의 중요성에 대한 인식부재 그리고 변화를 하고자하는 의지가 부족한 이유도 있지만, 더 중요한 이유는 소그룹을 이끌고 나갈 리더의 절대 부족에서 찾을 수 있다.

소그룹이 활성화 되지 못하면, 점점 소그룹의 기능이 상실되면서 교회 공동체가 약화될 수밖에 없다. 더구나 COVID-19와 같은 급변하는 환경을 맞았을 때, 소그룹활동의 약화와 리더의 부재가 교회공동체에 얼마나 치명적이었는지는 우리 모두가 경험해 본 바 그대로이다.

이에 필자는 담임목사 중심의 교회에서 탈피하여, 모범적이고 이상적인 소그룹공동체 우선의 교회를 제시하고, 그리고 목회활동에서의 소그룹리더의 중요성을 살피고자 한다. 또 건강한 소그룹리더십을 구약 및 신약성경과 교회부흥에 중요한 역할을 한 소그룹활동의 역사를 통해 고찰하고, 아울러 건강한 교회의 소그룹리더에게 필요한 성품과 성품리더십을 연구고찰해 보고자 한다.

 **제1절** 교회 내 소그룹 이해

1. 소그룹의 중요성과 소그룹리더

1) 소그룹의 중요성

교회 소그룹은 예수 그리스도의 제자훈련에서 기원하였으며, 중세와 근대 교회를 거치며 발전되어 왔다. 현재는 교회의 내적 요구와 급변하는 사회 환경변화에 적응하고자하는 교회 소그룹에 대한 요구가 많아졌다.

산업혁명 이후 공동체의 변화와 붕괴는 공동체의 관계약화로 이어졌으며, 현대의 개인주의 확산과 금권만능주의는 인격 없는 인간관계를 양산하면서 소외감을 느끼게 한다. 개인을 감싸주던 공동체라는 울타리가 없어진 것이다.

사회 공동체 연구자인 로버트 니스벳(Robert A. Nisbet)은, 공동체 소외의 대안으로 '안정적인 소그룹공동체'를 제시했다. 현대인은 소그룹공동체 안에서 안정을 느끼며, 금권주의 개인주의가 확산되며 거대화 된 사회로부터 자신을 보호하고자 하는 것이다.

소그룹은 현대인에게 안정감을 느끼는 공동체를 제공하고, 인간적 유대관계를 형성하게 한다는 점에서 '소그룹공동체'와 '개인'은 불가분의 관계를 이룬다. 대중집회가 아니라 소그룹공동체 활동을 통해 인간적 유대감과 결속력을 강화할 수 있는 것이다.

교회의 소그룹활동은 인간관계를 강화하고 교회공동체의 역할을 활성화하며 교인의 유대 관계를 형성하는데 기여할 수 있으므로, 교회는 다양한 소그룹활동을 위한 프로그램을 세우고 지원하여야 한다. 또 봉사활동을 하는 소그룹공동체 활동은, 어려운 이웃을 위한 적극적인 표현이며 신앙의 실천이기도 하다. 교회의 소그룹공동체 활동은, 그리스도인의 삶과 건강한 시민의 역할을 함께 수행하는 것이다.

건강한 교회의 공통된 특징은, 교인들의 삶을 함께하고 상호간에 돌봄을 실천하는 소그룹공동체가 활성화되었다는 점이다. 한만오는 공동체 안에서 삶을 함께하고 공동체 구성원 상호간에 돌봄을 구현한 소그룹사역을 제시했다. 그는 소그룹사역은 목회자의 좋은 설교와 효율적 리더십, 영적 도전, 감동적인 예배 등을 통해 건강한 교회를 이루는 데에 크게 기여한다고 했다.[1] 교회 신앙공동체는 선교 활동, 전도, 교육, 구제와 봉사 등의 다양한 사역 활동을 통해 신앙공동체의 특성을 세상에 드러낸다.[2]

소그룹활동은 공동체 구성원간의 친밀한 교제를 통해 소속감,

---

1 한만오, "건강한 미래형 소그룹 사역을 위한 효과적인 전략", 한국복음주의실천신학회, 「복음과 실천신학」 Vol.16 (2008): 34.
2 이원복, "공동체 이해를 통한 주일예배 갱신 방안 연구", (박사학위논문, 백석대학교 기독교전문대학원, 2019), 4~5.

수용감, 안정감을 획득할 수 있다.³ 소그룹공동체 활동을 통해 친밀한 접촉을 함으로써 그룹 안에 포함되었다는 '소속감'을 얻을 수 있다. 참여자의 '수용감'은 소그룹공동체 구성원들에 의해 받아들여졌다는 심리적 변화를 의미한다. 또 소그룹구성원의 '안정감'은 참여하는 구성원들과 친밀한 교제를 통해서 정서적 연대감을 획득함을 의미한다.

이러한 소그룹공동체 활동은 교회 구성원들의 호의적인 반응을 이끌어 낼 수 있으며, 소그룹운동의 확산에 기여한다. 이런 유기체적 특징을 보이는 교회는, 교회 각 지체의 상호보완적 역할과 상호희생적 효율성을 보인다. 소그룹사역은 교회의 건강성을 유지하는 핵심적이며 중추적인 역할을 담당하는 것이다.

그리스도 신앙인들은 그리스도의 몸인 교회로부터 세계를 받아들임으로써(고전 12:13) 교회공동체를 이룬다. 교회공동체는 그리스도의 몸, 주의 만찬을 통해 살아있는 유기체로서 공동체를 이루고, 공동체 안에서 서로 도우며 상호작용을 이룬다.⁴ 교회의 소그룹은 교회의 본질에 해당하며 성경원리의 핵심이다. 소그룹활동은 작은 단위의 목회사역이 아니며, 그리스도의 몸체이며 교회의 혈관조직으로 기능하는 것이다.⁵

---

3 지용근 외 10인, 『한국교회 트렌드 2024』(서울: 규장, 2023), 198~200.
4 김상구, 『개혁주의 예배론』(서울: 대서, 2017), 164.
5 Dale Galloway & Kathi Mills, The Small Group Book (Grand Rapids: Fleming H. Revell, 2000), 10.

예수 그리스도의 지속적인 성육신은 교회 공동체활동 가운데 성육신하도록 인도하는 성령을 통해 가능하다. 예수 그리스도의 복음 방법은 두 사람 이상의 모임을 통해 이루어진다. 그리스도 교회의 훈련과 윤리는 지상에서 이루어지지만, 훈련의 근원과 중심은 하늘을 향한다.

그리스도는 몸인 교회의 머리이다(골 1:18). '케팔레(kephale)'는 그리스어로 '머리, 근원'을 의미하며, '강의 상류, 관계의 중심'을 표현할 뿐이며, '위로부터의 통제'와 같은 위계적인 이미지를 가지지 않는다. 로버트 뱅크스(Robert J. Banks)는 '케팔레'와 교회를 함께 사용했다. '예수는 교회(에클레시아)의 머리(케팔레)이다'. 교회는 '예수를 정점으로 하는 조직'을 의미하는 것이 아니라, '예수 그리스도를 중심으로 모이는 인간들의 모임'이라는 뜻을 담고 있다.

교회의 정규적인 모임은 훈련의 핵심적 과정이다. 교회의 모임을 통해 그리스도 공동체의 중요한 훈련을 실천할 수 있다. 도날드 포스테마(Donald Postema)는 '교회의 훈련을 통해 하나님과 자아, 타인을 만나는 공간을 형성하는 것'을 강조하고 있다. 교회 안에서 모임이나 훈련이 없다면, 교회는 존재하지 않는다. 소그룹활동은 그리스도께서 이 땅의 '몸'을 입는 과정인 것이다.[6]

교회는 그리스도께서 머리가 되시어서, 복음 말씀으로 성도들

---

6 Gareth Weldon Icenogle, 『소그룹 사역을 위한 성경적 기초』, 김선일 역 (서울: SFC출판부, 2007), 355~356.

을 이끌고 다스리는 유기적 기관이다. 예수 그리스도와 성도들은 교회 안에서 머리와 몸으로서 생명을 공유하는 긴밀한 관계이다 (엡 4:16~17).[7] 그리스도는 말씀으로 성도들에게 생명을 나누어주고, 성도들은 머리가 되시어 함께 하시는 예수로부터 생명을 받으며, 그 생명 능력은 교회사역을 통해 열매로 드러난다. 그러므로 교회는 성도들의 내면에 함께 하시는 예수 그리스도의 생명 능력으로 죽어가는 영혼을 구원하고, 성도들의 삶과 세상을 변화시킬 수 있는 것이다.[8]

교회의 유기적 구조의 목회패러다임 중에, 지속적인 사회 변화를 이루게 하는 성경적 목회패러다임을 가능하게 하는 것으로 소그룹사역을 들 수 있다. 소그룹사역은 '목회자중심 사역'에서 '성도중심 사역'으로의 전환이며, 평신도 사역자를 발굴하는 방향의 패러다임 변화를 이룬다.

소그룹중심의 목회사역은, 모든 성도들의 사역참여와 목회 의사결정의 참여를 가능하게 한다. 이는 교회의 영혼구원의 사명과 신앙공동체를 잃어버린 기독교인들에게, 새로운 목양 사역의 패러다임을 제시하는 것이다.[9]

---

7 "그에게서 온 몸이 각 마디를 통하여 도움을 받음으로 연결되고 결합되어 각 지체의 분량대로 역사하여 그 몸을 자라게 하며 사랑 안에서 스스로 세우느니라 그러므로 내가 이것을 말하며 주 안에서 증언하노니 이제부터 너희는 이방인이 그 마음의 허망한 것으로 행함 같이 행하지 말라" (엡 4:16~17)
8 김상구, "개혁주의생명신학과 실천신학 연구방법론", 백석정신아카데미 백석연구소, 「개혁주의생명신학 세계를 살리다」 제2권 (2023): 891.

소그룹 목회활동은 대그룹 중심의 목회활동을 해온 전통교회의 약점을 보완한다. 특히 하워드 스나이더(Howard A. Snyder)는 현대 교회의 위기를 '구원 사유화, 신앙 내세화, 신앙 환원주의, 신앙 세속화' 등의 4가지로 보았다. 이러한 교회의 위기를 극복하기 위해서는 대그룹 목회활동의 구조적 제도적 모순에 빠지지 않아야 하며, 소그룹 목회활동을 통해 유동적이며 창의적인 구조를 유지해야 한다.

21세기 교회는 기존의 '성장 중심의 목회활동'에서 '영적성숙 중심의 목회'로 패러다임을 전환해야 한다. 영적성숙 중심의 교회는 교회 공동체성 회복과 활성화를 하는 것이고, 공동체성의 회복은 교회 공동체 구성원간의 친교, 봉사, 교육 등의 활동을 통해 영적으로 건강성을 회복하는 일련의 교회 변혁을 필요로 한다. 이러한 성숙한 교회의 목회활동은 건강한 소그룹활동을 통해 도달할 수 있으며, 그러기 위해서는 소그룹활동을 이끌 수 있는 리더 양육과 교육 훈련이 절실히 요구된다. 교회 소그룹활동의 활성화와 리더 양육과 교육 및 체계적인 훈련은, 성숙한 교회 목회 활동의 중요한 원동력인 것이다.[10]

---

9 양병모, "오늘날 한국 목회상황과 과제", 백석대학교 기독교전문대학원 실천신학 추계학술대회 (2023): 14~15.
10 이광수, "소그룹목회에 관한 연구", 3; Carl F. George, 『성장하는 미래교회 메타교회』, 김원주 역 (서울: 요단출판사, 1999), 93; Jimmy Long 외, 『소그룹 리더 핸드북』, IVF 자료개발부 역 (서울: IVP, 2004), 28.

2) 소그룹리더

목회자의 힘만으로 교회의 역동적인 사역활동을 감당하기에는 한계가 있다. 소그룹의 활성화를 위해, 평신도 중에서 소그룹을 이끌어 갈 참신한 리더를 세워 함께 동역해 나아가야 한다.

교회는 예수 그리스도의 제자를 닮은 리더를 양육하고 훈련시켜야 할 사명이 있고, 교회의 리더 양육과 훈련, 리더의 활동은 교회 구성원의 전인적인 하나님의 사람을 길러내는 원동력이 된다. 이렇게 길러진 소그룹리더와 협력하며 목회를 해 나갈 때, 주님께서 맡겨주신 목회사역을 성공적으로 이끌어갈 수 있게 되는 것이다.

교회의 소그룹활동과 사역은 목회자 중심으로만 이루어지지 않기에, 교회 공동체 구성원 다수가 참여하여 함께 이루어가야 한다. 특히 교회 구성원 다수인 평신도 활동을 원활하게 하기 위해서는, 평신도 리더의 양육과 훈련이 무엇보다 중요하다. 평신도 사역 활성화는 리더의 활동 역량과 긴밀한 상관관계를 지닌다.[11] 교회 내 소그룹활동은 리더의 역량에 달려있다고 해도 과언이 아니다. 특히 리더의 성품은, 교회 공동체 내 다양한 소그룹에서 활동하는 평신도와의 상호관계에서 매우 중요하다. 소그룹공동체 구성원과 리더는 긴밀한 관계에 있으며, 정서적 유대관계 등 복

---

11 안재은, "소그룹 리더십 개발 원리와 훈련방안", 한국복음주의실천신학회, 「복음과 실천신학」 제27권 (2013): 97.

합적 관계를 형성하고 있으므로 리더의 건강한 성품리더십이 요구되는 것이다.

교회 내 소그룹에 활용할 리더 양육은, 그리스도의 제자를 길러내는 교회의 핵심 사역이다. 교회의 미래는, 교회 사역을 담당하는 그리스도의 제자를 길러내는 역량에 달려 있다고 해도 과언이 아니다. 교회의 소그룹은 미래의 리더를 양육하기 위해 존재하며, 제자 훈련을 통해 진리를 가르치고 믿음 안에서 인재를 길러내는 중심 역할을 담당한다.[12]

그리스도의 성품리더십을 닮은 자로서 하나님을 섬기고, 교회 구성원에 대한 사랑과 헌신, 봉사를 실천하는 교회 공동체의 리더가 예수 그리스도의 제자이다. 이는 교회의 미래를 위해 반드시 필요한 존재이다. 그런데도 오늘날의 교회는 그리스도의 제자를 양육하고 길러내는 것보다, 교회의 양적 성장에만 치중하는 경향이 있다. 특히 교회 공동체 내에서 다수의 구성원과 관계를 형성하고 있는 리더의 '성품리더십 훈련'이 매우 부족하다. 이러한 실정이 교회 공동체 구성원 활동의 다양성과 건강성을 회복하는 걸림돌로 작용하는 것이다.

---

[12] Bill Donahue and the Willow Creek Small Groups Team, Leading Life-Changing Small Group (Grand Rapids: Zondervan, 2002), 27.

2. 성경역사 안에서 소그룹의 위상과 의미

1) 구약성경에서의 소그룹

교회 내 소그룹의 중요성은 이미 성경에서 밝혀진 사실이다. 성경에서의 소그룹은 인간의 구원과 회복을 위한 하나님의 핵심 요소였던 것이다.

구약성경에 나타난 소그룹 형태는 세 가지로 요약해 볼 수 있다.

첫째, 구약성경 창세기에서 하나님은 아담과 하와를 창조하시고, 서로 돕고 섬기며 살도록 하셨으며, 에덴동산 공동체에서 남녀가 소그룹공동체를 이루도록 했다. 에덴동산 소그룹공동체는 삼위일체의 하나님을 반영하며 '신적 소그룹'이라고 할 수 있다.[13] 창세기에 나타난 삼위일체 하나님은 소그룹의 최초 원형으로서 논리적 구조성을 가진다.[14] 구약성경 소그룹의 핵심 근거는 창조주 하나님이 복수의 의미를 담은 '엘로힘'으로 쓰인 것에서 찾을 수 있다. 삼위일체 하나님은 본질적으로 관계적 속성을 지

---

[13] 이창진, "소그룹 활동을 통한 교회의 활성화 방안", (박사학위논문, 장로회신학대학교 목회전문대학원, 2010), 26; 채이석, 『소그룹의 역사』, (용인: 소그룹하우스, 2010), 25.
[14] Long 외, 『소그룹 리더 핸드북』, 28.

니며, 복수형으로 성부, 성자, 성령이 한 분임을 의미한다.15

아담과 하와의 에덴동산 공동체는 소그룹공동체를 형성하며 살아가는 인류 최초의 공동체 원형을 담고 있으며, 하나님의 섭리를 반영한다. 그들은 에덴동산에서 순수하고 아름다운 소그룹공동체를 형성했다.16 하나님의 존재는 공동체로서 존재하며, 인간에 대한 공동체적 형상을 드러낸다. 이를 공동체 소그룹모임이라 한다.17 칼 바르트(Karl Barth)에 따르면 남녀 소그룹공동체는 하나님과의 언약 동반자이며, 공동 인류의 특성을 가진다. 이때의 소그룹은 하나님의 그룹에서 하나님과 인간 그룹으로 나아가는 핵심 기초그룹으로서, 하나님의 사역이라고 할 수 있다.18

둘째, 구약성경에서 소그룹 구성은 출애굽기 18장에 담겨있다. 모세가 많은 사람들의 문제로 고민하였을 때 장인 이드로가 책임분담을 강조한다. 이드로는 모세에게 천부장, 백부장 등을 두어 책임과 역할을 나누도록 했다(출 18:13~26).19

---

15 Neal F. Mcbride, How to Small Groups, (Colorado: Navpress, 1990), 13~14; 이창진, "소그룹 활동을 통한 교회의 활성화 방안", 25~26.
16 이종석, "소그룹 다이나믹스를 통한 리더십 개발이 교회 공동체에 미치는 영향에 관한 연구", (박사학위논문, 장로회신학대학교 목회전문대학원, 2007), 15.
17 채이석, 『소그룹의 역사』, 26.
18 Icenogle, 『소그룹 사역을 위한 성경적 기초』, 31; 이창진, "소그룹 활동을 통한 교회의 활성화 방안", 26.
19 Jimmy Long 외, 『소그룹 리더 핸드북』, IVP자료개발부 역 (서울: 한국기독학

셋째, 구약성경 신명기에서 모세가 일을 담당할 때, "지파별로 지혜롭고 인정받는 자들을 두어 수령을 삼으라"고 한 것은 공동체 내 소그룹활동을 적극 지원하고 인정하였음을 의미한다.

신명기 1장 12~13절에는 이스라엘 백성들을 열두 그룹으로 세분화하고, 각 그룹에 각각의 지도자를 세워 재판하고 다스리는 내용을 담고 있다.[20] 모세는 각 지파별로 리더를 세워 공동체를 효율적으로 운영하도록 하였으며, 이 원리는 현대 교회의 소그룹 활동의 원류로써 성경 안에서 찾을 수 있다.[21]

2) 신약성경에서의 소그룹

예수 그리스도는 소그룹 공동체와 함께 했고, 하나님의 임재(臨在)를 공동체 안에서 보여주었다. 그리스도는 하나님의 방식으로 세상을 변화시켰으며, 제자들을 소그룹으로 나누어 그들이 출애굽 여정을 경험하도록 했다.

그들의 소그룹 공동체 활동은 통제적인 사회에서 벗어나 '새 포도주는 새로운 가죽부대에 넣도록 하는' 자유를 얻도록 했다.

생출판사, 1996), 16.
20 이종석, "소그룹 다이나믹스를 통한 리더십 개발이 교회 공동체에 미치는 영향에 관한 연구", 15.
21 전요섭, 『그룹 활동과 인간관계 훈련』 (서울: 은혜출판사, 1986), 61.

예수 그리스도와 함께하는 소그룹은, 이 땅에서 이미 천국이 실현되었음을 보인 것이다.

존 맬리슨(John Mallison)은 예수 그리스도의 핵심 사역은 소그룹 전략에 기반한다는 점을 강조한다. 예수는 수많은 사람을 대상으로 하는 목회 사역에서 열두 제자를 세우고, 다른 사람들에게도 일부 제자직을 주어 함께 사역을 진행해 갔다. 열두 명의 제자들은 그리스도를 따르는 그룹들 중에 특별히 주목받았지만, 예수는 두세 명 정도의 작은 그룹들 가운데도 함께 했다.22 그리스도께서는 '두세 사람이 예수의 이름으로 모인 곳에 함께 있다'고 하셨다.23 예수 그리스도의 사명은 인류에게 하나님의 복음을 전하는 것이었으며, 그 사명을 실현하기 위해 소그룹 공동체를 만들었던 것이다.

하나님나라 공동체 사역은, 하나님의 친밀하고 공동체적인 임재를 통해 함께 참여하고 즐거워함을 드러낸다. 사람들은 곧 그리스도 사역의 대상이며, 선교의 대상이었다. 예수 그리스도는 하나님과 인간의 '잃어버린 공동체'를 회복시켜 놓았다.24 성령하나님은, 예수의 이름으로 모이는 성도들에게 그리스도 안에서

---

22 "갈릴리 해변으로 지나가시다가 시몬과 그 형제 안드레가 바다에 그물 던지는 것을 보시니 그들은 어부라 예수께서 이르시되 나를 따라오라 내가 너희로 사람을 낚는 어부가 되게 하리라 하시니 곧 그물을 버려 두고 따르니라" (막 1:16~17)
23 "두세 사람이 내 이름으로 모인 곳에는 나도 그들 중에 있느니라" (마 18:20)
24 Icenogle, 『소그룹 사역을 위한 성경적 기초』, 159~160.

하나가 되는 성숙한 신앙공동체를 선물로 주신 것이다.[25]

신약성경의 소그룹은 예수의 사도들에 대한 소그룹훈련을 들 수 있다. 예수 그리스도의 소그룹은 열두 명의 제자를 포함한 소그룹이며, 다시 세 그룹으로 나누었고, 세 그룹의 리더로 베드로, 빌립, 야고보를 두었으며, 그들에게 각각 임무를 맡겼다.[26] 목자 돌봄은 공동체 구성원에 대한 보호, 양육, 돌봄을 의미한다. 복음서에 드러난 예수 그리스도의 삶은, 자신을 필요로 하는 모든 이들에게 치유, 생명, 사랑을 베풀며 헌신한 이타적인 삶이었다. 그리스도의 삶은 그 자체로 목자 돌봄의 삶이며, 헌신과 희생이었다. 예수 그리스도의 돌봄의 특징은, 도움 주는 자 중심에서 벗어나 도움 받는 자 중심의 배려이다. 이러한 관점의 태도는 선한 사마리아인 이야기에서 분명하게 드러난다(눅 10:30~37).

예수 그리스도의 리더십은 '소수 집단 전략'으로 나타난다. 그리스도는 어떻게 소수 집단을 압도적인 세력이 되게 하는지를 잘 알고 있었다. 그리스도께서는 작은 소그룹단위의 몇 사람에게 초점을 둠으로써 일을 시작하셨다. 최초의 전도대로 두 명씩 파송한 칠십 명의 전도대, 열두 명의 제자들로 이루어진 좀 더 작은 집단, 그리고 이 작은 집단에 속해 있으며 예수님의 친밀한 내부

---

25 Icenogle, 『소그룹 사역을 위한 성경적 기초』, 6.
26 채이석, 『소그룹의 역사』, 34~36.

집단이 되었던 세 사람(베드로, 야고보, 요한) 등을 생각해 볼 수 있다. 그리스도는 자신이 가르치고 치료하는 것을 그들이 직접 보게 하였고, 그 다음에 그들을 보내어 같은 일을 하게 하는 실감나는 리더십 수업으로 그들의 리더십을 계발하였다.27

신약성경에서는 예수 그리스도의 소그룹사역을 비롯하여 다양한 소그룹을 통한 사역 및 활동을 살펴볼 수 있다. 신약성경에 나타난 소그룹사역 활동 유형을 살펴보면 다음과 같다.

(1) 예수 그리스도의 12제자 소그룹

신약성경에 나타나는 예수 그리스도의 소그룹은, 예수를 따르는 많은 무리들 가운데 열두 명의 제자를 핵심 제자로 택하여 소그룹공동체를 이루며 제자훈련을 했던 것에서 찾아볼 수 있다.

> "산에 오르사 자기가 원하는 자들을 부르시니 나아온지라 이에 열둘을 세우셨으니 이는 자기와 함께 있게 하시고 또 보내사 전도도 하며 귀신을 내쫓는 권능도 가지게 하려 하심이라" (막 3:13~15)

예수 그리스도의 열두 제자에 관한 복음서와 사도행전의 기록은 다음의 공통점을 보여주고 있다. 이 기록 안에는 세 개의 작

---

27 김희백, "변혁적 목회리더십 계발과 적용: 변혁적 리더십 이론을 중심으로", (박사학위논문, 총신대학교 대학원, 2010), 159.

은 그룹이 언급되고 있다. 이 그룹의 구성은 '베드로', '안드레', '야고보', '요한'을 구성원으로 하는 소그룹과 '빌립', '바돌로매', '도마', '마태'를 구성원으로 하는 소그룹, '야고보', '다대오', '시몬', '가룟 유다'를 구성원으로 하는 소그룹으로 이루어졌다.

예수 그리스도		
베드로	빌립	야고보
안드레 야고보 요한	바돌로매 도마 마태	다대오 시몬 가룟 유다

열두 제자는 이렇게 세 개의 소그룹으로 나뉘었는데, 세 그룹에서 항상 먼저 언급된 이는 '베드로', '빌립', '야고보'로 변함이 없었다. 다른 구성원의 순서는 변화가 있었음에도 세 명의 이름이 항상 앞에 언급되었다. 이것으로 보아 '베드로', '빌립', '야고보'를 소그룹의 리더로 삼았음을 충분히 판단할 수 있다.[28]

예수 그리스도는 기도하는 곳과 전도 목적의 여행에 항상 열두 제자 소그룹과 함께 했다.[29] 소그룹의 명단은 마태복음, 마가복음, 누가복음, 사도행전의 기록에서 명확하게 언급하고 있으며, 예수 그리스도는 그들을 중요하게 여기고, 변화산에 오를 때에도

---

28 채이석, 『소그룹의 역사』, 34.
29 예수님과 12제자 그룹의 활동에 대해서는 다음의 성경구절을 참고 할 수 있다.
   마 10:2~4; 막 3:16~18; 눅 6:12~16; 행 1:12~13

겟세마네 동산 기도에도 소그룹구성원과 늘 함께 하였다.[30]

　예수 그리스도가 열두 명의 제자를 택하고 부름에는 그들에게 특별한 사명을 주기 위함이었다. 그들은 예수를 따르던 수많은 무리들 가운데 특별한 선택을 받았다. 택함을 받은 제자들은 예수와 동거동락(同居同樂)을 하면서 하나님 나라의 확장과 복음 전파를 위한 특별한 훈련을 받았다. 예수는 그들에게 사랑과 헌신, 희생을 몸소 실천으로 보이며 제자도(弟子道, Discipleship)를 가르쳐 주었다.

　그들은 예수로부터 직접 기도하는 법[31]을 배우고, '하나님 사랑과 이웃 사랑'이라는 하나님 나라의 계명을 배우고, 각종 삶의 원리들을 배웠다. 예수의 열두 제자는 하나님 나라의 참 일꾼의 삶이 어떠한 삶인지를 배우고 그들의 삶에서 실천하고자 하였다. 예수 그리스도의 희생을 통하여, 자신을 희생할 때까지 이웃 사랑을 실천해야 한다는 참 사랑의 원리를 배운 것이다. 그렇게 훈련된 제자들은 하나님나라의 복음 확장을 위하여 순교와 희생의 삶을 살았다.

---

30 이성희, 『미래목회대예언』 (서울: 규장문화사, 1998), 119~120.
31 마 6:9~13; 눅 6:1~4

(2) 바나바형 소그룹

성경에 언급된 인물 가운데 바나바는, 타인을 일깨우고 이끌어 준 인물로 알려져 있다. 바나바는 성경 속에 등장하는 다양한 리더 중에서도, 사람들을 도와 성장하게 하고 이끌어준 탁월한 리더였다. 본래 이름은 요셉이었지만, '위로의 아들'이라는 의미의 '바나바'라는 이름으로 불리게 되었다(행 4:36). 바나바는 다른 리더들이 높은 단계에 이르도록 도와주었으며, 다른 리더가 자기보다 앞으로 나아가는 것에 마음을 두지 않을 만큼 자신감으로 가득했던 인물이다(행 9:26~27).[32]

리더는 두 가지 유형의 리더가 있다. 타인을 일깨워 키워주는 리더와 타인의 성장을 가로막거나 억누르는 리더이다. 타인을 억누르는 리더는 그와 함께 자신도 낮아진다. 타인을 일깨워 키워주는 리더는 그와 함께 자신도 높아진다.

바나바는 사람을 일깨워 성장하도록 돕고 키워주는 리더였다. 그는 다른 사람들의 성장을 도왔으며, 성장할 수 있는 다양한 기회를 놓치지 않았다. 바나바의 리더십은 바울의 양육에서 최고의 능력을 보여주었다. 아무도 믿어주지 않는 바울을 끝까지 믿어주었던 것이다. 아무도 나서려하지 않을 때, 바나바는 기꺼이 나서서 도와주었고, 다른 사도들이 바울을 인정하지 않을 때도 바

---

[32] John Maxwell, 『성경에서 배운 21분 리더십』, 정성묵 역 (서울: 생명의 말씀사, 2017), 210~214.

울을 인정하고 지지해 주었다. 베드로조차 바울을 두려워하고 믿지 않을 때 바나바는 바울을 인정하고 믿어주었다.

누군가를 믿고 지지하는 것은 언제나 그 뒤에 책임이 뒤따른다. 그러므로 타인의 잠재력을 믿고 지지하며 격려하는 것은 결코 쉽지 않은 일이다. 그럼에도 바나바는 바울을 신뢰했으며, 다른 이들에게 바울을 기꺼이 인정한다고 하며 보증해 주었다(행 9:27).33

바나바는 지속적으로 바울을 믿고 도왔으며 그들의 관계는 예루살렘에서도 지속되었다. 바울이 예루살렘에서의 복음 활동을 지속하자, 다른 비신앙인들은 그를 적으로 삼았다. 사도들은 바울을 비교적 안전한 다소로 보냈다. 그 이후 바나바는 동역자로서 바울과 함께 안디옥 교회로 갔다. 바나바는 바울에게 안디옥의 리더 사역을 맡겨 키워주었다. 이때를 기점으로 바울은 바나바와 함께 선교 사역에 매진하였다.

일을 맡기고 키워준다는 것은 리더로 성장하도록 돕고 지원하며 적극적으로 함께 하는 것을 의미한다. 바나바는 바울에게 리더로서의 잠재력을 키워주고 지원하는 것을 주저하지 않았다. 새로운 리더 양성을 위한 지원과 후원은 오랜 시간과 노력을 다하고 정성을 다하는 데에서 비롯되는 것이다.34

---

33 "바나바가 데리고 사도들에게 가서 그가 길에서 어떻게 주를 보았는지와 주께서 그에게 말씀하신 일과 다메섹에서 그가 어떻게 예수의 이름으로 담대히 말하였는지를 전하니라" (행 9:27)

리더의 가장 중요한 역할은 구성원을 일깨워주고 키워주는 것에 있다. 리더는 구성원을 어떻게 보다 높은 수준에 이르도록 도울 것인지, 그에 대한 질문과 답을 스스로 찾아야 한다. 리더는 구성원들의 잠재력을 살피고 일깨워 잠재력을 실현할 수 있도록 도와야 한다. 리더는 구성원의 잠재력을 키워주는 일회성의 노력이 아니라, 지속적으로 구성원을 일깨우고 살피며 지원하는 삶을 산다.

바나바는 제자의 잠재력을 일깨우고 돕는 역량을 지닌 리더였다. 그 헌신의 결과로 그의 제자 바울은 크게 성장하여 공동체에 필요한 역할을 다하였다. 바나바는 바울 외에 많은 제자를 길렀으며, 그들의 성장을 돕는 훌륭한 리더였다. 바나바의 리더로서의 역량은 제자를 일깨우고 키우는 삶 그 자체에 있다.

바나바는 어려운 사람들을 도와주었다. 바나바에 대한 성경의 첫 기록은 어려운 사람들을 돕는 베풂에 관한 것이었다. 바나바는 가난과 어려움에 처한 사도들을 기꺼이 돕고 지원하였다(행 4:36~37).[35] 성공한 사람들에게도 격려를 아끼지 않았고, 성공하여 잘하고 있는 사람들에 대해서도 지속적으로 격려하여 더욱 성장하도록 하였다. 사도행전 11장 23~24절은, 다음과 같이 안디옥

---

34 Maxwell, 『성경에서 배운 21분 리더십』, 213~217.
35 "구브로에서 난 레위족 사람이 있으니 이름은 요셉이라 사도들이 일컬어 바나바라(번역하면 위로의 아들이라)하니 그가 밭이 있으매 팔아 그 값을 가지고 사도들의 발 앞에 두니라" (행 4:36~37)

교회에서의 바나바의 행적을 자세히 언급하고 있다.36

> "그가 이르러 하나님의 은혜를 보고 기뻐하여 모든 사람에게 굳건한 마음으로 주와 함께 머물러 있으라 권하니 바나바는 착한 사람이요 성령과 믿음이 충만한 사람이라 이에 큰 무리가 주께 더하여지더라" (행 11:23~24)

바나바는 실패하여 어려움에 직면한 사람들을 키워주고 지원하였다. 일반적으로 리더는 사람의 가치를 판단하고 성장하도록 키워주거나, 또는 키워준 뒤에 가치를 발견한다. 이 중에서 올바른 방식의 리더는, 키워준 뒤에 그 사람의 가치를 발견하여 주는 것이다.

바나바는 바울과 자신을 버리고 간 마가를 끝까지 믿고 지지해 주었다. 그는 바울의 반대에도 불구하고 마가에게 두 번째 기회를 주었다. 결국 일이 성공하게 되어 바울도 믿게 되었다(딤후 4:10~11). 변치 않는 믿음과 신뢰는, 결국 사람을 변화하게 하고 성공적으로 안착하게 한다. 믿음은 어려운 상황의 사람을 바꾸어 놓을 수 있으며, 변화하게 한다.37

바나바는 사람들을 리더가 될 수 있도록 이끌고 키워주었다. 그의 주요 사역활동은 새로운 교회에 리더를 임명하는 것이었다 (행 14:23).38 공동체에 리더를 세우는 것은 매우 중요하며, 공동체

---

36 Maxwell, 『성경에서 배운 21분 리더십』, 218~219.
37 Maxwell, 『성경에서 배운 21분 리더십』, 218~219.

조직 구성원의 구심점을 세우는 일이다. 그러므로 훌륭한 리더를 양성하고 키워내는 일은, 공동체 구성원 모두에게 매우 유익한 일이다.

바나바는 늘 사람들을 격려하고 지원하였으며, 그가 어디에 있든지 누구를 만나든지 일관되게 지원하였다. 바울과 함께 더베로 가서 복음을 전하고, 루스드라와 이고니온과 안디옥으로 돌아가서도 제자들을 격려하고 성장하도록 믿고 지원하며 키워주기를 지속하였다(행 14:21~22).[39] 바나바의 새로운 리더의 성장을 위한 믿음과 지원은 사람들을 리더로서 성장하게 하는 원동력이 되었다. 믿음과 신뢰는 좋은 성과에 이르는 충분한 자양분이었던 것이다.[40]

바나바는 많은 곳을 방문하여 그곳에서 새로운 리더를 세우고 성공적인 환경을 구축했다. 이는 바나바의 위대한 지도자의 모습이다. 훌륭한 리더는 단순히 기술을 전수해주는 것에 있지 않으며, 성공할 수 있는 환경과 분위기를 조성해 준다. 바나바는 동역자 바울과 함께 사역을 시작하면서 공동체를 위한 목적의식을 명확히 했으며, 그것을 공동체와 구성원에게 말하였다. 사도행전

---

38 "각 교회에서 장로들을 택하여 금식 기도하며 저희 믿은 바 주께 부탁하고" (행 14:23)
39 "제자들의 마음을 굳게 하여 이 믿음에 거하라 권하고 또 우리가 하나님 나라에 들어가려면 많은 환난을 겪어야 할 것이라 하고" (행 14:22)
40 Maxwell, 『성경에서 배운 21분 리더십』, 219~220.

13장 46~47절[41]에서는 바나바가 비시디아 안디옥에서 비신앙인인 이방인에게 말한 내용을 언급하고 있다.

  리더는 공동체에 명확한 비전을 전달해야 한다. 바나바는 공동체의 화합을 중요하게 여겼으며, 바울을 리더로 키워주었고, 교회마다 장로를 임명하고 권한을 나누어 주었다. 사역을 위한 여행에 마가와 같은 새로운 리더를 동반하였다.

  공동체의 화합은 구성원 모두에게 높은 자존감을 가지게 한다. 책임과 권한을 부여받은 사람들은 자신감과 함께 창의성을 발휘한다. 맡은바 소임을 다하는 이에게 격려와 지원을 아끼지 않으며, 공동체의 성장에 크게 기여하게 한다. 바나바는 자신감에 대한 믿음을 바탕으로 자신의 역량을 아낌없이 나누어 주었다. 리더는 자신감을 지닌 사람이며, 그 자신감을 전달하여 새로운 리더가 성공할 수 있도록 격려와 지원을 아끼지 않는다. 리더가 새로운 리더를 일깨우고 키워주면, 공동체는 건강한 공동체로 거듭나게 되는 것이다.[42]

---

41 "바울과 바나바가 담대히 말하여 이르되 하나님의 말씀을 마땅히 먼저 너희에게 전할 것이로되 너희가 그것을 버리고 영생을 얻기에 합당하지 않은 자로 자처하기로 우리가 이방인에게로 향하노라 주께서 이같이 우리에게 명하시되 내가 너를 이방의 빛으로 삼아 너로 땅 끝까지 구원하게 하리라 하셨느니라 하니" (행 13:46~47)
42 Maxwell, 『성경에서 배운 21분 리더십』, 221~223.

(3) 바울형 소그룹

사도행전을 보면 바울은 두세 명의 동역자들과 동반해서 선교여행을 했다. 팀 사역의 핵심원리는 초기부터 확립되었으며, 대부분의 선교사들은 둘 이상의 그룹을 지어서 선교여행을 하였다.
1차 선교여행은 마가와 바나바를 동반했던 시기이다(행 13~14장). 2차 선교여행은 선교사역의 잠재적 가능성을 고려하여 바울의 선택에 의해 이루어졌다(행 15:40). 디모데는 선교사역 일원 중의 한명이었다(행 16:1~3). 누가는 바울의 선교사역 여행을 그룹사역으로 이해하고 묘사했다(행 14:6). 바울은 팀 사역자였으며, 그는 팀 사역의 이점들을 충분히 알고 있었다.

바울은 주변에 구성원 간 신뢰와 존경으로 구성된 복음 사역자들을 두었는데, 이러한 팀 사역은 정서적 안정과 유대감 형성을 주어 사역에 기여하였다. 팀 사역은 선교 여행 중에 직면하는 이교도에 대해서도 상호간의 지원을 통해 어려움을 이겨낼 수 있었다. 이와 같은 팀 사역은 단독 사역보다 다양한 효과와 이점을 얻을 수 있었으며, 공동체에 대해 복음 전하기가 수월하였다.
바울은 팀 사역자들과 선교사역을 하면서 팀 사역의 의미와 가치를 증명했으며, 팀 사역 구성원 간 돌봄을 통해 교회 공동체의 참 모습을 제시하였다. 바울과 함께 했던 팀 사역자들은 이교도의 주시 속에서도 함께 선교사역을 행했으며, 믿음을 보이는 이들을 훈련시켜 사역의 성취를 이루어 나갔다.

이러한 신약성경의 선교적 성취는 개인의 사역을 넘어서 동역자들로 구성된 그룹 사역을 이루었다. 바울은 선교 팀을 구성하고 조직하는 데 뛰어난 역량을 발휘하며 선교 전략을 이루는 핵심이었으며, 사역의 효율성 구축에 크게 기여하였다.[43]

바울의 팀 사역자들의 기본 행동은, 지역 교회의 사역자들에게 주님을 믿고 위탁시키는 것에 있다. 사도행전 14장 23절의 '위탁하고'의 용어는 '어떤 사람에게 어떤 것을 보호나 유지를 위해 위탁하는 행위'를 의미한다.

또 바울은 다른 경우에 이르러 '은혜의 말씀에 부탁하노니'(행 20:32)라는 동일한 단어를 사용했다. 이때의 '말씀'의 의미는 '영적인 공동체적 삶을 하나님께 전적으로 부탁함'을 의미한다. 바울은 새로 형성된 교회를 하나님께서 지켜주시리라고 확신했으며, 그러므로 주님께 그들을 위탁하였다.

바울의 리더십은 성령의 인도로 이루어지는 것이며, 이는 선교 사역 여행에서 가장 중요하게 드러나는 것이다. 바울은 안디옥 교회 파송 당시에도 성령의 명령에 순종하였다. 공동체 금식할 때에 성령은 바울과 바나바를 세우라 명했으며, 금식기도 이후 교회는 두 사람에게 안수하고 보냈다(행 13:2~3). 이어서 '두 사람이 성령의 보내심을 받아'(행 13:4)라는 내용의 구절이 언급되었

---

[43] 김희백, "변혁적 목회리더십 계발과 적용", 172~173.

다.⁴⁴ 바울은 교회 성도들의 공동체 의식을 심어주기 위해 헌신했으며, 따뜻함과 부드러움으로 대했다. 선교사역의 모범을 보임으로써 성도들에게 동기를 부여했다.⁴⁵

---

44 김희백, "변혁적 목회리더십 계발과 적용", 173.
45 김희백, "변혁적 목회리더십 계발과 적용", 175.

3. 교회 역사적 발전과정에서의 소그룹활동

1) 초대교회의 소그룹활동

초기 교회 소그룹활동의 역사는, 예수 그리스도께서 제자 소그룹활동을 구성하신 것에서부터 비롯되었다. 신약이후 교회는 예수님의 소그룹사역 형식을 본받아 확산되었다. 당시 교회 소그룹사역은 사회 각계각층의 사적·공적 모임으로 이어졌고, 하나님의 말씀을 전하고 양육하는 일을 하였다.

소그룹활동은 가정을 통해 "날마다 성전에 있든지 집에 있든지 '예수는 그리스도'라고 가르치고 전도하기를 그치지 아니하는" 코이노니아(Koinonia) 교제 사역을 담당하고(행 5:42; 20:20), 말씀 선교와 구제 사역을 담당하였다.

교회활동은 소그룹활동을 통해 점차 확산되었는데,[46] 초기 예루살렘 교회는 소그룹활동을 활성화 하였으며, 영적 은사를 활용하여 예수 그리스도의 제자를 양육하였다.[47] 당시 소그룹모임은 가정을 중심으로 자주 모였으며 친밀 공동체로 활동하였다. 이 소그룹활동은 전체 교회와 회중중심은 물론 가정에서 소그룹으로 다양하게 확산되었다.[48] 초대 교회의 복음전파와 소그룹활동은 모

---

46 이창진, "소그룹 활동을 통한 교회의 활성화 방안", 30~31.
47 Beill Donahue, 『윌로우크릭 교회 소그룹이야기』, 송영선 역 (서울: 도서출판 디모데, 2002), 31.

두 가정을 중심으로 한 소그룹활동이었다.49

현대 교회는 신앙과 일상적 삶의 분리로 인해 참된 그리스도인의 삶을 이어가지 못하고 있다. 로버트 뱅크스(Robert J. Banks)는 『1세기 교회 예배 이야기』에서, 그리스도인 부부 가족과 로마 군인 푸블리우스의 일화를 통해 교회 본연의 모습을 보여주고자 했다. 이 책에서 소개하고 있는 일화 속의 그리스도 신앙공동체는, 이방인과 가난하고 소외된 이웃을 섬기고 돌보는 전형적인 예수 그리스도의 모습을 담고 있다. 초대교회 그리스도 신앙 공동체의 예배는 꾸밈없는 일상적 삶이며 그리스도와 연합하는 축제이다.

오늘날 현대 교회는 교회 내 소그룹, 셀 모임, 가정공동체를 통해 초대교회의 본연의 모습을 구현해 나갈 수 있다. 초대교회는 가정을 중심으로 한 소그룹 가정교회였으므로 가족공동체였다. 2세기 동안 가정집을 중심으로 교회 소그룹 사역 활동이 이루어진 것이다.

A.D.150년경부터 교회 소그룹활동의 중심이 된 가정집들이, 점차 교회 모임을 위한 독립된 교회공간으로 대체되고 변모하였다.50 신약시대 초대 교회는 핍박을 피해 소그룹 가정교회들을 중심으로 확산되었던 것이, 가정교회와 성전교회라는 이중적 구조

---

48 Bell Beckham, 『제2 종교개혁』, 임원주 외 터치 코리아팀 역 (서울: 도서출판 NCD, 2001), 153.
49 Beckham, 『제2 종교개혁』, 157.
50 Vincent P. Branick, 『초대교회는 가정교회였다』, 홍인규 역 (서울: 기독교연합신문사, 2005)

특성을 보이게 된 것이다.51 초대교회의 소그룹 사역 활동 특성은, 선교와 교제, 구제, 양육 등이 복합적으로 통합되어 있었다는 점이다. 이러한 역사는 오늘날 교회 소그룹활동에 중요한 근거가 되는 것이다.

2) 소그룹활동의 전개

(1) 4세기 이후의 소그룹활동

초대 교회는 3세기 말엽 가정교회 형태에서 변화를 하기 시작했다. 즉 로마시대 장방형의 건물인 바실리카를 본으로 삼아 예배당을 만든 것이다.52 예배당이 가정에서 제단으로 바뀌면서, 공동식사에서 성찬예식으로 변화했다. 로마의 박해 속에서도 교회는 성장했고, 그리스도인의 수는 점차 늘어서 3세기 말엽에는 로마제국 안에만 6백만 명 정도가 되었다.53

313년 로마 콘스탄틴 황제의 기독교 공인을 계기로 소그룹중심의 모임에서 대그룹 중심의 교회활동으로 전환되었다. 교회가

---

51 Neal F. Mcbride, 『소그룹 인도법』, 네비게이토 편저 (서울: 네비게이토출판사, 1997), 21.
52 Lois Barrett, 『가정교회 세우기』, 임종원 역 (서울: 미션월드 라이브러리, 2002), 19.
53 Beckham, 『제2 종교개혁』, 59.

점차 제도화되면서, 소그룹중심의 신앙생활과 역동성이 축소되고 세속화되었다.[54] 수도사들이 기독교 제도화에 대항하여 교회의 역동성과 생명력을 회복시키고자 했으며, 소그룹활동을 중심으로 한 교회 공동체를 이루었다.[55] 하지만 예배당 중심의 예배가 강화됨으로써 중세에는 소그룹활동이 점점 쇠퇴하였다.

(2) 종교개혁시대 이후의 소그룹활동

로마 가톨릭의 부패이후 종교개혁이 일어나서, 마틴 루터(Martin Luther)와 존 칼빈(John Calvin) 등이 교회의 구조를 개혁하기 시작했다. 루터는 세 종류의 예배의식을 제시했는데, '라틴어로 드리는 예배', '독일어로 드리는 예배', '소그룹으로 드리는 예배'이다. 칼빈은 종교개혁을 통하여, 하나님 말씀에서 이탈하여 왜곡된 길로 나아가는 교회를 올바른 방향으로 이끌고자 했는데, 특히 소그룹예배를 강조함으로써 소그룹활동을 중요하게 여긴 것이다.

1500년대 유럽은 정치, 경제, 종교 등의 다양한 분야에서 대변혁을 겪었다. 루터의 종교개혁은 '교회안의 교회'라는 교회의 소

---

54 채이석, 『소그룹의 역사』, 53; 강근환 외, 『세계 기독교 교회사』 (서울: 기독교선교회, 1988), 114.
55 Bill Hull, 『변혁, 21세기 교회의 생존 전략』, 마영례 역 (서울: 도서출판 디모데, 1999), 234.

그룹활동을 강조했다. 루터의 소그룹활동은 소규모 모임, 자원하는 사람들, 나누는 모임, 봉사와 섬김의 모임, 초대교회의 가정교회라는 특징을 보여준다.56 루터의 소그룹은, 집에서 모여 기도하고 성찬을 나누며 그리스도의 사랑을 나누며 실천하는 모임활동이다. 루터는 교회의 교리만으로는 충분하지 않다고 생각했으며, 큰 교회 안에 작은 교회로서의 소그룹공동체를 통해 그리스도의 삶을 실현하고자 했다.57 이에 비해 소그룹공동체에 대한 칼빈의 언급과 기록은 찾기 어렵다.58

유럽의 종교개혁은 재세례파운동 같이 급진적인 성향을 띠었다. 재세례파운동은 북부 스위스 쯔빙글리 개혁운동과 연관된다. 재세례파는 오늘날 메노나이트(Mennonite), 아미쉬(Amish), 헤른후트(Herrnhut) 교파의 시조이다. 1536년 메노 시몬즈(Menno Simons)는 천주교 사제직을 포기하고 재세례파를 받아들였지만, 급진적 개혁운동을 반대해서 소그룹공동체인 '형제단'을 선호했으며, 이 '형제단'은 '메노나이트'로 불렸다.59

---

56 채이석, 『소그룹의 역사』, 72.
57 Hull, 『변혁, 21세기 교회의 생존 전략』, 235.
58 채이석, 『소그룹의 역사』, 76.
59 채이석, 『소그룹의 역사』, 77.

(3) 경건주의시대의 소그룹활동

종교개혁이후 소그룹모임과 활동을 강조한 인물로 독일의 루터교 신학자이자 경건주의의 창시자로 불리는 필립 제이콥 스페너(Philipp Jacob Spener)를 들 수 있다. 스페너는 저서 『경건의 소원들(Pious Desires)』을 통해 소그룹활동을 제안했다.

그의 소그룹은 성경공부, 기도, 성도의 제사장직 혁신, 믿음의 삶 적용, 성직자와 성도간의 간격 타파, 말씀 실천 성직자, 말씀 사역 등의 활동을 담고 있다. 스페너의 영향을 받은 루트비히 진젠도르프(Nikolaus Ludwig von Zinzendorf)와 모라비안(Moravian)공동체는 교회 부흥운동을 통해 소그룹운동을 지속하였다.[60]

1670년 독일 개신교의 경건주의 운동은 경건성을 반영한 교회 갱신 운동이었으며, 1690년부터 1740년까지 교회의 경건주의는 교회 공동체 활동의 예배의식과 신학 그리고 개인의 활동에 이르기까지 소그룹운동을 통해 경건성에 많은 영향을 끼쳤다.

---

60 Hull, 『변혁, 21세기 교회의 생존 전략』, 235.

(4) 17~18세기에 나타난 소그룹활동

1712년 진젠도르프의 헤른후트(Herrnhut) 소그룹공동체 활동은 오늘날의 소그룹활동에 많은 영향을 주었다. 헤른후트공동체는 'choirs'라는 소그룹으로 구성되었다. 이 공동체는 매일 친밀한 교제를 하고 훈련을 받았으며 선교팀을 세계 각지로 파견했다. 헤른후트공동체는 '하나님과 사람', '사람과 사람'의 화해를 목적으로 한다.[61]

진젠도르프에 영향을 받은 존 웨슬리(John Wesley)는 모라비안 교회의 소그룹에 관여하고 속회모임을 시작했으며, 옥스퍼드에서 'Holy Club'이라는 소그룹운동을 하고, 1700년대 중반에는 미국에 소그룹운동을 확산시켰다. 이어 프린스턴, 펜실베니아, 브라운 대학 등지에서 소그룹활동이 시작되었으며, 1790년과 1800년 무렵에는 영적인 대각성운동으로 이어졌다.[62]

---

61 이창진, "소그룹 활동을 통한 교회의 활성화 방안", 33.
62 채이석, 『소그룹의 역사』, 113.

4. 한국교회에 도입된 소그룹활동

1) 초기 한국교회 소그룹활동

(1) 소그룹활동의 태동

호러스 언더우드(Horace G. Underwood) 선교사는 1890년도에 네비우스(Nevius) 선교단체의 '성경공부제도'를 운영하였는데, 처음 시작은 일곱 사람의 소그룹으로 성경공부를 하는 모임이었다. 1891년 당시 장로교회 선교사들은 성경공부를 필수과정으로 여기고 실천하였는데, 성경공부반에 참석하는 인원이 점차 늘어남에 따라 교인의 수도 함께 늘어났다.

브루스 헌트(Bruce F. Hunt) 선교사는 교육받은 사람과 그렇지 않은 사람을 차별하지 않고, 모두 함께 성경공부과정을 가지도록 했다. 1904년도 기록에 의하면, 학습 교인 중 60% 정도가 여러 성경공부반에 참가하여 성경공부교육을 받았다. 1909년에는 북장로교회에서 운영하는 성경공부반이 800여 개에 이르게 되었다. 이때 성경공부반에 참석한 사람이 세례받은 교인의 두 배가 넘는 5만 명에 이르렀다. 이러한 사실 정황은 한국교회 부흥의 역사에 매우 중요한 사실이다.[63]

---

63 김영재, 『한국교회사』 (서울: 합신대학원대학교출판부, 2009), 155.

한국교회는 1903년 로버트 하디(Robert A. Hardie) 선교사의 소그룹활동으로부터 태동했으며, 1907년에는 평양 장대현교회에서 대부흥운동이 일어났다. 하디 선교사는 1903년 8월에 중국에서 일주일간의 성경공부 모임을 통해 소그룹활동을 했다.

이 성경공부 모임은 성경에 대한 지식을 얻는 과정이 아니고, 지금의 '나눔중심 소그룹성경공부 활동'과 비견된다. 하나님의 말씀을 듣고 깨우친 바를 삶 가운데 적용하고, 기도로 연결하는 오늘날의 소그룹성경공부의 전형인 것이다.

하디 선교사는 성경공부 소모임을 통해 자신의 교만과 믿음의 부족을 솔직하게 고백했으며, 회심을 통해 원산 지역교회의 부흥활동에 크게 기여했다. 사경회와 집회를 마친 뒤에는, 참여한 전체 교인을 각각의 그룹으로 나누고 '조사'(助事)[64]를 임명했다. 이러한 소그룹활동은 오늘날 구역제도와 순장 책임의 다락방 모임과 유사한 특성을 보여주고 있다."[65]

그 외의 선교사의 활동으로 존 네비우스(John L. Nevius) 선교사의 활동을 들 수 있는데, 네비우스 선교정책은 성경 공부를 핵심으로 하고, 자립과 자치, 자전의 실현을 가져다주었다. 성경공부

---

[64] "조사(助事)는 초기 한국장로교회의 직분 중의 하나로, 오늘날의 전도사 혹은 강도사에 해당하는 선교 초기의 과도기적 교직이다. 한국인 목사가 양성되기 전에 선교사를 도와 교역 일선에서 사역하였다. 정식 신학 교육을 마치지는 않았지만 선교사의 전도, 치리, 순회심방 등의 모든 활동을 보좌하거나, 단독으로 조직, 미조직교회에서 목회 활동을 수행하기도 했다." https://terms.naver.com 〈검색일: 2023. 12. 23.〉

[65] 채이석, 『소그룹의 역사』, 116.

는 오늘날 제자훈련과 유사하며, 주일학교와 사경회를 통해 결실을 맺었다. 이러한 활동은 한국교회 부흥에 큰 영향을 주었다.66 이러한 선교사들에 의한 성경공부는, 현대교회의 소그룹 활성화 및 교회 공동체 리더 훈련의 기반이 되었다.

(2) 장로교의 소그룹활동

한국교회 최초 소그룹모임인 '권찰제도'는 평양에서 시작되었다. 평양의 권찰제도는 미국 선교사 새뮤얼 모펫(Samuel Austin Maffett; 마포삼열)에 의해 전해졌으며, 권찰제도는 미국 필라델피아 교회 주일학교에서 존 워너메이커(John Wanamaker)가 교인을 10명 정도의 소그룹으로 나누어 돌보던 제도이다. 이 권찰제도는, 모펫 선교사가 미국 북장로교 선교기념보고서를 발표함으로써 알려졌다.67

한국 장로교회는 감리교회 보다 훨씬 더 자립적이고 자치적인 교회로 성장하였다. 1907년에 구성된 조선예수교장로회 독노회는 한국 선교 역사에서 큰 전환점이었다. 독노회 조직구성과 대부흥은 같은 해에 이루어졌으며 한국 교회사에 매우 중요한 의미를 가진다. 교회의 성공적 안착은 교회의 영적 부흥을 필요로 하며, 부흥의 역사는 하나님의 커다란 선물로서의 의미를 지닌다.

---

66 채이석, 『소그룹의 역사』, 118.
67 박용규, 『한국기독교사 Ⅰ』 (서울: 생명의 말씀사, 2004), 938.

1901년 장로교 공의회의 주요의제는 독노회 설립 의정위원과 장로회 헌법의 번역위원을 선정하는 일과 평양신학교설립의 결의 건이었다. 이때 설립된 평양신학교는 교장으로 모펫 선교사를 선임하였으며, 신학교 전반의 일을 맡아 책임지도록 했다. 1902년에는 장로 두 사람을 평양신학교 학생으로 가르쳤다. 이때의 장로교회는 네비우스 선교단체의 선교방법으로 교회를 개척하였으며, 매우 빠르게 성장하였다.68

장로교는 네비우스 선교정책, 사경회운동의 영향을 받았으며, 신학과 현장을 하나로 결합한 평양장로회신학교의 교육을 통해, 신학과 영성, 현장의 실전 능력을 겸비한 교회의 목회자를 배출하여 교회의 부흥과 성장을 이루었던 것이다. 감리교는 해외 유학을 장려했으며, 미션스쿨, 주일학교, YMCA, NCC, YWCA, 주일학교연합회, 문서활동 등의 다양한 사역 활동에 주력했다.69

(3) 감리교의 소그룹활동

미국 남감리교회와 북감리교회의 선교회는 각각 독립적인 선교활동을 추진했다. 1901년 북감리교회의 선교회는 김기범과 김창식에게 목사 안수를 주었으며, 1902년에는 최병헌, 1903년에는 이은승에게 차례로 목사 안수를 주었다. 이들은 한 해 두 주간의

---

68 김영재, 『한국교회사』, 161.
69 박용규, 『한국기독교회사 II』 (서울: 생명의 말씀사, 2004), 377.

교역자 단기양성 신학반에서 공부했으며, 목회자의 신앙과 인격을 갖춘 이들에게 목사 안수를 시행하는 감리교 전통을 따른 것이다.[70]

감리교는 1920년대 이후에 초교파적인 단체운영을 중심으로, 사회변혁에 주도적인 리더십을 발휘함으로써,[71] 1930년대 한국교회의 신학적 변화과정에서 중요한 역할을 담당하게 된다.[72] 이 시기의 한국감리교회는 통합되었던 남북의 감리회에서, 자치적인 기독교조선감리회로 변모하여 새롭게 태동하였다.[73]

한국에서 활동하는 선교사들은 한국인의 사회문화적 유산을 계승 발전시켜, 한국적인 기독교를 만드는 것에 관심을 가졌다. 그러므로 감리교는 교회의 적극적 사회참여를 통한 구원 활동과 개인의 영적 구원을 강조하는 두 목표를 추구한 것이다.[74]

---

70 기독교대한감리회 교육국, 『한국감리교회사』 (서울: 기독교대한감리회, 1975), 121~127.
71 박용규, 『한국기독교회사 Ⅱ』, 378.
72 박용규, 『한국기독교회사 Ⅱ』, 357.
73 김영태, 『존 웨슬리로 본, 한국교회 주일예배 이렇게 드리라』 (서울: 대서, 2018), 31.
74 박용규, 『한국기독교회사 Ⅱ』, 384~385.

(4) 성결교의 소그룹활동

성결교회는 1907년 동양선교회가 한국에서 선교할 때 만들어졌다. 동양선교회는 1902년 일본에서 선교활동을 했던 길보른(E. A. Kilbourne)과 카우만(C. E. Cawman)에 의해 창설되었는데, 도쿄 성서학원을 설립하고 한국인 김상준, 정빈 등 많은 교회전도인을 양성하였다.

1907년 5월 30일 도쿄 성서학원을 졸업한 김상준과 정빈은 귀국 직후, 서울 종로 염곡에서 '동양선교회 복음전도관'이라는 이름을 걸고 전도를 시작했다. 처음의 전도활동은 교회나 교파를 조직하지 않고 복음 전도에 집중하였다.

1921년 무렵에는 '복음전도관' 명칭을 대신하여 '성결교회'라는 명칭으로 바꾸고 정상적인 교회 조직을 갖추기 시작했다. 성결교는 교파를 넘어선 복음전도와 다른 부흥을 갖추어 나아갔다.[75]

(5) 침례교의 소그룹활동

침례교의 전신인 대한기독교회는 철저한 감독체제로 운영되었는데, 1906년 무렵 충남 강경에서 조직되었다. 말콤 펜윅(Mal-

---

75 박명수, "한국성결교회의 역사와 특징", 현대기독교역사연구소, 「성결교회와 신학」 Vol.37 (2017): 68~85.

colm C. Fenwick)은 대한기독교회의 수반으로 활동하였으며, 하나의 교회로서 조직되고 운영되었다. 대한기독교회 산하의 모든 직분은 펜윅에 의해 임명되었다.

1921년 대한기독교회는 일제의 통제와 간섭으로 인해, '대한'자를 빼고 '동아'를 넣어서 '동아기독교회'로 변경하게 되었다. 이후 1933년에는 '동아기독대', 1940년 '동아기독교'로 변경하게 되었다.

이 무렵 펜윅은 지역 분담 원칙을 고려하고, 다른 교회의 영향이 미치지 않은 곳을 복음의 우선 지역으로 검토하였으며, 간도, 만주, 몽고, 시베리아를 선교지로 설정하고, 해당 지역의 교포들을 대상으로 선교활동을 하였다. 그 결과 동아기독교(침례교, 대한기독교)는 1940년 무렵, 국내에 약 100여 교회를 설립하였고, 만주, 간도 지역에 100곳의 교회, 시베리아에 40곳의 교회, 몽고 지역에 다수의 전도소를 설립했다.[76]

이처럼 한국 교단의 각 선교부는 선교의 열정을 담아 실천하고, 교단의 선교 정책을 따라 복음을 전파하고 개척교회를 세웠다. 이 가운데 장로교회의 네비우스 선교정책은 다른 교단에도 선교의 방향성과 정책에 많은 영향을 끼쳤으며, 이는 한국교회의 자립과 성장에 크게 기여하였다.

---

76 김영재, 『한국교회사』, 171.

2) 현대 한국교회 소그룹활동

한국교회는 20세기 초 권찰제도라는 소그룹모임을 경험하였지만, 한국교회 전반에 걸쳐 소그룹활동이 전개되었다고 보기는 어렵다. 진정한 소그룹활동은 1970년대 여의도순복음교회의 '구역모임'에서 찾아볼 수 있다.

1980년대 한국교회는 대그룹 중심 모임과 부흥회 중심으로 모임을 활성화하였는데, 1990년대 한국교회 성장세가 둔화되고 침체상황이 오자 셀그룹에 대한 관심이 증대되었다.[77]

2000년대 한국교회는 소그룹활동을 통해 교회 정체기를 극복하고자 했다. 그렇지만 무분별한 소그룹 도입으로 인해, 1995년에서 2005년 사이에 한국교회 소그룹사역의 혼란기를 맞이하였다. 교회와 목회자간 갈등, 신학적으로 검증되지 않은 소그룹활동의 도입, 교회 성장을 위한 상업적 특성의 소그룹프로그램 등이 교회의 저항과 갈등을 유발한 것이다.

이러한 교회의 갈등 양상에 대해 크리스티안 슈바르츠(Christian A. Schwarz)는, 그의 저서 『자연적 교회성장』에서 반성의 계기를 제시했다.[78] 한국교회의 소그룹사역의 도입은 충분한 성경적 검토와 본질적 이해라는 과정을 거치지 않고, 교회의 양적 성장에만 치중한 나머지 소그룹사역의 도입과정에서 혼란에 직면한 것이

---

77 채이석, 『소그룹의 역사』, 120.
78 채이석, 『소그룹의 역사』, 120~121.

다.

    2005년을 전후해서 대형교회들을 중심으로 소그룹사역을 도입하고, 교회 양육훈련과 소그룹활동을 체계화하는 사례가 점차 늘어났다. 현대 한국교회는 성공적 소그룹사역에 대한 장단점을 연구 분석하고 신중하게 도입하는 과정에 있는 것이다.[79]

3) 현대 한국교회 소그룹의 현실과제와 필요성

(1) 한국교회가 침체하게 된 당면문제

    한국교회는 세계에서 그 유래를 찾아 볼 수 없을 정도로 빠르게 성장했으며, 1970년 말에서 80년대 초반 무렵까지는 교인이 1년에 100만 명씩 증가했다.[80] 그러나 1984년 한국교회 선교 100주년을 기점으로 점차 흔들리기 시작했고, 90년대 말부터 교회의 성장세가 감소되었다. 오늘날 한국교회는 대그룹 중심의 목회구조에서 소그룹중심의 목회로의 전환 과정을 겪고 있으며, 교회 내에서도 공동체성의 약화 등 다양한 어려움에 직면해 있다.[81]

---

79 채이석, 『소그룹의 역사』, 121.
80 한국기독교목회자협의회, 『한국기독교분석리포트』 (서울: 대한기독교서회, 2023), 51; 최근 조사 결과, 만 19세 이상 국민 중 개신교인의 비율은 15.0%로 나타났으며 이를 인구수로 환산하면 약 771만 명으로 추정한다.
81 지용근 외 10인, 『한국교회 트렌드 2024』, 29.

교회는 성장 중심의 사역보다는, 건강한 교회를 위한 소그룹공동체 사역에 힘을 모아야 한다. 성도들의 친밀한 교제와 사랑을 통해 교회의 공동체성을 회복시켜서 화합하게 하기 때문이다. 소그룹활동이 원활하게 이루어진다면, 작은 교회일지라도 건강한 교회 공동체로서 기능할 수 있는 것이다.[82]

한국교회 공동체의 목회활동에 포함된 현실적인 문제점들은 다음과 같다. 우선, 한국교회는 너무 많은 대중집회를 수행하고 있다. 둘, 교회의 제도화는 유연성과 현장성의 결여로 이어진다. 셋, 교회는 부흥집회를 목회의 수단으로 여기고 있다. 넷, 한국교회는 목사의 설교 시간에 많은 비중을 두고 있다.

(2) 소그룹공동체 도입의 전제조건

이처럼 정체되고 생동하지 못하는 한국교회는, 건강한 교회로 전환하기 위해 다음과 같은 '현실적인 과제'를 필요로 한다.

첫째, 제도화된 교회를 역동적이고 유기체적인 교회 소그룹공동체로 바꿔야 한다. 둘째, 교회의 모든 활동은 직분과 제도 중심에서 교회 소그룹공동체 목회활동으로 회복되어야 한다. 셋째,

---

82 김태종, "한국교회 청년대학생의 공동체성 회복을 위한 예배 방안 연구: 청년대학생 예배 인식도 조사를 중심으로", (박사학위논문, 백석대학교 기독교전문대학원, 2019), 276~277.

교회의 목회활동은 대그룹과 소그룹활동의 공존으로 새롭게 재편하여 건강성과 균형성을 회복해야 한다. 넷째, 하나님 말씀을 수동적으로 듣는 교회가 아니라, 하나님 말씀을 듣고 나눔과 묵상을 통해 실천하는 살아있는 교회로 전환되어야 한다.[83]

현대 한국교회는 소그룹목회 활성화를 통한 교회 공동체성 회복을 위하여 다음과 같은 몇 가지 점에 주목을 해야 한다.

첫째, 교회는 하나님을 사랑하고 그리스도의 가르침을 전적으로 내면화하여 순종하는 참된 그리스도의 제자를 양육해야 한다. 참된 그리스도 제자의 양육은 성도들의 올바른 신앙생활을 강화하고, 건강한 신앙공동체를 활성화한다. 소그룹의 성품리더십 양육훈련은 일차적으로 소그룹리더의 신앙생활과 교회활동을 이끌고, 나아가 교회 공동체의 다수 구성원에 대해 직접적이고 효과적인 변화를 이끌 수 있다.

둘째, 소그룹활동을 교회 공동체를 변모하게 하는 원동력으로 작용하게 해야 한다. 소그룹은 교회의 공동체성을 회복하고 공동체성을 강화하는데 주요한 역할을 한다.[84]

---

83 김한옥, "한국교회 소그룹 목회의 실태와 발전 방안", 한국실천신학회, 「신학과 실천」 12 (2007): 9~10.
84 이성규, "자기조직화 이론을 통한 교회 기능 활성화 방안 연구", (박사학위논문,

클라이드 리이드(Clyde Reid)의 연구에 따르면, 현대사회에서 소그룹활동이 무엇보다 중요하다고 한다. 현대인의 삶은 사회적 관계의 불안정 상태에 있으며, 적절한 소그룹활동은 사회 구성원 간의 관계 속에서 소속감과 안정감을 줄 수 있기 때문이다.[85] 사람들은 살아가는 동안 다양한 집단과 사회적 관계를 형성하며, 관계의 성향에 따라 그에 맞는 사회적 활동과 소그룹활동을 한다. 교회에서도 다양한 모임 활동을 하고 있으며, 교회 공동체 안에서 소그룹을 형성하고, 소그룹활동을 바탕으로 건강한 신앙생활을 하고 있다. 교회 소그룹활동을 통해서 영적으로 건강한 삶을 이루는 것이다.[86]

칼 조지(Carl F. George)도 그의 저서 『미래를 준비하는 교회』에서 교회 공동체의 소그룹활동을 강조했다. 교회에서는 작은 그룹을 '소그룹, 셀그룹, 구역' 등으로 다양하게 부르고 있지만, 그 중요성에 비해 충분히 계발되거나 전략적으로 활용되고 있지 않다. 교회에서는 영적활동, 복음전도 및 리더십 계발을 위한 소그룹활동이 중요하며, 건강한 교회로의 성장에 핵심요인으로 작용할 수 있다.[87]

소그룹훈련은 일반적으로 교육, 경제, 스포츠, 미디어 분야와

백석대학교 기독교전문대학원, 2018), 207.
85 Clyde Reid, 『소그룹이 살면 교회가 산다』, 전요섭 역 (서울: 쿰란, 1996), 15.
86 Ron Nicholas, 『소그룹 운동과 교회성장』, 신재구 역 (서울: IVP, 1986), 14~15.
87 김영태, "소그룹목회 시스템을 통한 교회성장 활성화 방안", (박사학위논문, 총신대학교 목회신학전문대학원, 2009), 107.

영역에서 활발하게 활용되어 왔다. 소그룹을 활용한 다양한 공동체의 활동이 다양한 영역에서 시도되었지만, 오히려 교회 내 소그룹활동은 상대적으로 미미하였으며, 교회 공동체의 리더 양육도 목회자 중심으로 이루어지는 한계를 보인다. 그러므로 현대교회에서 소그룹리더에 대한 관심의 증대는 반가운 소식이라 할 수 있다.

셋째, 오늘날 교회 구성원의 다양성과 복잡성은 다양한 성향의 소그룹리더를 요구한다. 그러므로 소그룹리더의 전인적 그리스도 중심의 성품리더십 양육훈련이 무엇보다 중요하다고 할 수 있다. 교회 공동체 내 소그룹리더의 양육훈련은 앞서 언급한 '예수님의 제자 소그룹훈련'을 통해서도 확인할 수 있다. 오늘날 교회 소그룹리더에게는 가장 강력한 그리스도 중심적 성품리더십이 요구되는 것이다.

제2절 리더십과 성품리더십

본 절에서는 리더십의 정의와 주요이론, 한국교회 리더십의 이해, 성품리더십의 본질에 대해 살펴보고자 한다. 리더십의 주요 이론으로는, 리더십 개인이론, 리더십 행동이론, 리더십 상황이론, 변혁적 리더십이론 등이 있다.

1. 리더십의 정의와 이론

리더십에는 다양한 의미와 정의, 이론들이 있다. 여기에서는 일반적인 리더십의 의미와 정의, 리더십의 주요 이론 그리고 '그리스도 중심적 성품'을 잘 드러낼 수 있는 리더십의 다양한 유형들에 대해서 살피고자 한다.

1) 리더십의 의미와 정의

리더십(Leadership)의 사전적 의미는 '지도자가 갖추어야 할 자질'을 말한다. 어떤 일을 결정하는 능력이나 무리를 이끌어가는 역량, 사람들에게 신뢰를 얻어 어떤 일을 실행하는 영향력 등을 이르고,88 리더(Leader)는 앞서 선도하거나 이끄는 사람을 말한다. 가장 작은 공동체 조직인 가정을 포함한 국가, 군대, 사회 등등 모든 공동체에는 공동체를 이끌어가는 리더가 있고, 리더에게는 건강한 리더십이 요구된다. 리더는 건강하고 경쟁력이 있는 공동체를 만들어 가는 사람이다. 진정한 리더는 공동체나 개인에게 영향력을 끼침으로써, 변화와 변혁을 가져다주는 리더십을 발휘해야한다.89

리더는 조직이나 사회 집단에 다양한 영향력을 행사하여 조직을 변화 성장시킬 수 있다. 그러므로 리더십에 대한 탐구와 연구는, 다양한 사회문화 집단의 변화를 이해하는 중요한 요인이 된다. 리더십의 자질이 타고난 것인지, 혹은 교육을 통해 함양되고 성장 가능한 것인지에 대해서는 다양한 의견이 있다.

초기 리더십 연구는, 목표달성을 위해 집단을 동기화시키고 영향력을 발휘하는 과정으로 이해하였다. 존 가드너(John Gardner)는 리더십을 '공동목표 설득과정'으로, 제임스 맥그리거 번즈(James McGregor Burns)는 리더십을 '목표 수행과정과 충돌 상황에서 자원을 동원해서 구성원을 만족시키는 과정'으로90 보았고, 오스왈

---

88 https://dic.daum.net 〈검색일: 2023. 11. 25.〉
89 김영계, "건강한 목회 리더십을 위한 목회자 성품훈련의 필요성", 칼빈대학교, 「칼빈논단」Vol. No.31 (2011): 52~53.
90 "인간에 대한 리더십은 분명한 동기와 목적을 가진 사람들이 다른 사람들과의 경쟁이나 갈등 관계에서 제도적, 정치적, 심리적, 혹은 다른 자원들을 사용하여

드 샌더스(J. Oswald Sanders)는 리더십을 '구성원들에게 미치는 영향력'[91]으로, 로버트 클린턴(J. Robert Clinton)[92]은 리더십을 '하나님의 사람들에게 영향력을 미치는 것'으로 정의하였다. 또한, 조지 바나(Geoge Barna)는 그리스도 리더는 '하나님께 소명을 받은 자, 그리스도 성품으로 이끄는 자, 리더십의 기능적 능력을 가지는 자'로 평가하고 있다.[93]

리더십의 일반적인 정의는 '공동체에 영향력을 발휘하는 힘이나 역량'이며, '신뢰와 커뮤니케이션을 통해 공동체에 포괄적이고 다양한 관점에서 영향력을 발휘하는 과정'으로 평가할 수 있다.

2) 리더십의 주요이론

리더십에는 다양한 이론들이 있는데, 오랫동안 인용되고 있는 리더십의 주요이론은 '리더십 개인이론', '리더십 행동이론', '리더십 상황이론', '변혁적 리더십이론' 등이 있다.[94]

추종자들의 동기를 불러일으키고 참여하게 하며 만족시키는 활동을 의미한다."
91 "리더십은 영향력이다. 즉 한 사람이 다른 사람에게 영향을 미치는 능력을 말한다."
92 "리더십은 하나님으로부터 부여된 능력을 지닌 어떤 남자나 여자가 특정한 하나님의 백성 공동체를 향한 하나님의 목표를 향하여 그 공동체에게 영향력을 행사하는 역동적인 과정이다."
93 이종석, "소그룹 다이나믹스를 통한 리더십개발이 교회 공동체에 미치는 영향에 관한 연구", 36~37.

첫째, 리더십 개인이론(Personal Leadership Theory)은 리더의 근원적 역량을 핵심요인으로 본 것으로, 리더의 능력, 성격, 자질 등이 다른 구성원과 구별되며 공동체에 중요한 영향을 준다는 것을 전제한 이론이다.[95] 리더십 개인이론은 공동체 변화양상의 핵심요인으로 리더 개인의 역량과 영향력을 매우 중요한 요인으로 평가하는 리더 개인에 초점을 맞춘 이론이라 할 수 있다.

둘째, 리더십 행동이론(Behavioral Leadership Theory)은, 리더의 행동을 관찰하고 리더의 행동패턴을 관찰하려는 시도에서 출발한 이론이다.[96] 리더십 행동연구로는 오하이오 주립대학교의 '배려하는 행동유형과 구조주도 행동유형의 리더십'이 있다.

'배려하는 행동유형'의 리더십은, 부하직원이 처한 상황을 분석함으로써 적절한 배려행동을 통해 리더십을 발휘하는 유형의 리더십이다. '구조주도 행동유형'의 리더십은, 공동체의 목표 실현을 위해 구성원과 부하직원의 역할을 체계적으로 구조화하여 목표에 도달하려는 행동 유형의 리더십이라고 할 수 있다.

미시간 대학의 리더십 연구에서는, 리더의 행동유형을 과업지향 행동과 관계지향 행동유형으로 분석하고, 관계지향 행동유형

---

[94] 김광건, 『영적 리더십의 새로운 패러다임』 (서울: 웨스트민스터출판부, 2006), 30~42.
[95] 김광건, 『영적 리더십의 새로운 패러다임』, 30.
[96] 박정식, "효과적인 평신도 소그룹 리더에 대한 연구: 미주한인교회를 중심으로", 한국복음주의기독교교육학회, 「복음과 교육」 제10집 (2011): 79.

의 리더십에서 공동체의 만족도를 보인다고 평가하면서도, 공동체의 성과와 목표도달과의 일관성 측정에 한계가 있다고 하였다.[97]

리더의 구성원에 대한 '배려하는 행동유형'과 구성원들의 역할과 공동체의 구조를 합리화하는 '구조주도 행동유형'의 리더십은 리더의 행동방식과 성향을 분석한 것이다. 구성원을 살피는 이타성과 역할을 구조화하고 객관적으로 관찰 평가하는 리더의 역량은, 리더의 중요한 핵심 요인인 동시에 리더의 유형을 객관적으로 살펴볼 수 있는 요소이기도 하다. 리더의 행동유형에 대한 객관적인 평가와 관찰은 리더십 훈련에도 적용 가능하다.

셋째, 리더십 상황이론(Situational Leadership Theory)은, 공동체의 상황에 따라서 리더의 역할도 유동적으로 변모한다는 이론이다. 리더십 상황이론은 리더의 역량보다도 공동체 목표, 구성원의 동기유발, 공동체 분위기 등의 복합적 상황에 보다 초점을 둔 이론이다.

초기 리더십 상황이론은 피들러(Fiedler), 허쉬와 블랜차드(Hersey & Blanchard)의 연구를 참고할 수 있다. 피들러의 리더십 상황이론의 호의도는, 과업을 위한 구조 여건, 리더와 구성원 간의 관계, 리더의 권력 등의 상황을 이루는 변수 조합에 따라 결정된

---

97 박정식, "효과적인 평신도 소그룹 리더에 대한 연구", 79.

다. 과업을 추구하는 리더는 호의도의 높고 낮음에 따라 효과적이며, 관계 지향적인 리더는 호의도 중간 정도에서 효과적이다. 허쉬와 블랜차드 리더십 상황이론은, 구성원의 수행역량에 따라 적절하게 조치하는 상황 리더십 행동을 강조한다.[98]

리더십 상황이론은, 공동체의 다양한 상황과 구성원 간의 복잡하고 다층적인 관계, 즉 시공간적 상황과 공동체 내외부의 복합적 관계 변수의 상황에 대응하기 위한 리더십이론이라 평가할 수 있다. 리더십 상황이론에서 리더의 역할과 범위는, 공동체의 내부와 외부의 상황에 따라 유동적으로 적용된다고 할 수 있다.

넷째, 변혁적 리더십이론(Transformational Leadership Theory)은, 1978년에 거래적 리더십과 변혁적 리더십을 구분하기 시작한 뒤부터 연구되기 시작했다. 박정식의 연구에 따르면, 배스(Bass)의 거래적 리더십은 보상이나 교환 행위를 근거로 리더십을 발휘하고, 기준 미달시 리더가 적극 개입한다.

변혁적 리더는 공동체 구성원에게 사적 이익을 넘어서 공동이익과 사명의 동기 부여를 통해 공동체 변혁을 이끌어 낸다.[99] 아블리오와 배스(Avolio & Bass)의 변혁적 리더의 4가지 특성은 카리스마와 같은 이상적인 영향력, 지적 자극, 동기 부여, 개인적인 배려 등을 꼽을 수 있다.

---

98 박정식, "효과적인 소그룹 리더에 대한 연구", 79~80.
99 박정식, "효과적인 소그룹 리더에 대한 연구", 80.

변혁적인 리더십은 직업만족도, 그룹의 수행능력, 그룹의 단결, 창의적 생각, 조직의 건강도 등과 긍정적으로 상관관계가 있다고 보고되었다. 변혁적 리더십은 공동체의 건강한 소명의식을 밝히고, 동기부여를 통해 구성원 간의 적극성과 창의성을 갖게 한다는 점에서 리더의 리더십역량이라 할 수 있다.

3) 리더십의 유형

리더십은 '리더십의 유형'이라는 관점에서 살펴볼 때 그 정의가 더 확실해질 수 있다. 여러 리더십의 유형 중에서 '그리스도 중심적 성품'을 잘 드러내주는 리더십으로 '아가페 리더십'과 '서번트 리더십'을 들 수 있다.[100] 이 외에도 '변혁적 리더십'과 현대에 와서 매우 요구되고 있는 '영적 리더십'의 유형에도 주목할 필요가 있다.

(1) 아가페 리더십

아가페 리더십(Agape Leadership)은 아가페적인 헌신적 사랑을 기반으로 한 리더십이다. 아가페(Agape)는 인간에 대한 하나님의 사랑, 형제애, 이웃사랑을 의미하는 것으로, 에로스(Eros) 같은 남녀 간의 육체적인 사랑과 다르며, 필리아(Philia) 같은 가까운 사람과의 정이나 우정과도 다르다.

아가페적인 사랑은 하나님의 사랑처럼 고차원적이며 헌신적이고 조건 없는 사랑[101]이며, 아가페적인 리더십은 신의 고차원적

---

100 김태수, 『성경 인물과 리더십 유형』, (서울: 기독교연합신문사, 2005), 225~226.
101 이동원, 『성령에 속한 사람』, (서울: 규장, 2008), 12. "아가페 사랑이란 '주는 사랑, 희생적인 사랑, 조건을 뛰어넘는 사랑, 철저하게 상대방의 유익을 구하는 사랑'을 말합니다."

사랑과 같이 조건 없는 사랑과 헌신을 기반으로 한 리더십이며, 공동체에 대한 조건 없는 헌신과 사랑, 희생의 리더십이다. 아가페 리더십은 예수 그리스도의 희생과 사랑과도 서로 상통하는 리더십이라 할 수 있다.

아가페 리더십은, 인간에 대한 따뜻한 이해, 용서, 이타심, 희생의 사랑으로 이끄는 특징이 있다. 아가페 리더십은 곧 성경적 리더십이며, 양떼를 돌보는 목자의 리더십, 섬기는 종의 리더십, 주어진 사명을 다하는 청지기 리더십이다.

'목자의 리더십'은 양떼를 돌보고 이끌며 기꺼이 위험을 감수하면서, 양떼를 돌보는 책임과 희생의 리더십이다. '섬기는 종의 리더십'은 모든 이를 섬기는 종의 리더십이고, '청지기 리더십'은 주인에게 충성하며 섬기는 자로서 소명을 다하는 리더십이다. 그러므로 아가페 리더십은, 양떼를 돌보는 책임과 리더의 권한, 희생의 리더십, 모든 구성원을 섬기는 종이며, 주어진 리더의 직분을 다하는 청지기의 리더십을 포괄하는 것이다.

(2) 서번트 리더십

서번트 리더십(Servant Leadership)은, 공동체 구성원과 공감대와 일체감을 형성하여 공동체가 목표를 달성하도록 이끄는 리더십을 말한다. 리더는 구성원을 통제하는 사람이 아니라, 공동 목표를 공유하며 구성원과 원만한 관계를 형성하며 섬기며 이끄는 사람

을 의미한다.102

　서번트 리더십은 군림하는 리더십이 아니다. 자신을 낮추고, 봉사와 헌신을 통해 구성원으로부터 권위를 얻는 리더십을 말한다.103 서번트 리더십의 섬김은 구성원 간의 신뢰와 공감대를 형성하고, 공동체 목표에 이르는 과정에서 구성원 간의 관계를 원활하게 하고, 공동 목표에 이르는 힘을 결속하고 모을 수 있다. 리더십의 '섬김'은 단순한 배려가 아니며 구성원에 대한 존중과 사랑, 헌신과 희생을 의미하고, 그로부터 리더십이라는 권위가 형성되는 것이다.

　로버트 그린리프(Robert K. Greenleaf)는, "서번트 리더십은 타인을 섬기는 마음과 배려로서 가정을 지키고 헌신하는 리더십"이라고 하였다.104 또 래리 스피어스(Larry C. Spears)는, "구성원의 존엄과 가치에 대한 신뢰를 바탕으로 나오며, 리더 권력은 구성원으로부터 나오는 민주적 원칙의 권력"이라고 하였다.105 제임스 헌터(James C. Hunter)는, "서번트 리더십의 리더는, 구성원들의

---

102 유성준, 『예수처럼 섬겨라: 예수 그리스도가 자신의 삶을 통해 보여주신 서번트 리더십』, (서울: 평단문화사, 2009), 16.
103 박성민, 『섬기는 리더십: 숙명 리더십연구-세상을 바꾸는 부드러운 힘 3』 (서울: 숙명리더십개발원, 2006), 9~10.
104 Robert K. Greenleaf, 『서번트 리더십 원전: 리더는 머슴이다』, 강주헌 역 (서울: 참솔, 2008), 32-34; 유성준, 『예수처럼 섬겨라: 예수 그리스도가 자신의 삶을 통해 보여주신 서번트 리더십』, 16.
105 신창호·석창훈, "서번트 리더십 함양을 토대로 한 청소년 인성교육 내실화 모형 탐색", 「한국교육학연구」 21(2) (2015): 164-165.

욕구를 이해하고 충족시켜주는 사람이며, 이러한 임무가 리더십의 원동력으로 작용한다"고 하였다.[106]

이러한 서번트 리더십은, 공동체 구성원들의 잠재적 가능성을 자유롭게 발휘하도록 지원함으로써 공동 목표에 도달하는 리더십이라 할 수 있다.

전통적 리더와 서번트 리더의 구분은 구성원에 대한 인식에서 큰 차이를 보인다. 전통적 리더는 공동체 구성원을 목표 도달을 위한 자원으로 바라보는 측면이 강하다. 서번트 리더는 구성원을 존중하고 배려하며 구성원들의 잠재적인 역량을 발휘하도록 다양한 지원을 아끼지 않는다.

서번트 리더십의 구성원에 대한 봉사와 헌신은, 섬김의 방식으로 구성원에 대한 영향력을 발휘한다는 점에서 전통적 리더와 다르다.[107] 그리스도 중심적 리더십 연구의 관점에서 볼 때, 서번트 리더십은 예수 그리스도의 삶과 사랑, 실천, 성경적 리더십의 완성을 의미한다.

---

106 James C. Hunter, 『서번트 리더십』, 김광수 역 (서울: 시대의 창, 2002), 20~21.
107 남홍석, 『유가와 서번트 리더십』 (서울: 동과서, 2014), 119.

(3) 변혁적 리더십

변혁적 리더십 이론(Transformational Leadership)은, 번즈(Burns)에 의해서 먼저 제시되었다. 번즈는 리더십을 불연속의 행동보다 연속의 과정으로 파악했다. '리더십의 연속 과정'이란, 구성원들의 동기부여에 지속성을 유지하기 위해서, 과정의 저항과 반응을 수정 관리해주는 일련의 흐름이다. 번즈에게 변혁의 리더는 조직을 변화시키는 사람이며, 유지관리하는 리더와 다르다. 리더는 구성원에게 지속적인 동기를 유발시키고, 사건, 반응, 저항에 대해 행동 수정과 상호관계성을 유지하는 것이다.[108]

배스(Bass)는 번즈의 리더십 이론을 기초로 변화 주도형 리더를 제시하고, 변혁적 리더십을 새롭게 정립하고 발전시켰다. 배스는 거래적 리더십과 변혁적 리더십을 구분하였으며, 전통적 리더십은 자발적인 문제해결 능력부족과 창의성의 한계가 있음을 지적하였다.

변혁적 리더십은 변화를 추구하고, 사명감 전달, 학습경험 자극, 창조적 사고 등을 통해 영감을 불러일으킨다. 또한, 변혁적 리더십은 자발적 변화, 변화를 위한 상상력과 역량을 갖추도록 이끌며, 구성원을 배려하고, 성취감을 고취시켜 지적 욕구를 자극하는 리더십을 발휘한다.[109]

---

108 김희백, "변혁적 목회리더십 계발과 적용~변혁적 리더십 이론을 중심으로", 16~19.

현대사회의 리더십은 공동체 구성원의 자기계발과 동기부여, 조직 몰입을 강조한다. 변혁적 리더십은 개인보다 공동체의 목표를 추구하고, 높은 수준의 욕구 자극을 통해 자기 계발을 가능하게 하고, 정부, 교육, 산업, 종교계에서 인적 자원개발에 기여하는 것이다.[110]

현재 변혁적 리더십은 한국교회 리더십 적용에 적극적으로 받아들여지고 있다. 다만 분야의 이질성, 격변하는 사회가 문제점으로 작용한다. 변혁적 리더십은 조직과 상황, 그리고 개인적 속성에 이르기까지 폭넓은 관심을 가진다. 변혁적 리더십은 탈관료성, 통합성과 다양성을 요구하며, 변화를 요구하는 개혁적 리더십이다. 변혁적 리더십의 주된 관심은 조직의 변화 추구와 비전 창출에 있으며, 인간적 가치를 존중하며 창의적 가치를 촉구한다. 공동체 구성원들에게 비전을 제시하고 그 비전을 실천할 수 있도록 도우며 이끌어준다는 면에서 훌륭한 리더십이라고 할 수 있다.[111]

---

109 김희백, "변혁적 목회리더십 계발과 적용-변혁적 리더십 이론을 중심으로", 19~23.
110 김희백, "변혁적 목회리더십 계발과 적용-변혁적 리더십 이론을 중심으로", 16.
111 김희백, "변혁적 목회리더십 계발과 적용-변혁적 리더십 이론을 중심으로", 67~69.

(4) 영적 리더십

영적리더십(Spiritual Leadership)은, 교회 지도자의 성령 충만함과 성령의 권능을 함께 하는 '사도적 리더십'을 의미한다. 영적 리더십은 '영성 리더십'이라고도 부르며, 현대교회에서 가장 중요하게 관심을 가지고 있는 리더십 분야이다.

교회 지도자의 리더십은 예수 그리스도의 권세로부터 부여된 것이다. 영적 지도자들은 하나님의 영적 권세를 받아서 하나님의 능력과 은사를 행하는 것이다. 하나님으로부터 영권(靈權)을 부여받은 영적 지도자만이 하나님의 살아계심을 증거할 수 있다. 영적 리더십은 영적세계(靈界)에 속한 것이므로, 많은 기도를 통해 영적 권세(靈權)를 얻을 수 있다.

영적 리더십은 성령의 능력을 지닌 '성경적 지도력'을 의미한다. 성경적 리더십은 인간 중심의 리더십이 아니며, 하나님 중심, 말씀 중심, 성령 중심의 리더십이다. 성경적 리더십의 목표는 영혼을 구원하는 것이며, 성경적 리더십의 핵심 내용은 사랑이다. 그리고 성경적 리더십을 구현하는 방법은 봉사, 헌신, 희생이다.[112]

영적 능력과 은사는 영적 리더십에 포함된다. '은사'는 성령의 도움을 받아 얻을 수 있는 은혜로운 일들을 의미한다. 공동체를

---

112 김승곤, 『성경적 리더십』 (서울: 태창문화사, 1997), 23.

위한 영적 리더십의 은사는 초대 교회의 성장과 함께 수행되었다. 에베소서 4장 12~13절에는 영적 리더십의 은사를 활용하는 목적에 대해 언급하고 있다.

신앙 공동체의 구성원을 지도하는 교회의 리더는 교회의 머리이신 예수 그리스도에게 의탁해야 한다.[113] 그리스도의 임재와 함께 예수의 성품과 마음을 체험할수록, 영적 리더십을 더욱 성숙하게 하고 그 역량을 발휘할 수 있는 것이다.[114]

영적 리더십은 기도로부터 나온다. 바울은 디모데전서 2장 1절에서 "내가 첫째로 권하노니...." 하며 기도하기를 권하였다. 바울의 수많은 복음 경험은, 기도의 강력하고 특별한 변화를 믿게 하였다.[115] 그렇지만 대부분의 사람들은 하나님에게 가까이 가는 것을 두려워하며 망설인다.

사람들은 기도의 중요성을 충분히 알고 이해하고 있다. 샌더스는 기도의 실패에 대해, 기도방법을 알기까지 많은 시간이 필요하며, 그 과정에서 기도 보다 중요하다고 생각되는 것에 많은 투자를 하기 때문이라고 하였다.[116]

---

113 "오직 사랑 안에서 참된 것을 하여 범사에 그에게까지 자랄지라 그는 머리니 곧 그리스도라" (엡 4:15)
114 Michael J. Quicke, 『전방위 리더십: 회중을 변화시키는 리더십 설교』, 이승진 역 (서울: CLC, 2009), 87.
115 김희백, "변혁적 목회리더십 계발과 적용-변혁적 리더십 이론을 중심으로", 70.
116 J. Oswald Sanders, Spiritual Leadership (Chicago, IL: Moody Press, 1982),

기도는 하나님 앞에 온전히 자신을 드러내는 것이며, 기도로써 자기 자신의 틀에서 나오게 되는 것이다. 기도는 하나님 앞에서 진실된 것을 의미하며, 자신의 기만으로부터 벗어날 수 있게 한다. 자기기만은 리더십의 가장 큰 적이며, 기도는 자기기만을 덜어내고 리더십을 바로 하는 데에 중요한 것이다. 하나님 앞의 참 기도는 자신을 버리고 '열린 자신'으로 나아갈 수 있게 한다.

우리의 내면은 수많은 잠재적 저항 요소를 지니고 있으므로, 참된 리더십에 이르기가 어렵다. 그렇지만 우리는 참된 기도를 통해, 내면의 저항을 멈추고 내면의 진정한 변화를 맞이하는 것이다.

교회의 지도자들은 전인적 인격의 모델이고 삶의 모범이 되어야 한다. 교회 지도자의 온전한 삶은 교회 성도들에게 많은 변화를 주는 모델이므로, 영적 삶의 모범이 되어야 한다.[117]

영적 생명의 사역자는 영성의 일에 대한 사명을 생각해야 한다. 생명 말씀을 전하는 영적 지도자는, 복음 전파뿐만 아니라 말씀을 실천하는 삶을 살아야 하며, 예수 그리스도의 십자가 고난과 부활을 체험하고, 영적 성장의 훈련을 수행해야 한다.

영적 사명을 지닌 지도자는 공동체 구성원에게 영적 생명을 전하고, 생명을 누리도록 하는 사람이며, 예수 그리스도는 우리의

156.
117 김희백, "변혁적 목회리더십 계발과 적용-변혁적 리더십 이론을 중심으로", 70~71.

참된 영적 스승이며 지도자라는 것을 알리는 사람이다.118 이러한 이유로, 한국교회는 이와 같은 영적 능력을 갖춘 영적 리더십을 중요시 하고 관심을 갖는 것이다.

4) 한국교회의 리더십 이해

한국교회가 폭발적으로 부흥 성장하는 데는 교회 지도자들의 역할이 아주 컸다. 하지만 지금은 자본주의와 물질만능주의의 영향으로 정체성의 혼란과 침체과정에 있으며, 지역사회와의 유대관계와 영향력이 감소하고, 양적 성장이 둔화하고 있다.

이러한 침체과정을 극복하기 위해, 교회 리더십은 본연의 위치와 정체성을 찾고 성경의 본질적 특성을 회복해야 한다. 건강한 한국교회를 위한 현실적 대안은, 목회자의 '목양 리더십'과 '소그룹리더십'을 바로 세워야 한다.

초기 한국교회는 미국 북장로교회에서 파송한 선교사들에 의해 시작되었으며, 시카고 맥코믹신학교, 리치몬드 유니온신학교, 뉴저지 프린스턴신학교 출신들이 다수를 차지했다.

특히 1884년 9월 20일 무렵 한국에 입국한 알렌은, 한국에 장

---

118 장종현, 『신학은 학문이 아닙니다』 (서울: 기독교연합신문사, 2021), 106~107.

기 주재하면서 교회 선교활동을 시작했다. 알렌을 비롯해서 초기 선교활동을 하며 복음을 전파하며 목숨을 바친 선교사들에 의해 한국교회의 초석이 다져졌다. 초기 한국교회에서 활동한 선교사들의 리더십은 다음의 세 가지 특징을 가진다.

첫째, 초기 선교사들의 리더십 핵심은, 미국의 보수주의 신학에 기초한 리더십이었다.[119] 모펫 선교사는 미국의 시카고 맥코믹신학교를 마친 북장로교회 선교사 소속으로, 1890년에 한국에 입국하였다. 1901년에 지어진 평양신학교 교장으로 재직하였고, 맥코믹신학교 동료였던 그래함 리(Graham Lee)와 윌리암 스왈른(Wiliam L. Swallon) 등과 함께, 성경 중심의 초기 한국장로교회의 신학적인 기초를 형성하는 데에 많은 영향을 끼쳤으며, 한국교회 형성에 지대한 공헌을 했다.[120]

모펫은 시카고에서 활동하는 무디(D. L. Moody, 1837~1899)의 영향을 받았으며, 그 영향으로 선교사가 되기를 결심했다. 전도를 위한 다양한 선교전략과 선교리더십은, 미국 교회에서 활동했던 무디의 부흥전도집회에서 비롯했다고 볼 수 있다.[121] 그들 대부분은 보수주의 신학을 가졌으며, 무디의 부흥전도집회와 기도운동

---

[119] 천환, 『성경적 리더십을 회복하라』 (서울: CLC, 2017), 114.
[120] 조경현, 『초기 한국장로교 신학사상』 (서울: 그리심, 2011), 99~166; 이금석, "평양신학교 설립과 미국 청교도 신학연구", (박사학위논문, 국제신학대학원대학교, 2015), 34~35.
[121] 천환, 『성경적 리더십을 회복하라』, 119~120.

의 영향을 지대하게 받았다.122

둘째, 초기 한국교회에서 활동하는 선교사들은, 복음전파라는 본연의 임무를 다하기 위해 열정적이었으며, 다양하고 폭넓은 복음전파 리더십을 보여주었다. 직접 각 지역을 방문하고 지역민을 만나서 다양한 활동을 진행하는 등 전도와 선교적 활동을 완수하기 위해 노력하였다.

셋째, 초기 선교사들은 일치와 연합의 방식으로 다양한 지도력과 리더십을 발휘했다. 당시의 선교사들은 미국 남·북장로교회를 포함하여, 스코틀랜드, 호주, 캐나다 등 여러 나라 출신들이었다. 그럼에도 불구하고 '일치와 연합의 지도력'으로 초교파적 단일 장로교단을 한국 교회에 세우는 데에 크게 기여했다.

장로교회와 감리교회는 1905년 '대한개신교복음주의선교연합공의회'를 조직했으며, 한국에 단일한 예수교회를 세우기로 하고 다양한 논의를 시작했다. 물론 처음에는 다양한 어려움으로 그 뜻을 이루지 못했다. 그렇지만 1918년 5월 장로교회와 감리교회는 각각 20명을 대표로 하고, '조선예수교장·감연합협의회'를 결성하였으며, 친교와 협력을 강화하게 되었다.123

---

122 김재성, 『무디, 오 놀라운 복음전도자』 (용인: 킹덤북스, 2013), 10.
123 천환, 『성경적 리더십을 회복하라』, 121.

장로교회는 1901년 무렵부터 급증한 성도들의 다양한 업무를 처리할 체계와 교회조직이 필요했기 때문에, '조선야소교장로회 공의회'를 조직했다. 처음으로 시작한 공의회는 선교사 24명, 조선인 장로 3명, 조사 6명으로 구성되었다. 이때 의장은 스왈른 선교사가 선임되었다.

스왈른 선교사는 평양에서 거주하며 40년 동안 한국 복음화를 위해 헌신 봉사했으며 교회를 설립하였다. 이러한 활동을 통해 초기 한국교회 선교사들은 한국교회 목회자들에게 교회 지도력과 리더십을 훈련시켰다.[124]

---

[124] Charles Allen Clark, 『한국 교회사』, 심재원 역 (서울: 기독교서회, 1968), 90; 민경배, 『한국 기독교 사회운동사』 (서울: 대한기독교출판사, 1987), 10.

2. 성품리더십의 정의와 본질

1) 성품의 의미와 정의

성품은 사람의 성격이나 됨됨이를 이르는 말이며, 일반적으로 마음씀씀이, 마음됨됨이, 품성, 성질, 기질 등과 혼용되어 사용하기도 한다. 성품은 선천적으로 타고나기도 하며, 살아가는 동안 다양한 환경에 노출되어 그 품성이 조금씩 변모하기도 한다.[125]

성품(性品)의 사전적 의미는 사람의 성질과 됨됨이를 말하며, 유의어로 인간성, 성격 등을 지칭하기도 한다. 성품의 다른 표기로 성품(性稟)을 쓰는 경우가 있다. 이때의 '성품'은 하나님께서 부여한 사람의 타고난 성질이라는 뜻으로, 선천적인 '성품, 성질'로 태어날 때부터 받았다는 의미이다.

성품의 영어 표기는 'Character' 또는 'Personality'로 사용되며, 'Character'는 인물, 성격, 특징 등의 의미로써 철학적 종교적 사회적 가치에 비중을 두는 용어이며, 'Personality'는 개성, 성격, 인성, 인격 등의 의미로써 사람 개인의 됨됨이를 지칭하는 의미로 주로 사용된다.[126]

---

125 정대일, "교회학교 아동부 성품교육 커리큘럼 연구: 소망교회 아동부를 중심으로", (박사학위논문, 장로회신학대학교 목회전문대학원, 2017), 5.
126 정대일, "교회학교 아동부 성품교육 커리큘럼 연구", 5~6.

성품은 인간 내면에 자리한 것으로 각 개인의 삶에 다양한 방식으로 연관되어 표면화하고 드러난다. 개인이 처한 환경에 따라 잠재되어 있는 기질, 성격, 인격, 인성, 됨됨이로써 드러나는 것이다.

앤디 스탠리(Andy Stanley)는 성품을 '자신의 참된 모습'으로 지칭했다.127 자신의 참된 모습은 가식 없는 모습으로 내면 깊숙이 자리하며, 다양한 방식으로 표출된다. 김영계는 성품에 대해 '인간의 내면을 통해 드러나는 삶의 표현'이라고 기술하였다. 성품은 한 인간의 내외면적으로 보여지고 표현되어지는 성격, 인격, 윤리, 도덕성 등 인간의 모든 측면을 포함하는 포괄적인 표현인 것이다.128

김경래는 목회자의 성품 연구를 통해서, 성품의 구성요소를 인격, 성격, 기질 등으로 구분하고, '기질'은 인간의 근본적 속성, '성격'은 기질을 바탕으로 환경과의 상호관계를 통해 새롭게 형성된 것으로 보았다.129 한 사람의 성품은 인격과 성격, 그리고 기질 등으로 구성되며, 좋은 성품은 인격과 성격, 기질 등을 바꾸

---

127 Andy Stanley, 『성품은 말보다 더 크게 말한다』, 윤종석 역 (서울: 도서출판 디모데, 2017), 17.
128 김영계, "건강한 목회 리더십을 위한 목회자 성품훈련의 필요성", 55~56.
129 김경래, "목회자의 올바른 성품에 대한 연구", (신학석사논문, 안양대학교 신학대학원, 2008), 25~26.

는 교육훈련을 통하여 형성된다. 김영계에 따르면 성격은 기질에 뿌리를 두고 있으며, 기질은 내면에 숨겨진 것으로 성격을 통해 표면화하여 드러난다.

황규애는 "기질은 태어날 때부터 지닌 것으로, 행동에 무의식적으로 영향을 주는 특성"으로 언급하였다. 기질은 본래적으로 타고나는 기본적인 인격의 근거가 되며, 날 때부터 좋은 기질과 나쁜 기질이 구분되어 태어난다. 그러나 타고난 기질이라 할지라도, 훈련과 교육을 통하여 좋은 기질로 바뀔 수 있다고 본 것이다.[130]

성품은 타고난 기질이 환경과의 관계를 통해 새롭게 형성되며, 인간의 내면과 삶에 다양한 방식으로 관여한다. 이러한 성품의 개념적 이해에 대해 김영계는, '기질, 성격, 인격'으로 구분하고, '타고난 기질, 환경과 사람들로 형성된 성격, 개인의 삶의 역정과 신념에 의해 형성된 인격'으로 그 의미를 상술하였다.

성격은 주어진 환경과 타고난 기질을 통해 형성되고 표현되는데, 다양한 환경과 조건, 상황, 경험을 통하여 다듬어지며 새롭게 형성된다.[131] 즉 성품은 선천적으로 타고난 기질과 후천적으로 형성되는 성격, 인격으로 나뉘는데, 어느 한쪽에 치우치면 안되고 적절하게 둘의 균형을 갖는 것이 필요하다고 할 것이다.

---

130 황규애, 『가정과 성격형성』 (서울: 도서출판 영문, 1999), 56.
131 김영계, "건강한 목회 리더십을 위한 목회자 성품훈련의 필요성", 56~57.

2) 성품리더십의 본질

'성품리더십'이라는 표현은, 2011년 이영숙 교육학 박사가 교육학적 측면에서 언급하며 사용된 용어이다.[132] 이 책에서는 그와는 다르게, '그리스도 중심적 훈련 원리'로서의 '성품리더십'의 의미로 사용하고자 한다. 즉 성품리더십의 목적을 교회의 건강한 신앙생활과 올바른 성품을 품은 그리스도인을 길러내는 것으로 한정함으로써, 그리스도 중심의 관점을 반영하는 의미로 사용하겠다는 것이다.

필자는 '성품'을 '개성, 성격, 인성, 인격' 등의 의미로 본다. 즉 사람 개인의 됨됨이를 지칭하는 'Character'로 이해하고 성품리더십을 연구하고자 한다. 이 연구 관점은 교회 신앙생활에서 드러나는 성품에 대해, 그리스도 중심의 성품교육을 통해 변화하고 성장할 수 있음을 제시하는 것이다.

성품의 일반적 의미와 학문적 개념들을, 그리스도 중심적 소그룹리더의 성품리더십에서 새롭게 재조명할 것이다. 먼저 이러한 관점의 선행연구를 살펴보면 다음과 같다.

스탠리는 "성품은 어떠한 희생과 댓가를 치른다 하더라도 감내하며 하나님의 기준으로 옳은 길을 가려는 의지"라고 정의한다.

---

132 이영숙, "성품칼럼, 성품리더십이란", 「한국성품학회」 (2011): 1.

스탠리가 정의하는 성품은 하나님의 길을 따르려는 의지이며, 타협의 대상이 아니며, 종교적 신학적 실천 의지를 내포한다. 또한 하나님의 기준에 의한 삶과 성품은 자신이 아닌 타인을 위한 희생과 헌신에 기초한다.[133] 이것이 곧 필자가 주장하고자 하는 '그리스도 중심의 성품'의 핵심이다. 자신의 상황 논리에 따라 좌지우지되는 것이 아니라 하나님의 말씀에 기초하고, 절대적인 하나님의 기준에 따라 행동하고 삶을 이끌어가려고 하는 것이 '그리스도 중심의 성품'이다.[134]

성품은 인간의 내면과 외면으로 표현되는 모든 것을 포함한다. 특히 성품은 내적인 것을 외적으로 표현할 때 참된 것이 드러나게 된다. 내면적인 것과 겉으로 표현되는 외면적인 것과 일치될 때 참 성품이라고 할 수 있다. 자신의 내면의 모습 그대로 드러나는 것이 성품이다. 성품은 끊임없는 반복적인 훈련을 통하여 변화된 성품을 형성해 갈 수 있다. 그리스도 중심의 성품훈련을 하게 되면 그리스도 중심의 인간이 될 수 있다.[135]

김영계는 로마서 8장 32절[136]의 연구를 통하여 하나님의 성품은 타인 지향적이라는 점에 주목하였으며, 하나님을 따르는 성품

---

133 Stanley, 『성품은 말보다 더 크게 말한다』, 38.
134 Stanley, 『성품은 말보다 더 크게 말한다』, 28.
135 Stanley, 『성품은 말보다 더 크게 말한다』, 16.
136 "자기 아들을 아끼지 아니하시고 우리 모든 사람을 위하여 내주신 이가 어찌 그 아들과 함께 모든 것을 우리에게 주시지 아니하겠느냐" (롬 8:32)

은 어떠한 시련에도 사람들을 배려하고 섬긴다는 점을 강조하고 있다.137 하나님의 성품은 철저히 이타적 즉, 타인지향적이다. 하나님께서는 죄인들을 구원하시고자 하나뿐인 독생자 예수 그리스도를 이 땅에 보내 주셨다. 그리고 누구든지 그를 믿고 따르는 자에게는 구원의 은혜를 베푸셨다. 그리스도를 믿고 따르는 것뿐만 아니라 하나님의 원래 형상, 창조 당시의 형상을 회복하기 위해서는 그리스도 중심의 성품을 닮아야 한다. 이러한 김영계의 연구 관점은 '신앙은 곧 성품이다'라는 성품 연구를 토대로, 한국교회의 혁신과 변화를 이끌고자 하였으며, 그 중심에 목회자의 신앙적 성품을 핵심으로 두고 있다.138

김영계의 그리스도 중심적 신앙이 곧 성품이라는 관점은, 필자의 '소그룹리더의 성품리더십 연구'와 동일한 관점이다. 다만 목회자의 성품과 소그룹리더의 성품리더십에서 다소간의 차이가 있음을 밝힌다.

---

137 김영계, "건강한 목회 리더십을 위한 목회자 성품훈련의 필요성", 58.
138 김영계, "건강한 목회 리더십을 위한 목회자 성품훈련의 필요성", 60.

3) 소그룹리더와 성품의 상보(相補)적 관계

리더에게 있어 성품은 매우 중요하다. 교회 소그룹활동에서 리더는 매우 중요한 역할을 담당하며, 리더의 성품과 인격은 소그룹활동에 막대한 영향을 끼친다. 이러한 리더의 자질은 일반적으로 '비전, 전문성, 의사소통역량, 공감능력' 등을 필요로 한다. 교회 공동체 활동의 리더는, 개인적 차원에서 훌륭한 리더의 실력과 자질을 갖추었다 하더라도, 성품적 측면에서 좋은 성품이나 인격을 갖추지 않았다면 훌륭한 리더라고 할 수 없다.

리더가 좋은 성품을 소유하고 있다면 공동체 내에서 리더의 역할을 충실히 수행할 수 있으며, 공동체 구성원들에게 선한 영향력을 끼칠 수 있다. 교회 내 소그룹활동 활성화는 리더의 성품과 밀접한 상호관계성을 지닌다. 리더의 건강하지 않은 리더십은 소그룹활동 전체를 흐트러지게 할 수 있으며, 소그룹 구성원들에게도 상당한 피해와 부정적 영향을 줄 수 있다. 따라서 공동체를 이끄는 리더의 성품이 무엇보다 중요하다.

최근 영국의 프리미어리그 토트넘 홋스퍼 주장으로 활약하고 있는 손흥민 선수의 리더십이 새롭게 조명되고 있다. 손흥민의 리더십은 권위적인 리더십과는 다르다. 주장으로서의 솔선수범과

팀을 위한 헌신, 동료들과의 소통능력 등을 통해 토트넘 훗스퍼팀을 이끌고 있다. 11명으로 구성된 축구팀은 소그룹의 좋은 예이다. 경기장 안에서 11명의 선수를 이끄는 주장은 곧 소그룹리더이며, 경기의 승패를 결정함에 있어 매우 중요한 역할을 한다. 손흥민은 팀의 주장으로서 '팀을 위한 헌신', '선배로서의 경험 공유', '구성원 간의 자유로운 소통과 공감' 등의 훌륭한 리더십을 보여주고 있다.

조직이나 공동체에서 훌륭한 리더는 좋은 성품과 인성, 훌륭한 인격을 갖추는 것에서 비롯된다. 그러므로 공동체 구성원에게 훌륭한 리더의 좋은 성품은 누구나 공감하며, 믿음과 신뢰의 바탕이 된다.

그러나 좋은 성품을 형성하기 위해 특별하게 성품 훈련을 받는 경우는 드물다. 선천적 좋은 성품에 후천적으로 좋은 성품 훈련을 받은 리더라면 최고의 리더이다. 우리는 교회의 건강한 공동체를 위해 올바른 리더를 양성해야 하며, 그 이전에 좋은 성품을 지닌 건강한 리더가 누구인지 살펴보아야 한다.

Chapter2 성경에 담긴 성품리더십

소그룹공동체 활성화와 공동체성 강화는, 소그룹사역을 담당하는 리더의 건강한 성품 형성과 리더십에 달려있다. 성경에 담긴 하나님이 보여주신 바람직한 지도자의 모습을 통해서, 규범적인 성경적 리더십이 무엇인지 도출해 낼 수 있다. 본 장에서는 먼저 성품리더십의 그리스도 중심성, 그리스도 중심적 성품리더십의 정의와 필요성을 살피고, 일반적으로 리더십에서 요구되는 리더의 자질을 살펴볼 것이다. 그런 다음에, 성경적 리더십이라고도 할 수 있는 '그리스도 중심적 성품리더십'을 현 시대에 교회 내 소그룹리더를 양육하고 훈련하는 바람직한 리더십으로 제시하고자 한다.

 제1절 성품리더십의 성경적 이해

구약성경에 드러난 지도자의 의미와 '에벧', '나아르', '므샤렛' 등의 어휘를 중심으로 한 리더십의 다양한 함의들을 살펴보고, 이와 함께 '디아코노스', '돌로스' 등의 어휘를 중심으로 섬기는 자의 리더십에 대해서도 살펴보고자 한다.

1. 구약성경에 나타난 성품리더십

1) 구약성경에서의 종의 의미

구약성경에서 지도자는 집단의 어른으로서 족장이나 조상, 우두머리, 왕, 장관 등을 의미한다. 지도자는 집단을 대표하고, 모든 일을 주관하며 법과 규율을 집행한다. 구약성경에서는 '하나님의 종'이라 하여 비유적으로 사용하였고, 이스라엘 사람들은 자신들을 '여호와의 종'이라 칭하였다.

또 아브라함, 이삭, 야곱, 모세와 같은 지도자에게 하나님을 따른다는 의미를 담아 '하나님의 사람들'이라고도 부른다. '여호와의 종'과 '하나님의 사람들'은 같은 의미이며, 하나님을 섬기는

종을 의미하는 비유적 표현이라 할 수 있다.139

구약성경에는 '종'이라는 의미의 용어로 '에벧'을 사용했으며, 이는 하인을 의미하는 '돌로스' 또는 '오이케데스'로 번역되었다. '에벧'은 높은 사람에게 종속되어 생산을 담당하는 사람이나 가정의 노예를 뜻하며, 개인적 권리가 없이 그저 주인에게 충성하는 존재로서의 의미를 지닌다.140 하지만 구약성경에서의 '에벧'은 '종, 시종자, 노예'의 여러 의미로 혼용하여 사용되었으므로 전후 문맥을 고려하여 해석해야 한다.141

구약성경에서는 '에벧' 외에 '나아르'라는 종을 뜻하는 말이 있다. '나아르'는 시중드는 소년 사환으로 번역된다. 여호수아는 모세의 사환 '나아르'로 불렸다. 또 자유로운 봉사자로서 '므샤렛'을 사용하기도 했다. '므샤렛'은 왕을 섬기는 신하, 여호와를 섬기는 천사들에게 사용했다. 그 외에 돈을 받고 고용된 '사키르'도 있다. 구약성경에는 종을 뜻하는 다양한 어휘가 있었던 것이다.142

구약성경에서 사용되는 '종'은, 주인을 섬기는 주종관계의 언약

---

139 시 123:2; 사 44:1, 21; 렘 30:10
140 Muhammad A. Dandamayev, "Slavery: Old Testament", The Anchor Bible Dictionary Vol.62 (New York: Doubleday, 1992), 62.
141 민영진 편, 『성서대백과사전』 제10권 (서울: 성서교재간행사, 1981), 725~727; John R. W. Stott, 『설교자상』, 문창숙 역 (서울: 개혁주의신행협회, 1990), 133.
142 Muhammad A. Dandamayev, "Slavery: Old Testament", The Anchor Bible Dictionary Vol.62 , 62.

으로 다양한 맥락에서 사용되었다. 그렇지만 구약성경에서 하나님을 섬기는 종은, 예배 공동체 안에서 하나님의 일을 맡은 자이며, 하나님과 긴밀한 관계를 형성한 자를 의미한다.

2) 모세의 하나님의 종 리더십

필자는 구약성경에서 지도자의 성품리더십을 보여 준 대표적인 리더로 모세와 다윗, 느헤미야를 꼽았다. 먼저 모세는 하나님을 섬기는 자로서 200만 명이 넘는 공동체를 이끄는 리더였다. 모세는 하나님을 섬기고 기도하였으며, 하나님의 말씀을 전하고 가르쳤으며, 백성을 이끌고 본을 보였으며, 백성들에게 각각의 역할을 분담하여 일을 행하도록 이끌었다.[143]

그는 애굽 궁궐에서 40년, 광야에서 목자로서 40년의 삶을 보내며, 하나님의 소명을 받기까지 80년의 준비기간을 보냈다. 그 준비기간 동안 그는 다혈질적 성품에서 온유한 성품으로 변화했으며, 리더십을 훈련해 왔다.

모세의 리더십은 하나님의 쓰임을 받는 자로서 '준비된 자'의 중요성을 보여준다.[144] 모세는 이스라엘 백성들을 '영적 리더십'

---

143 L. Eims, 『당신도 영적 지도자가 될 수 있다』, 네비게이토 편역 (서울: 네비게이토 출판사, 2022), 176~178.
144 황준배, 『카리스마적 리더십』 (서울: 그리심, 2007), 152.

으로 이끌었다. 백성들의 배고픔과 목마름을 해결하기 위해 하나님께 기도하여 만나와 메추라기를 받아 백성의 어려움을 도왔다. 또한 바위를 쳐서 물을 나오게 하고, 쓴 물을 단 물로 바꾸는 신비하고 영적인 리더십을 행사하기도 하는 식으로, 백성들의 필요를 채워주고 근심을 덜어주는 지도력을 발휘했다.[145]

3) 다윗의 하나님의 종 리더십

다음으로 하나님의 구속사에서 중요한 지도자인 다윗을 들 수 있는데, 그는 '성공자의 리더십'을 보여주었다.[146] 다윗은 세바(Sheba)의 오만함과 므비보셋(Mephibosheth)의 모습을 보고 깨달은 것이다. 이에 대해 밥 얀디얀(Bob Yandian)은 리더십의 4가지 요인을 '교만하지 말 것', '믿고 맡길 것', '감정을 절제할 것', '역사에서 배울 것'으로 언급했다.[147]

다윗의 리더십은 문제 해결능력을 지닌 '지혜로운 리더십'이라 할 수 있다. 다윗은 상대방을 이해하고 설득하는 리더십을 지녔으며, 추종자와 구성원을 설득하여 관계개선에 힘썼으며, 양치기

---

145 김재환, "목회자리더십유형별 분석을 통한 지역교회 리더십 활성화 방안", (박사학위논문, 총신대학교 목회신학 전문대학원, 2013), 21~22.
146 Bob Yandian, 『다윗 섬김의 리더십』, 강주현 역 (서울: 경영정신, 2001), 130.
147 Yandian, 『다윗 섬김의 리더십』, 56~60.

로서의 겸손함과 타인을 믿고 자신의 권한을 나눠서 신하에게 일을 맡기는 리더로서의 역량을 갖추고 있다.

다윗의 결단성과 믿음은 부하들의 충성을 이끌고 국가를 굳건하게 했으며, 모든 지도자의 표상이 되었다. 다윗은 장군 재임 중에는 권위 있는 리더십을 지녔고, 왕이 되어서는 신하와 백성을 설득하는 지혜를 보였으며, 왕의 재임 중기에는 백성들과 함께하고, 신하들에게 권력을 위임하는 지도력을 발휘했으며, 말기에는 솔로몬에게 안정적으로 권력을 이양했다. 다윗이 보여 준 '성공자의 리더십'은, 수많은 인고의 시간과 노력을 통해 형성되고 이루어진 것이다.[148]

4) 느헤미야의 하나님의 종 리더십

그 다음으로는 포로기 이후에 나타난 느헤미야의 '카리스마 리더십'을 들 수 있다. 느헤미야의 리더십은 몸과 성심을 다한 기도를 통해 형성되었는데, 하나님께 성벽개축과 예루살렘 중건을 위한 간절한 기도를 올렸으며,[149] 마침내 그 응답을 받았다(느 1:8~9).

---

148 김재환, "목회자 리더십 유형별 분석을 통한 지역교회 리더십 활성화 방안", 24~25.
149 느 1:5~11, 2:4~5, 4:4~5, 9, 5:19, 6:9, 14, 9:15~38, 13:14, 22, 29, 31.

느헤미야는 기도를 통해 하나님으로부터 리더의 권능을 부여받았으며, 반대하는 자들(느 2:19)의 저항과 압력에도 불구하고 강한 지도력을 발휘하여 성벽재건을 완수했다. 간절한 기도와 백성들에게 동기부여를 해서 성벽재건을 이루어 낸 것이다.[150]

느헤미야는 유대 총독 임명에도 솔선수범하며, 봉사하는 백성들의 지도자로서의 참 모습을 보여주었으며(느 5:14~19), 곤란함과 어려움에 처한 백성들을 돌보고 살펴보는 일에도 최선을 다하였다.

느헤미야가 성벽재건의 사명을 완수해 나갈 때, 백성들의 동참을 이끌어낸 원동력은, 정성을 다한 간절한 기도와 낮은 자세로서 백성들을 설득하고 함께하는 마음가짐에서 비롯되었다.[151] 이와 같은 느헤미야의 리더십에 대해 존 화이트(John White)는 '공동체적 책임감'이며, 기도할 때의 마음가짐으로써 '동일시의 원리'라고 하였다.[152]

느헤미야의 리더십은 공동체와 자신을 동일시 하며 성공적으로

---

150 김재환, "목회자 리더십 유형별 분석을 통한 지역교회 리더십 활성화 방안", 27.
151 김재환, "목회자 리더십 유형별 분석을 통한 지역교회 리더십 활성화 방안", 27~29. "이제 종이 주의 종들인 이스라엘 자손을 위하여 주야로 기도하오며 우리 이스라엘 자손이 주께 범죄한 자들을 자복하오니 주는 귀를 기울이시며 눈을 여시사 종의 기도를 들으시옵소서 나와 내 아버지의 집이 범죄하여" (느 1:6)
152 John White, Excellence Leadership (Downers Grove, Ill: Intervarsity Press, 1986), 23.

발휘되었다. 공동체의 과업은 소수의 힘으로 이끌어지는 것이 아니며, 공동체 구성원의 적극적인 참여를 통해서 이루어진다. 느헤미야 리더십은 공동체 구성원들과 긴밀한 상호관계를 형성하여 과업을 이룬 것이다.[153]

---

[153] 김재환, "목회자 리더십 유형별 분석을 통한 지역교회 리더십 활성화 방안", 30.

2. 신약성경에 나타난 성품리더십

신약성경에 등장하는 대표적인 성품리더십의 모형은 예수 그리스도를 들 수 있다. 그리고 예수 그리스도로부터 직접 '섬기는 리더십'을 훈련 받은 베드로와 바울의 리더십을 살펴볼 수 있다.

1) 예수 그리스도의 섬기는 종 리더십

신약성경의 지도자는 '종'의 모습으로 드러난다. 이는 구약성경의 '지도자' 중심의 리더 모습과 차이를 보인다. 신약성경의 지도자는 '섬기는 종'으로, 헌신적이며 희생적인 특징과 면모를 보인 것이다.

성경에서 종은 자신의 권리보다 주인을 따라 봉사하는 자이며, 겸손과 복종하는 자를 의미한다. 하나님을 섬기는 종으로서의 참 모습은 예수 그리스도를 통해 확인할 수 있다. 예수 그리스도는 여호와의 종으로서 하나님의 뜻에 절대 복종하는(마 26:42), 겸손(요 13:13~16)과 희생, 헌신의 리더십을 보여 주었다.[154]

신약성경에서 '디아코노스'(διάκονος)는 식사 할 때 주인의 시

---

[154] 서정국, "목회자의 지도력 개발에 관한 연구", (신학석사학위, 호서대학교 대학원, 1991), 22~26; 김희보, 『구약신학논고』 (서울: 예수교문서선교회, 1980), 320~332; 박광일, "목회자의 Leadership에 관한 연구", (신학석사학위, 서울신학대학교대학원, 1990), 67.

중을 드는 종을 의미한다. '디아코노스'는 신약에서 섬기는 일이라는 의미로써 사용된다.[155] 신약성경에서 예수님이 자신을 식사 시중을 드는 자로 묘사할 때에도 이 단어가 사용되었다. 또한 '디아코노스'는 기독교인 모두에게 적용되는 '섬기는 일'을 서술하기 위해 신약에 자주 사용되었다.[156]

성경에 드러난 리더십은 하나님을 섬기는 종으로서 리더십을 강조한다. 예수 그리스도는 섬김을 받는 것이 아니라 섬기려 하였고, 대속물로 목숨을 기꺼이 내놓고자 하는(막 10:45),[157] 희생과 헌신을 담은 섬김의 리더십을 드러냈다.

종으로서의 섬김의 리더십은 구약성경에도 드러난다. 서정국의 연구에 따르면, 성경의 리더십은 '머리'와 '종'의 개념으로 설명할 수 있는데, 구약성경의 '머리'는 지도자로서 집단의 권위를 소유하며 물리적인 힘을 가졌다. '머리'는 결단력이 있고 정직하며 전략가로서 행동하였지만, 하나님과는 또 '머리'와 '종'이라는 기본적인 관계를 정립하였다. 신약성경의 종은 하나님과 관계성 정립, 하나님에 대한 절대적 복종, 자기희생을 통한 하나님의 뜻 실천, 겸손과 헌신을 통한 관계 유지, 영적 권위를 가진 자로 표현된다.[158]

---

155 민영진 편,『성서대백과 사전』제10권 (서울: 성서교재간행사, 1981), 725~727.
156 Stott,『설교자상』, 133.
157 "인자가 온 것은 섬김을 받으려 함이 아니라 도리어 섬기려 하고 자기 목숨을 많은 사람의 대속물로 주려 함이니라" (막 10:45)
158 서정국, "목회자의 지도력 개발에 관한 연구", 30.

2) 베드로의 섬기는 종 리더십

베드로는 예수 그리스도와 3년 동안 동행하며 배우고 익혔으며, 신약시대 섬기는 자로서의 종의 모습을 담은 지도력을 보였다. 베드로의 리더십은 초대교회 형성에 크게 기여하고 영향을 끼쳤다. 베드로는 함께 하는 장로 사역을 맡은 지도자들에게, 사역에 임하는 자세와 함께 군림하고 지배하는 지도자가 아닌 섬기는 자의 모습을 안내하며, 하나님의 뜻을 따르도록 했다. 그는 지도자의 자발적 동기와 높은 소명과 겸손함을 강조했다.[159]

베드로는 자신의 신앙과 영적 성장을 성도들에게 위임하여 나아가게 했으며, 그리스도의 승천 이후 마가의 다락방에서 제자들과 함께 마음을 모아 기도했다. 그들은 그리스도인으로서 서로 협력하고 함께 하며 사역을 나누어 행하였고, 가족공동체 성격의 초대 교회를 이루었다(행 2:42~47).

초기 교회 공동체는 유대교 종교지도자들의 박해를 받았음에도 흩어지지 아니하고, 교회 소그룹활동을 통해 예수 그리스도의 공동체를 유지해 나갔다(행 9:31). 초대교회의 공동체는 베드로를 중심으로 서로 협력했고, 스데반과 빌립을 포함한 일곱 집사는 재정을 맡았으며, 다른 사도들은 기도하는 일과 복음 전하는 일에

---

[159] 김재환, "목회자 리더십 유형별 분석을 통한 지역교회 리더십 활성화 방안", 30. "양 무리를 치되 부득이함으로 하지 말고 오직 하나님의 뜻을 좇아 자원함으로 하며" (벧 5:1~7)

전념하였다. 이와 같은 초대교회 베드로의 리더십은, 기도와 영적 성장, 공동체 구성원의 위임을 통해 교회 공동체성을 이룰 수 있었던 것이다.

베드로는 예수 그리스도의 가장 사랑받는 제자로서 모범적인 그리스도인의 삶을 살았으며, 성령 충만한 영적 리더십으로 초대교회 성도들을 이끌었다. 또한 그는 교회 공동체 구성원과 함께 믿음과 신앙 공동체를 형성함으로써, 그 어떠한 어려움과 고난도 이겨내는 역량을 지니도록 했다.[160]

베드로는 직설적인 성격의 소유자로서, 깊은 신앙과 역량을 지녔음에도 많은 실수가 있었다. 그러나 예수 그리스도의 제자훈련을 통해 참된 그리스도 신앙의 리더로 변화하였다.[161] 베드로의 사역은 예수 그리스도의 가르침을 통해 자신의 약점을 극복하고, 점차 발전하여 영적으로 성장하였으며, 영적 리더십을 발휘함으로써 성도들에게 참된 그리스도인의 삶을 살도록 이끌었다. 그는 삶의 어려움에 혼미해질 때도 깨어 기도하게 하였고, 사람들 위에 군림하지 않았으며, 그리스도인들에게 교회의 리더로서 경건한 삶을 살도록 인도했다.[162]

---

160 김재환, "목회자 리더십 유형별 분석을 통한 지역교회 리더십 활성화 방안", 32.
161 J. Oswald Sanders, 『하나님의 학교를 졸업한 사람들』, 최혜숙 역 (서울: 나침반사, 1986), 25.
162 김재환, "목회자 리더십 유형별 분석을 통한 지역교회 리더십 활성화 방안", 31.

3) 바울의 섬기는 종 리더십

　신약성경에서 바울의 리더십은 다메섹으로 가는 도상에서 예수 그리스도의 임재를 통해 드러났다. 그는 예수 그리스도와의 만남에서 예수 그리스도와 율법에 대한 근본적인 인식변화를 경험하였다. 그후 선교의 정신과 삶이 모두 영적 성장을 하였으며, 자신의 모든 삶을 그리스도를 위해 헌신했다.
　바울은 결코 자신의 삶에 안주하지 않았으며, 오직 그리스도인의 삶을 이루기 위해 부단히 노력하고 실천하였다(빌 3:13~14). 그리스도의 부름에 언제나 변혁을 게을리 하지 않았으며, 그리스도를 본받는 삶과 영적 리더십을 보여주었다(빌 3:17).[163]

　바울의 참된 목표는 성도들이 그리스도인으로서 온전한 사람을 이루어 영적으로 충만하게 되는 것이었다(엡 4:13).[164] 단지 예수 그리스도의 복음을 전하는 것에 머무는 것이 아니라, 그리스도인으로서 예수 그리스도에 대한 믿음과 신앙을 이루어 온전한 삶을 살게 하는 것이었다. 그의 온전한 삶과 사역은 초기 교회 공동체의 표본이 되어 그리스도인들에게 신앙의 바탕을 이루게 하였다.

---

163 "형제들아 너희는 함께 나를 본받으라 그리고 너희가 우리를 본받은 것처럼 그와 같이 행하는 자들을 눈여겨 보라" (빌 3:17)
164 정경호, 『바울의 선교신학』 (서울: 기독교문서선교회, 2009), 277~278. "우리가 다 하나님의 아들을 믿는 것과 아는 일에 하나가 되어 온전한 사람을 이루어 그리스도의 장성한 분량이 충만한 데까지 이르리니" (엡 4:13)

바울은 예수 그리스도를 영적으로 만난 후 자신의 모든 삶을 그리스도를 위해 헌신했다. 영적 리더십으로 이방인에게 복음을 전파하고 교회를 설립했다. 바울의 리더십은 겸손함으로 성도를 돌보는 '설득형 리더십'을 보였으며, 제자들을 파송하는 '위임의 리더십'으로 교회를 성장시켰다. 그는 그리스도의 복음을 온 세계로 전하는 초석이었으며, 사람을 세우는 리더십과 협력하는 리더십을 보여주었다.[165]

'성경적 리더십'은 리더의 '영성, 도덕성, 영적 권위'에 근거한다. 교회에서 리더의 권위는 지도자의 '능력, 영성, 도덕성'을 의미하며, 그의 삶에 드러난다. 따라서 교회 리더의 영성은 성경적인 리더십에 기본을 두는 것이 필수요건이다.[166] 성경에 드러난 리더십은 '하나님을 섬기는 종으로서의 리더십'으로 압축할 수 있다. 앞으로 전개될 '그리스도 중심적 성품리더십' 연구는 이러한 성품리더십을 근간으로 하고 있다.

---

[165] 김재환, "목회자 리더십 유형별 분석을 통한 지역교회 리더십 활성화 방안", 35.

[166] Tea W. Engstrom, The Making of a Christian Leader (Grand Rapids, Michigan: Zondervan, 1980), 24.

제2절 성품리더십의 그리스도 중심성

성경적 리더십은 일반적 리더십과 다르며, 교회의 영적 리더십과 같은 맥락이다.167 기독교의 영적 리더십은 성경을 근간으로 살펴볼 수 있다. 영적 리더십은 공동체 구성원에게 '종'으로서의 리더십 영향력을 발휘하는 원동력으로 작용한다. 또한, 성품리더십은 그리스도의 성품이 중심이 되어 건강한 교회 공동체를 회복하고, 그리스도의 성품을 겸비한 전인적인 인간을 양육함에 있어 매우 필요한 리더십이다.

1. 그리스도 중심적 성품리더십 정의

그리스도 중심적 성품리더십은 곧 성경적 리더십으로 이해할 수 있다. 성경적 리더십은 앞서 살핀 것처럼 구약성경과 신약성경의 리더십으로 크게 구분하여 볼 수 있다. 구약성경의 리더십은 전통적으로 이끄는 자의 리더십으로서 공동체를 대표하는 '머리'의 리더십을 반영한다. 구약성경의 리더로 대표되는 모세는

---

167 J. O. Sanders, 『영적 지도력』, 이동원 역 (서울: 요단출판사, 1996), 36.

하나님과의 관계를 정립하고, 기도하고 말씀을 전달하였으며, 공동체를 대표하고 강력한 권위로 이끌었다.[168]

신약성경의 리더십은 희생과 헌신을 통해 하나님의 뜻을 실천함으로써 영적 권위를 지닌다. 신약성경의 리더십은 예수님의 사랑과 헌신, 희생의 리더십이며, 하나님을 섬기는 자의 서번트 리더십이다.

신약성경의 리더십은 구약성경의 전통적인 리더십에 비해 진일보한 특징을 볼 수 있다. 신약성경의 리더십은 본질적으로 그리스도 중심적 성품리더십을 의미한다. 오늘날의 교회 리더십의 원천은 성령으로 충만한 그리스도 중심적 성품리더십을 담아내야 한다.

교회의 성경적 리더십을 일으키는 핵심 요인은 하나님의 사랑이다.[169] 하나님의 사랑은 이웃을 사랑하는 것에서 비롯되며, 이웃을 사랑하는 마음은 자신을 사랑하는 것과 같다. 하나님은 하나님의 형상으로 인간을 지으셨고, 이웃과 나 자신은 모두 하나님의 형상으로 이루어졌으며, 이웃과 자신을 사랑하는 마음은 하나님의 사랑을 실천하는 출발이며 원천이다. 이웃에 대한 사랑은 곧 하나님에 대한 섬김이며 희생이며 헌신이다.

그러므로 성품리더십의 핵심은 그리스도의 사랑이며 하나님의 사랑이고, 이웃에 대한 헌신과 사랑의 실천이다. 이웃에 대한 헌

---

168 서정국, "목회자의 지도력 개발에 관한 연구", 30.
169 Sanders, 『영적지도력』, 36.

신과 사랑을 통해 하나님의 형상을 이루고 영적 균형을 갖춘 그리스도인을 양성하는 것이 성품리더십의 본질적 요소이며 궁극적 지향점이다.

교회의 리더는 예수 그리스도를 본받고, 그리스도의 종으로서의 삶을 온전히 살 수 있어야 한다.[170] 사도 바울은, 하나님을 섬기며 순종의 본을 보인 예수 그리스도의 삶을 본받아서, 스스로 종을 자처하며 생명을 다하여 섬기는 자로서 순종하는 삶을 살았다(행 20:23~24).[171] 교회 리더의 성경적 리더십은 그리스도 중심적 리더십이다. 하나님을 섬기는 순종의 길을 가야하며, 그러한 리더십은 이웃에 대한 사랑과 헌신, 희생, 봉사를 통해 온전하게 이루어질 수 있다.

교회의 성경적 리더십의 진정한 목표는 사람들의 죄에 대한 구원에 있다. 예수 그리스도는 죄인들의 구원을 위해 생명을 내어놓고 죽음을 택하였고, 이웃에 대한 사랑과 헌신, 희생과 봉사를 통해 그 목표를 이루었다. 이 구속의 리더십은 기독교 성경적 리더십의 핵심이며 정수이다.[172]

---

170 김외식, "목회지도력 유형연구", (신학석사학위, 감리교신학대학교 신학대학원, 1986), 44.
171 "오직 성령이 각 성에서 내게 증언하여 결박과 환난이 나를 기다린다 하시나 내가 달려갈 길과 주 예수께 받은 사명 곧 하나님의 은혜의 복음을 증언하는 일을 마치려 함에는 나의 생명조차 조금도 귀한 것으로 여기지 아니하노라" (행 20:23~24)
172 R. Wolff, 『지도자론』, 조동진 역 (서울: 크리스챤 헤럴드사, 1971), 52.

성경적 리더십은 영적 리더십의 특징을 가진다. 영적 리더십은 하나님께서 주신 것으로써 인격적 요인을 반영한다. 인격적인 영적 리더십은 하나님을 섬기는 '성령 충만한 종'으로서의 리더십이며, 공동체 구성원에게 영향력을 발휘하는 원동력으로 작용한다. 이러한 이유로 성경적 리더십은 일반적 리더십과 다른 특징과 차이를 보이는 것이다.

2. 그리스도 중심 성품리더십의 필요성

오늘날의 교회 활동에서는 그리스도 중심의 성품리더십이 더욱 요구된다. 현대사회 대부분의 구성원들은 지적역량의 성장과 경제적 풍요에도 불구하고, 경쟁과 갈등이 증폭된 현대적 삶으로 인해 정신적 부조화와 혼란에 직면해 있다. 이는 교회 구성원들에게도 확인할 수 있으며, 교회 신앙생활의 위기로 이어지고 있다. 오늘날 교회의 위기는 '그리스도 중심적 성품리더십'을 통해 구성원의 건강한 신앙생활을 함으로써 회복될 수 있다.

오늘날 한국 교회 내 성품리더십의 필요성을 다음과 같이 들 수 있다.

첫째, 교회 내 소그룹리더의 성품리더십 함양을 위한 훈련은 건강한 교회활동의 자양분으로 작용될 수 있으며, 교회 구성원

간의 지속적 상호관계 확산을 통해 교회의 긍정적 변화를 모색할 수 있다.

둘째, 교회 내 다양한 소그룹리더들의 성품리더십 훈련을 통해 건강한 교회와 신앙활동이 강화될 수 있으며, 성품리더십 훈련은 예수 그리스도의 섬김의 리더십을 통해 그 핵심을 배울 수 있다. 예수 그리스도의 리더십은 '하나님을 섬기는 종'으로서 이웃을 사랑하고 헌신하셨으며, 자신의 생명을 내놓아 희생하는 사랑을 실천하였다. 예수 그리스도의 리더십은 서번트 리더십이며, 오늘날 리더십의 핵심이라 할 수 있다. 예수 그리스도는 영적 리더로서 사람들로 하여금 하나님의 일을 하게 하였고, 성령과 함께 공동체 구성원들에게 영적 영향을 주었다.

셋째, 건강한 신앙생활과 교회활동은 기독교 교인으로서 올바른 성품에서 비롯되며, 그 원천은 그리스도 중심 성품리더십을 통해 강화될 수 있으며, 교회 내 올바른 리더의 성품리더십을 통해 활성화할 수 있다. 이 과정에서 소그룹리더의 역할과 비중이 매우 중요한데, 이는 소그룹리더의 교회 구성원들 간의 폭넓은 접촉과 상호작용의 연관성에 기인한다.

넷째, 교회 소그룹리더의 훈련은, 교회 건전성과 건강성을 회복하는 원동력이며 출발점으로 작용하기 때문에 필요하다. 이때 올바른 성품리더십 훈련은 그리스도 중심 성품리더십으로 해야 한다. 교회는 그리스도 중심의 성품리더십 훈련을 통해서, 교회 공동체구성원들을 영적으로 건강한 하나님의 사람으로 양육하고 훈련시킬 수 있는 것이다.[173]

그리스도 중심적 성품리더십 연구는, 리더의 성품리더십 훈련을 통해서 건강한 교회 공동체 활성화와 하나님의 사람, 그리스도의 성품을 닮은 리더를 양육하는 데에 그 목적을 두는 것이다.

---

[173] 안재은, "소그룹 리더십 개발 원리와 훈련 방안", 한국복음주의실천신학회, 「복음과 실천신학」 제27권 (2013): 100; 김광건, 『영적 리더십의 새로운 패러다임』, 156.

제3절 리더에게 필요한 성품리더십

교회 소그룹리더의 리더십은, 하나님의 말씀으로 양육되고, 섬김과 가르침을 통해 계발된다. 이때 리더가 지녀야 할 비전과 가치는 '하나님의 말씀과 섬김'이라고 할 수 있다. 이는 영적 리더십의 기초이며 리더의 비전이다. 론 니콜라스(Ron Nicholas)는 '그리스도에 대한 헌신과 공동체 구성원에 대한 헌신'을 리더의 자질로 강조하였는데, 이는 하나님에 대한 사랑과 섬김의 리더십과 서로 상통한다.

1. 교회 내 소그룹사역과 성품리더십

그리스도 중심적 성품리더십은 '하나님 중심의 리더십', '성경적 리더십'을 의미하며, 성도들이 하나님 중심의 성품을 이루어 가도록 영향력을 끼치는 리더십이다.[174] 리더의 성경적 리더십에 이르는 방법론적 근간은 하나님에 대한 희생과 봉사에 있다.

예수 그리스도의 리더십은 하나님과 이웃에 대한 사랑과 헌신

---

[174] 김영계, "건강한 목회 리더십을 위한 목회자 성품훈련의 필요성", 53.

이며, 섬기는 자로서의 종, 자신의 생명을 기꺼이 내어 주는 희생에 있다. 리더는 예수님의 섬기는 자로서의 희생과 헌신의 서번트 리더십을 핵심으로 삼아야 한다. 여기서는 '교회 내 소그룹사역'에서 요구되는 '그리스도 중심적 성품리더십'에 대해서 살피고자 한다.

1) 성품리더십교육의 필요성

본 연구에서 리더가 지녀야 할 성품리더십의 핵심은 그리스도 중심의 희생과 헌신의 서번트 리더십에 있고, 그 근간에 예수 그리스도의 사랑과 희생을 둔 리더십이다. 기독교의 성품리더십은 교회 구성원에게 변화를 일으키는 영향력이며, 하나님과 올바른 관계를 맺고 하나님의 삶을 살게 하는 힘이다. 교회의 성경적 리더는 공동체 구성원을 하나님의 사람으로서 건강한 삶을 살게 이끄는 인도자이며 양육자이다. 또한 하나님께 인도하는 모든 과정을 성경적 성품리더십이라 할 수 있다.[175]

성경적 리더십은 교회 공동체 구성원들(목회자를 비롯한 모든 교인, 직분자, 교회 내 소그룹리더) 모두가 갖추어야 할 리더십이다.[176] 그리스도 중심의 성경적 리더십, 즉 성품리더십은 하나님의 사명을

---

[175] 이종석, "소그룹 다이나믹스를 통한 리더십개발이 교회 공동체에 미치는 영향에 관한 연구", 38.
[176] 명성훈, 『창조적 리더십』(서울: 서울서적, 1991), 18.

완수하는데 중요한 영향력을 끼친다.

교회공동체의 세포조직인 소그룹에서 리더 역할을 담당하고 있는 리더들에게 성경적 리더십, 즉 그리스도 중심의 성품리더십을 훈련하여 교회를 이끄는 훌륭한 리더로 양육하는 것은 매우 중요하다. 리더는 교회 내 소그룹을 건강한 공동체로 활성화시키는데, 이때 성경적 리더십이 교회의 다양한 공동체에 영적 영향력을 끼치기 때문이다.

교회 내 소그룹이 활성화되기 위해 무엇보다 중요한 것이 리더의 리더십 발휘이고,[177] 이때의 리더는 그리스도 중심의 성품리더십으로 훈련되고 양육되어져야 한다. 그리스도 중심의 성품리더십으로 훈련된 리더가 많을 때 교회는 건강하게 성장해 나갈 수 있기 때문이다.

성경적 리더십은 믿음의 신실함, 하나님과의 영적 관계, 겸손, 영적 성숙, 경청하는 자세, 용기 등과 같은 성숙한 인격을 필요로 한다.[178] 성경적 리더십은 목회자 뿐 아니라 교회의 소그룹을 이끄는 리더들에게도 절대적으로 필요한 리더십의 중요한 요소이다. 리더는 교회의 공동체성 강화를 위해 거룩한 삶을 살아야 하고, 리더십 함양을 위해서는 성품리더십 훈련을 받아야 한다.

크레이그 다익스트라(Craig R. Dykstra)는 도덕적 판단과 선택 상

---

[177] 김영계, "건강한 목회 리더십을 위한 목회자 성품훈련의 필요성", 53.
[178] Quicke, 『전방위 리더십: 회중을 변화시키는 리더십 설교』, 189.

황에서, 선택이나 판단의 결여보다 성품의 차이가 중요하다면서, 바람직한 성품교육을 도덕교육의 목표로 제시한다. 그는 『비전과 성품』이라는 책에서 옳고 그름만을 판단하는 기준이나 잣대가 아니라, 관계 속에서 사람됨을 이해하고, 현재 처한 상황을 바르게 인식하고, 책임 있는 행동을 할 수 있도록 비전을 갖게 하는 것의 중요성을 강조하고, 이를 바람직한 도덕교육이라고 하였다.[179]

인간은 통합적이고 종합적인 존재이며 일관성과 성품을 지닌 존재이며, 그 성품은 마음과 생각 속에 무엇을 추구하며 바라보냐 하는 비전과 연관된다.[180] 도덕적 삶은 도덕적 행위보다 그 행위를 만드는 성품이 중요하며, 성품은 무슨 생각을 하고 무엇을 바라보냐 하는 비전에 의해 결정된다. 인간은 미래를 향해 나아가는 비전을 추구하는 존재이며, 삶을 통해 성품을 변화시키고 성숙해가는 존재이다.[181] 또 성품은 반복적인 교육과 훈련으로 끊임없이 계발되므로, 그리스도 중심의 성품 훈련을 지속적으로 하는 것이 매우 중요하다.[182]

아리스토텔레스(Aristoteles)는 "사회적 관계를 갖기 위해서는 지적인 덕과 도덕적 덕이 함께해야 한다"는 것을 강조하면서, 특별

---

179 정대일, "교회학교 아동부 성품교육 커리큘럼 연구", 29~30.
180 Craig R. Dykstra, Vision and Character (New York: Paulist Press, 1981), 50.
181 정대일, "교회학교 아동부 성품교육 커리큘럼 연구", 32.
182 김영계, "건강한 목회 리더십을 위한 목회자 성품훈련의 필요성", 55.

히 '성품의 덕'을 제시하였다. 성품은 독자적으로 성립되는 것이 아니라 덕과 중용의 상호 관계 속에서 발전하고 성립되는 것으로 본 것이다.[183] 성품 훈련을 통하여 인간은 인격적이고 도덕적인 인간이 될 수 있다. 성품 훈련은 곧 인간의 원래 형상인 하나님의 본래 형상으로 회복하는 훈련이다. 성품은 생각, 언어, 태도, 신앙생활 등으로 표출되며, 타고나는 것이 아니라 매일의 훈련을 통해 좋은 성품으로 계발되고 발전한다. 좋은 성품은 타인에게 감동을 주기도 하며 타인을 변화시킬 수 있듯이, 반복 지속적으로 가꾸고 키워야 하는 것이다.[184]

2) 성품리더십의 성화과정

기독교의 성품은 인간이 하나님의 본래 형상을 회복하기 위해 성령 하나님의 도우심을 통해 성화(聖化, sanctification)[185] 과정을 통해 이루어지며, 인간이 하나님의 형상을 회복함으로써 하나님의 본래 속성과 같이 온전하게 되는 것이다.

기독교 성품은 구원의 은혜에 감사하며, 그리스도의 온전한 삶

---

183 정대일, "교회학교 아동부 성품교육 커리큘럼 연구", 21.
184 정대일, "교회학교 아동부 성품교육 커리큘럼 연구", 3.
185 "죄악된 옛 본성을 벗고 죄와 더러움에서 분리되어 하나님을 향하여 거룩하게 되어가는 것. 즉, 죄사함을 얻고 구원받은 인간이 하나님의 거룩한 성품을 닮아가는 과정을 말한다." https://terms.naver.com 〈검색일: 2024. 01. 06.〉

을 본받아, 성령의 열매들을 맺어가는 과정을 통해 이루어질 수 있다.[186] 기독교 관점의 성품은 삼위일체 하나님의 성품이며, 성부 하나님은 하나님의 형상으로 창조된 인간의 참 속성, 성자 하나님은 예수 그리스도의 성품, 성령 하나님은 성령의 9가지 열매의 덕목을 이른다.[187]

성령의 9가지 열매의 속성은 크게 세 영역으로 나눌 수 있고, 각 영역에서 성령의 열매 성품은 상호 유기적인 관계성을 가진다. 하나님과 연관된 성품의 성령의 열매는 '사랑, 희락, 화평'의 세 가지이다. 타인과의 관계와 연관된 성품의 영역에 해당하는 성령의 열매는 '오래 참음, 자비, 양선'이다. 개인적인 성품의 영역으로 묶을 수 있는 성령의 열매는 '충성, 온유, 절제'이다.

성령의 9가지 열매		
하나님과 연관된 성령의 열매	타인과 연관된 성령의 열매	개인적 성품의 성령의 열매
사랑, 희락, 화평	오래 참음, 자비, 양선	충성, 온유, 절제

마음의 변화를 통해 행동의 변화를 가져오는 과정을 거쳐야 그리스도를 닮은 성품을 이루어갈 수 있다. 이때 기독교의 성품은 인간의 노력으로 얻어지는 것이 아니라, 하나님의 은혜와 도움으

---

[186] 정대일, "교회학교 아동부 성품교육 커리큘럼 연구", 25~26.
[187] 정희영·이정규·한민좌, "기독교 유아 인성교육을 위한 덕목추출", 한국기독교교육학회, 「기독교교육논총」 제36집 (2013): 195~218.

로 이루어지는 영적인 삶의 과정이며,188 인간의 영역은 헌신과 성심으로 성품에 이르고자 하는 일깨움과 노력의 여정일 뿐이다.

기독교윤리학을 연구한 스탠리 하우어와스(Stanley Hauerwas)는, "성품이란 천성적으로 타고난 것이 아니라 끊임없는 노력과 계발로 이루어진다"면서, '성품을 가진다(having character)'고 정의하였다. 기독교적 관점의 성품은, 노력과 훈련으로 이루어지기 때문에 '성화의 과정'이라고도 한다.

인간 내면에 있는 모든 정욕과 육체적인 욕심을 떠나 그리스도의 신성을 입음으로써, 하나님의 형상을 온전히 회복해 가는 과정이 성화이다.189 기독교적 성품은 하나님, 하나님과의 관계, 성경적 인간관에서 시작하고, 인간의 본성을 새롭게 하는 말씀의 능력으로 변화시키고, 하나님과의 온전한 관계를 맺는 성화의 과정에 초점을 둔다.

기독교적 성품교육은 하나님의 성품, 하나님의 형상, 성화, 성령의 열매와 관련되어 있다. 기독교적 성품교육은 신성에 의한 구체적인 변화의 교육이며, 성품은 날마다 가정과 교회의 일상생활에서 훈련을 통해 이루어져야 한다.190

교회 내 성품리더십 양육훈련은 교회 공동체 내 관계의 변화를

---

188 정대일, "교회학교 아동부 성품교육 커리큘럼 연구", 24~25.
189 이후정, "영성신학의 본질과 주제", 대한기독교서회, 「기독교사상」 449권 (1996): 18~19.
190 정대일, "교회학교 아동부 성품교육 커리큘럼 연구", 26~29.

먼저 일으킨다.191 옛사람을 벗어버리고 새사람을 입은 그리스도인들은, 전 삶을 통해 가르치고 보여주신 그리스도의 온유한 성품과 겸손의 성품에 이르기 위해 훈련해야 한다. 목표와 기준을 성령의 열매에 두고 날마다 성품훈련을 하게 되면, 성품은 날마다 그리스도를 닮은 성품으로 변화하게 된다. 이때 양육훈련은 하나님을 향한 회복훈련이라 할 수 있다.

교회 내 공동체성은 예배에서 잘 드러난다. 교회는 세상 안에서 그리스도를 선포하는 표징(sign)이 되어야 하고, 예배는 예수 그리스도를 통해서 성부 하나님께 이르는 것이며, 그리스도인에게 자신의 삶을 온전히 드리는 것을 요구한다.192

교회의 공동체성은 예배를 통해 새로워지는 것이며, 세상의 소금 역할을 다할 때, 그 존재 의미를 담을 수 있다.193 예배를 통해 우리는 그리스도인들의 신앙공동체성이 형성되고, 일상의 삶 가운데 반복적인 훈련과 성화의 과정을 통해 영적 성숙으로 나아갈 수 있는 것이다. 이와 같이 교회의 공동체성은 예배를 통해서 가장 잘 드러나지만, 교회 내 공동체 활동 활성화와 교회의 공동체성 강화를 위해서는 교회 내에 다양한 소그룹공동체 활동이 활발하게 일어나야 한다.

---

191 김영계, "건강한 목회 리더십을 위한 목회자 성품훈련의 필요성", 62.
192 Robert E. Webber, 『예배학』, 김지찬 역 (서울: 생명의 말씀사, 2005), 64.
193 김영태, "예배예식서에 나타난 주일예배의 형성과정 연구: 한국감리교회를 중심으로", (박사학위논문, 백석대학교 기독교전문대학원, 2008), 37.

2. 리더가 지녀야 할 일반적 자질

교회 내 소그룹사역을 담당하는 리더는 공동체 구성원들에게 중요한 영향력을 끼치며, 그들의 자질은 건강한 소그룹을 이끌어 나가는 데 매우 중요하다.[194]

교회 리더의 성품리더십 역량을 강화하기 위한 '목회의 실천적 자질'은 다음의 내용을 우선적으로 검토하여 살펴볼 수 있다. 본 항에서는 리더가 갖추어야 할 일반적 자질 중에서 '비전, 전문성, 의사소통역량, 공감능력, 신뢰성, 제자도'를 중심으로 살펴보고자 한다.

---

[194] 레이몬드 카텔(Raymond Cattell)은 인간의 성격과 자질에 대해 '16가지 성격요인'(The 16 Personality Factors)으로 유형 분석하여 접근하였다. '카텔의 16가지 성격요인'은 다음과 같다. 1. 따뜻함(Warmth) 2. 추론(Reasoning) 3. 정서적 안정(Emotional Stability) 4. 지배력(Dominance) 5. 생동감(Liveliness) 6. 규칙의식(Rule-Consciousness) 7. 사회적 대담성(Social Boldness) 8. 민감성(Sensitivity) 9. 경계성(Vigilance) 10. 추상성(abstractness) 11 프라이버시(Privacy) 12. 불안감(Apprehension) 13. 변화에 대한 개방성(Openness to Change) 14. 자립심(Self-reliance) 15. 완벽주의(perfectionism) 16. 긴장감(tension).
https://insightink.co.kr/26 〈검색일: 2024. 03. 09.〉

1) 비전

리더십은 리더의 비전(Vision), 전문성, 성품(인격)을 통해 발휘되므로, 리더의 역량은 소그룹구성원에게 비전을 제시하고, 전문성을 발휘하고, 리더의 올바른 성품(인격)을 통해 드러난다.[195]

교회 리더의 비전에 대해 헨리 블랙커비(Henry Blackaby)는 두 가지 핵심 요인을 강조했다.

첫 번째 요인의 비전은 '하나님과의 영적 관계에서 비롯되는 비전'에 대한 깊이 있는 통찰이다. 하나님의 말씀을 탐구하고, 내적으로 성찰하여 근원을 살피며, 영적으로 성장하는 리더의 모습을 지니는 것이 필요하다는 것이다.

하나님의 말씀을 통한 비전은 구성원에게 올바른 신앙생활을 제시하는 기준점이며 하나님의 계시이다. 리더는 하나님의 말씀을 통해 영적으로 성장하고, 그를 통해 구성원에게 비전을 제시하는 것이다.

그러나 여기서 하나님의 말씀 즉 비전에 대해서 주의하여 살펴보아야 한다. 리더는 하나님의 말씀을 통해 비전을 삼을 수 있지만, 스스로 하나님의 뜻(말씀)을 구할 수는 없으며, 오직 하나님의 계시로 주어져야 한다. 이때의 교회 소그룹공동체의 비전은 하나

---

[195] 이종석, "소그룹 다이나믹스를 통한 리더십개발이 교회 공동체에 미치는 영향에 관한 연구", 39.

님의 말씀(계시)에서 출발한 것이므로, 오로지 하나님을 통해서만 성취가능하다.

두 번째 요인의 비전은 교회 소그룹공동체의 목표지향점(비전)으로, '공동체 구성원에게 하나님을 대면하게 하는 것이며, 하나님의 음성을 듣게 하는 것'이다. 구성원에게 하나님을 대면하고, 음성을 듣게 하는 것은 리더의 영적 리더십의 핵심이라 할 수 있다. 소그룹의 리더는 비전을 공동체의 구성원에게 강요하는 것이 아니며, 공동체 구성원에게 하나님의 말씀과 비전(계시)을 품도록 하는 데에 있다. 교회 리더의 비전은, 하나님의 말씀을 통해 공동체 구성원에게 어떤 목적과 방향으로 나아가는지 이해를 구하고 영향력을 행사하는 데에 있는 것이다.[196]

2) 전문성(동기부여)

리더의 전문성은, 공동체 구성원들에게 공동목표 달성을 위한 동기를 부여하는 것에 있다. 구성원의 동기부여는 목표 달성을 위한 내적의지이다. 교회 소그룹공동체의 리더는 구성원들에게 하나님을 향한 사랑과 말씀을 실천할 수 있는 의지와 공동목표를 위한 동기를 부여해야한다.

그러기 위해서 소그룹공동체의 리더는 자신의 영적 의지를 다

---

196 이종석, "소그룹 다이나믹스를 통한 리더십개발이 교회 공동체에 미치는 영향에 관한 연구", 39~40.

듣고, 구성원 각 개인의 성향 파악과 이해의 과정을 통해 공동목표로 나아갈 수 있도록 지원해야 한다. 이에 더하여 리더는 공동체 구성원 간의 다양한 갈등 상황에 대해 대응하고 조절할 수 있는 역량을 지녀야 한다.

공동체 구성원 간의 갈등은 상대에 대한 적대적인 심리상태에서 발생한다. 구성원의 적대적 심리 상태는 구성원 각 개인의 신앙관과 문화적 차이, 생활방식, 기질 등 다양한 요인과 의사소통의 미숙, 구성원을 믿지 못하는 신뢰 부족 등에서 비롯된다.

이러한 구성원 간의 갈등은, 옳고 그름이 아니라 구성원의 성향을 이해하는 것에서 '변화와 존중'을 통해 조정될 수 있다. 리더는 구성원 간의 갈등을 감정적 시선에서 벗어나 객관적인 시선으로 바라볼 수 있어야 한다.

3) 의사소통역량

리더는 정확한 정보 전달, 공동목표를 향한 공감대, 구성원간의 정서적 유대감, 구성원 간 복합적 상호작용 이해 등을 포괄하는 커뮤니케이션 역량을 지녀야 한다.

리더의 의사소통역량(Communication)은 소통의 기술적 측면과 의사소통의 깊이와 태도 등의 능력을 말한다. 의사소통은 상대의 의도와 의미를 정확하게 이해하고, 이를 논리적 언어와 감정적 언어를 적절히 사용하여 구성원에게 전할 수 있어야 한다.

의사소통의 출발은 상대방의 생각과 감정을 신뢰하고, 서로 다름을 존중하며, 변화와 조정을 통해 대화를 이어가는 것에 있다. 리더의 전문성(동기부여)은 의사소통 역량의 성장을 통해야, 비로소 교회 소그룹공동체 구성원 간의 화합과 공동체 목표 달성에 기여할 수 있는 것이다.[197]

4) 공감능력

리더에게 요구되는 주요한 성품요소는 타인 입장에서 공감할 줄 아는 공감능력(Empathy ability)이다. 이 공감능력은 인간 상호관계를 맺어 가는데 있어 매우 중요한 요소 중의 하나이다. '공감(共感; Empathy)'은 자신의 관점이 아니라 타인의 입장에서 생각해 보고 바라보는 것을 말한다. 이는 슬픈 일이나 기쁜 일을 함께하는 포괄적인 개념을 의미하며, 공감을 잘하는 능력을 '공감능력'이라고 한다.

공감은 다른 사람의 생각과 느낌을 이해하는 능력인 인지적 공감(Cognitive Empathy)과 타인의 감정을 공유하며 그 사람의 내면을 깊은 수준에서 이해하는 능력인 감정적 공감(Emotional Empathy)으로 구분한다. 리더는 인지적 공감을 통해 구성원들의 감정을 이해하고 연대감을 공유하는 데 유용하게 활용할 수 있

---

[197] 이종석, "소그룹 다이나믹스를 통한 리더십개발이 교회 공동체에 미치는 영향에 관한 연구", 40~41.

다.

　공감은 동정심과 연민과는 분명한 차이가 있다. 동정심은 자신의 관점에서 불행이나 곤란에 처한 사람을 불쌍히 여기는 마음을 갖는 것을 말하며, 자신의 입장에서 타인의 슬픔을 바라보는 것을 측은지심(惻隱之心)이라 한다.

　리더는 공동체 구성원들의 형편과 처지를 잘 파악하고 이해하는 충분한 공감능력을 지녀야 한다.[198] 강도를 만난 사마리아인의 비유를 통해 "누가 진정한 이웃이냐?"라고 질문하셨던 예수 그리스도의 마음은 이러한 공감능력을 가장 잘 묘사하고 있다. 예수 그리스도는 바로 이와 같은 공감능력을 가장 잘 보여주신 분이다. 리더에게는 바로 공동체 구성원들을 향한 이와 같은 공감능력이 필요하다.

5) 신뢰성

　리더십의 가장 중요한 관계의 기초는 신뢰성(信賴性; Reliability)이고, 신뢰성은 리더십의 중요한 토대가 된다. 리더는 조직이나 공동체의 구성원이 리더를 전적으로 신뢰하고 따를 수 있도록 신뢰감을 주어야 한다. 그러므로 신뢰는 리더가 갖추어야 할 성품의

---

[198] 김상구, 『개혁주의 예배론』, 291~296; 교회 내 공동체 구성원 간에 이해와 공감능력에 관한 상호 소통의 자료는 『개혁주의 예배론』 9장 복음의 의사소통으로서의 예배와 설교를 참고할 수 있다.

요소 중에서도 가장 기초적으로 갖추어야 할 중요한 요소이다.

리더는 말과 행동에 신뢰가 있어야 하고 신뢰성은 인격과 성품에 기초한다. 리더의 자질과 자격을 갖추었다 하더라도, 구성원들이 리더를 신뢰할 수 없다면 리더십을 제대로 발휘할 수 없는 것은 자명한 일이다. 리더를 믿지 못하는 조직은 그 어떤 비전과 계획도 제 역할을 할 수 없다. 그러므로 훌륭한 리더십의 가장 중요한 덕목은 공동체 구성원의 믿음과 신뢰이다.[199]

6) 제자도(弟子道)

교회 리더는 그리스도의 제자로서 교회 공동체 현장에서 제자도를 실천하는 중요한 위치에 있다. '제자'라는 의미의 마떼테스(mathetes)는 '따르는 자' 또는 '배우는 자'를 말한다. 이 말은 '스승'에게 헌신하는 사람이라는 의미를 포함한다.[200] 제자는 예수 그리스도를 따르는 사람을 의미[201]하며, 제자는 타인을 위해 자신의 삶을 온전히 내어주는 사람이다.[202]

---

199 임영효, "영적 지도력이 본질로서의 성령의 열매에 관한 연구", 고신대학교 고신신학연구회, 「고신신학」 14 (2012): 357~422.
200 Michael Wilkins, Following the Master (Grand Rapids, MI: Zondervan, 1992), 38. "제자는 복음서가 예수님을 따르는 사람들을 가리키는 말로 처음 사용한 말이자, 초대 교회에서 신자들, 그리스도인들, 형제들과 자매들, 그 도를 따르는 사람들, 또는 성도들로 알려진 사람들을 널리 가리키던 말이다."
201 Bill Hull, 『온전한 제자도』, 박규태 역 (서울: 국제제자훈련원, 2017), 30.
202 Walter A. Henriehsen, 『훈련으로 되는 제자』, 네비게이토 편역 (서울: 네비게

제자도는 그리스도를 따르는 제자의 모든 행위를 말한다. 제자가 예수를 따르지 않는다면, 그리스도에 속한 자라 할 수 없다. 신앙공동체를 받아들이겠다고 서명은 했더라도 그리스도와 참된 관계를 얻지 못한 자이다.203

'제자도'는 성경 안에서 파생된 말이며, 그리스도인은 예수 그리스도를 따르는 과정이라는 의미로서 '제자도'를 이해하고 받아들인다. '제자도'의 '도(道)'는 속성이나 모습을 의미하며, 제자도는 제자로서 가지는 모습이나 태도를 의미한다.204

그러므로 그리스도인에게 제자도가 없으면, 예수 그리스도를 믿는 신앙공동체인 기독교는 존재하지 않는다. 예수 그리스도를 믿고 따를 때, 비로소 살아있는 기독교 신앙공동체를 이루는 것이다.205 "제자도 없는 기독교는 그리스도 없는 기독교와 같다"라는 디트리히 본회퍼(Dietrich Bonhoeffer)의 선언은 오늘날의 기독교인에게 여전히 유효한 가치 덕목이다.206

현대 교회는 대부분 '제자도'가 없는 기독교 신앙공동체를 이루고 있다. 하지만 제자도 없는 기독교는 신앙공동체에서 벗어나

이토출판사, 2009), 22~23.
203 Hull, 『온전한 제자도』, 30~32.
204 Hull, 『온전한 제자도』, 33.
205 Hull, 『온전한 제자도』, 8.
206 Dietrich Bonhoeffer, The Cost of Discipleship (New York: Macmillan, 1973), 64. "제자도는 그리스도에게 붙어 있다는 것을 의미한다. 그리스도가 그 붙어 있는 대상이므로, 이 붙어 있다는 것은 제자도의 형태를 띨 수밖에 없다."

시대의 문화 흐름에 묻혀 사라지는 위기에 직면한다. 달라스 윌라드(Dallas Willard)는 "제자도는 예수 그리스도를 닮고자 하는 사귐이며, 그분을 통해 하나님 나라의 삶을 배우는 것을 의미하고, 일상에서 예수 그리스도의 삶을 온전히 실천하는 것이다. 우리 안에 예수를 닮고 그리스도의 삶을 따르고자 하는 헌신적 사랑 없이는 그분을 따를 수 없다."[207]고 하였다.

예수 그리스도를 따르는 제자도는 사람과 사람의 마음 안에 참된 변화를 일으키는 원리를 내포하고 있으며, 하나님의 사랑과 같은 영적 체험을 통해 주위 사람들에게 영향을 끼칠 수 있다. 그리스도의 제자가 된다는 것은 그리스도와 연합을 이루는 것이며, 그분과 함께 살아감을 의미한다. 제자도는 또 다른 제자들을 길러 하나님의 거대한 가치를 지속적이며 영속적으로 다른 이들에게 전하는 것을 포함한다.[208]

예수 그리스도는 영적 양육훈련을 통해 제자를 세우고, 그들을 통해 제자를 길러 내도록 했다.[209] 그리스도의 말씀은 그분의 마음을 담고 있으며, 말씀을 통해 세상을 구원하려는 하나님의 계획을 제시했다. 그러므로 제자도는 기독교 신앙공동체의 가장 중

---

207 Hull, 『온전한 제자도』, 9~10.
208 Hull, 『온전한 제자도』, 24.
209 "예수께서 나아와 말씀하여 이르시되 하늘과 땅의 모든 권세를 내게 주셨으니 그러므로 너희는 가서 모든 민족을 제자로 삼아 아버지와 아들과 성령의 이름으로 세례를 베풀고 내가 너희에게 분부한 모든 것을 가르쳐 지키게 하라 볼지어다 내가 세상 끝날까지 너희와 항상 함께 있으리라 하시니라" (마 28:18~20).

요한 근간이다.[210]

  누가복음 9장 23절[211]은 예수님이 사람들을 '제자도'로 부르시는 기본 취지가 담겨 있다. 건강한 교회의 소그룹공동체는 그리스도의 제자를 길러내는 모든 요소를 결합하고, 영적 자양분, 사역활동 역량, 대외활동훈련, 오랜 사귐, 예배 등을 펼쳐나간다. 소그룹공동체는 리더십 기술역량을 계발하고, 교회의 자산을 활용하여 영적 도구를 생산할 수 있으며, 교회는 그리스도 제자들을 길러내는 최적 환경을 만들어 내는 양육훈련의 광장을 제공하여야 하는 것이다.[212]

---

210 Hull, 『온전한 제자도』, 21.
211 "또 무리에게 이르시되 아무든지 나를 따라오려거든 자기를 부인하고 날마다 제 십자가를 지고 나를 따를 것이니라" (눅 9:23)
212 Hull, 『온전한 제자도』, 308~309.

3. 리더와 성품리더십간의 상관성

교회 내 공동체 활성화의 성공적 요인은 소그룹공동체 리더와 성품리더십 상호간에 밀접한 연관성을 가진다. 오늘날 교회 공동체가 활성화되지 못한 것은 교회 내 다양한 소그룹공동체의 부재와 소그룹공동체를 이끌만한 리더의 부족과 관련이 있다.

또한, 리더의 부재는 교회 내 다양한 소그룹공동체를 이끌만한 리더의 성품리더십 양육훈련 프로그램의 부족과도 연관성을 지닌다. 오늘날 한국교회는 소그룹을 이끄는 리더들에게 성품을 중심으로 하는 성품리더십 훈련프로그램을 체계적으로 갖추고 있지 않다. 교회에 등록된 교인은 많지만 성품리더십을 지닌 참 그리스도인(Christian)[213]은 찾아보기 어려운 것이 현실이다.

소그룹공동체 리더를 양성하기 위한 성품리더십 양육훈련은 리더로 하여금 공동체 구성원을 아우르며, 하나님을 섬기는 예수 그리스도의 제자로 나아가게 하는 역량을 지니게 한다. 성품리더십을 지닌 리더는 구성원과 상호 소통하고 공감함으로써 공동체

---

[213] "그리스도인은 헬라어로 '크리스티아노스' 곧 '그리스도에게 속한(사람)'이란 뜻이다. 이는 '그리스도의 소유로서 그분을 믿고 구주로 고백한 자', '그리스도를 따르는 사람', '예수님의 제자', '기독교인', '성도', '하나님의 백성'을 말한다. '그리스도인'은 초대교회 당시 수리아 안디옥 교회 성도에게 처음 사용되었다."
(행 11:26; 26:28)
https://100.daum.net/ 〈검색일: 2024. 01. 06.〉

구성원과 연대하여 사랑을 확장하고 실천할 수 있다.

그러나 이와 반대로 리더가 성품리더십의 부족과 한계를 지닌다면, 공동체 구성원은 소그룹리더를 신뢰하지 않으며, 공동체 활동의 제약과 한계로 작동하고, 구성원들의 불참, 불신, 회피로 이어질 수 있다.

따라서 필자는 교회 리더들의 리더십으로 '그리스도 중심적 성품리더십'을 제안한다. 어떠한 상황과 환경에서도 교회에서 소그룹 공동체 활동을 활성화하고 공동체성을 강화하는 것은 매우 중요하다. 2020년부터 3년간 이어진 COVID-19 팬데믹 상황에서도, 합리적 대안을 모색하여 교회 내 소그룹활동을 유지했던 교회는 팬데믹의 영향을 크게 받지 않았으며, 오히려 소그룹공동체 리더들의 적극적인 활동으로 교회가 부흥되는 경향을 보였다.[214]

이때에 교회 공동체 활성화의 성공 여부는 리더에게 달려 있으며, 리더의 성품리더십은 구성원간의 상호소통과 결속을 이끌며, 교회의 공동체성 강화와 공동체 활성화에 밀접한 영향을 끼친다.

리더는 그리스도 중심적 성품리더십으로 양육되고 훈련되어져야 한다. 참된 성품리더십을 지닌 교회 공동체 리더는 어떠한 시련에도 이를 극복하고, 공동체 구성원과 화합하여 하나님께 순종

---

[214] 지용근 외 10인, 『한국교회 트렌드 2024』, 9.

하며, 예수 그리스도와 같이 희생하고 섬기는 훈련된 제자로서 이웃에 대한 사랑과 헌신을 통해 실천하며 나아갈 수 있기 때문이다.

"그러므로 하늘에 계신 너희 아버지의
온전하심과 같이 너희도 온전하라"
(마태복음 5장 48절)

Chapter3 성경적 성품리더십 훈련 프로세스

제1절 소그룹리더를 위한 성령의 열매 훈련 근거

 본 장에서는 교회 내 소그룹공동체 활성화와 공동체성 강화를 위해 리더의 그리스도 중심 성품리더십 양육훈련 연구를 목표로 하고 있으며, 성령의 열매를 핵심원리로 삼아 소그룹리더의 성품리더십 재생산 양육훈련 프로세스를 실행하고자 한다. 그렇다면 '왜 교회 내 성품리더십 양육훈련 과정에서 리더에게 성령의 열매를 통한 양육훈련을 실행해야 하는가' 그 근거는 무엇인지 구체적인 연구 진행에 앞서 살펴보기로 한다.

 오늘날 한국교회의 문제와 위기를 극복하고 교회의 본질적 기능을 회복하기 위해서는 그리스도 중심의 소그룹공동체 활성화와 공동체성 강화가 필요하다. 소그룹공동체의 활성화는 예수 그리스도의 성품리더십을 닮은 리더를 필요로 하며, 올바른 성품리더십을 지닌 리더를 양육하는 건강한 훈련 프로그램을 무엇보다 절실히 요구한다. 그렇다면 '그리스도를 닮은 소그룹리더를 양육하기 위한 성품리더십 프로그램은 무엇으로 소그룹리더를 양육하는가' 이에 대해 논의가 필요하다.

> "내가 아직 너희와 함께 있어서 이 말을 너희에게 하였거니와"
> (요 14:15)

> "보혜사 곧 아버지께서 내 이름으로 보내실 성령 그가 너희에게 모든 것을 가르치고 내가 너희에게 말한 모든 것을 생각나게 하리라"
> (요 14:26)

> "평안을 너희에게 끼치노니 곧 나의 평안을 너희에게 주노라 내가 너희에게 주는 것은 세상이 주는 것과 같지 아니하리라 너희는 마음에 근심하지도 말고 두려워하지도 말라" (요 14:27)

> "내가 너희에게 실상을 말하노니 내가 떠나가는 것이 너희에게 유익이라" (요 16:7)

> "진리의 성령이 오시면 그가 너희를 모든 진리 가운데로 인도하시리니 그가 스스로 말하지 않고 오직 들은 것을 말하며 장래 일을 너희에게 알리시리라" (요 16:13)

그리스도의 성품리더십을 닮은 리더의 양육훈련은 궁극적으로 하나님의 말씀을 담은 성경을 통해 이루어질 수 있으며, 구체적으로는 성령의 열매 9가지를 핵심원리로 삼아 실행하고자 한다. 성령의 열매를 그리스도 성품리더십 양육훈련의 핵심 원리로 삼은 성경적 근거는 다음과 같다.

> "보라 나 바울은 너희에게 말하노니 너희가 만일 할례를 받으면 그리스도께서 너희에게 아무 유익이 없으리라" (갈 5:2)

> "우리가 성령으로 믿음을 따라 의의 소망을 기다리노니 그리스도 예수 안에서는 할례나 무할례나 효력이 없으되 사랑으로써 역사하는 믿음뿐이니라" (갈 5:5~6)

> "내가 이르노니 너희는 성령을 따라 행하라 그리하면 육체의 욕심을 이루지 아니하리라 육체의 소욕은 성령을 거스르고 성령은 육체를 거스르나니 이 둘이 서로 대적함으로 너희가 원하는 것을 하지 못하게 하려 함이니라 너희가 만일 성령의 인도하시는 바가 되면 율법 아래에 있지 아니하리라" (갈 5:16~18)

> "오직 성령의 열매는 사랑과 희락과 화평과 오래 참음과 자비와 양선과 충성과 온유와 절제니, 이같은 것을 금지할 법이 없느니라 그리스도 예수의 사람들은 육체와 함께 그 정욕과 탐심을 십자가에 못 박았느니라 만일 우리가 성령으로 살면 또한 성령으로 행할지니" (갈 5:22~25)

바울은 갈라디아서 5장에서 "우리가 성령으로 믿음을 따라"(갈 5:5), "너희는 성령을 따라 행하라"(갈 5:16), "너희가 만일 성령의 인도하시는 바가 되면"(갈 5:16)이라고 하면서 '성령에 따라 행하라'고 말하였다. 이때의 '성령에 따라 행함'의 지향점은 궁극적으로 다음과 같다. '갈라디아서 5장 22~25절'[215]의 핵심 내용은 '그리스도 예수의 사람들'은 성령의 열매에 따라 '성령으로 살면

---

215 "오직 성령의 열매는 사랑과 희락과 화평과 오래 참음과 자비와 양선과 온유와 절제니, 이 같은 것을 금지할 법이 없느니라 그리스도 예수의 사람들은 육체와 함께 그 정욕과 탐심을 십자가에 못 박았느니라 만일 우리가 성령으로 살면 또한 성령으로 행할지니" (갈 5:22~25)

성령으로 행할지니'로 이해할 수 있다. 따라서 그리스도 중심 소그룹리더의 성품리더십 양육훈련의 대상은 '그리스도를 닮은 소그룹리더'에 있다. 그리스도 중심 소그룹리더는 '그리스도 예수의 사람들'[216]을 지향하며, '성령으로 살면 성령으로 행해지는 자'이다. 성도들은 하나님 말씀과 성령의 감화 감동하심으로 심령의 변화를 받고 거듭남을 통해 거룩한 성령의 열매를 하나님과 이웃 앞에 드러내 놓는 삶이 되어야 한다. 구원받은 성도는 사랑할 수 없는 어려운 상황에서도 기뻐해야 하며, 인내할 수 없는 상황에서도 하나님 말씀과 성령 감화로 참고 인내해야 한다. 성도들의 변화된 삶이 이웃들에게 성령의 열매로 나타날 때, 하나님께서 그들을 구원하시고 말씀으로 그들이 거룩하게 변화하였음을 알 수 있게 될 것이다.[217]

오늘날 교회에서 '예수 그리스도를 따르며 행하는 자'는 '성령으로 살고 성령을 따름'으로 해서 하나님과 예수님께 이를 수 있다. 성령의 열매를 핵심원리로 삼은 그리스도 중심 소그룹리더의 성품리더십 양육훈련은 '그리스도 예수의 사람들'의 성령을 따르는 삶과 서로 통한다. 성령의 열매와 성령을 따르는 삶은 예수

---

216 "그리스도 예수의 사람들은 육체와 함께 그 정욕과 탐심을 십자가에 못 박았느니라 만일 우리가 성령으로 살면 또한 성령으로 행할지니" (갈 5:24~25)
217 이승진, "장종현 목사의 개혁주의생명신학에 기초한 성경해석과 설교 전달", 백석정신아카데미 백석연구소, 「개혁주의생명신학 세계를 살리다」 제1권 (2023): 446.

그리스도의 사람들로서 예수를 닮은 그리스도인의 삶을 사는 것을 이른다.[218] 교회 리더에게는 사역에 앞서 심장이 고동치는 절박함이 있어야 한다. 이러한 절박한 심정을 심어주는 이는 오직 성령 하나님뿐이다.[219] 본 연구에서는 '성령과 그리스도 예수의 사람들'(갈 5:22~25)의 상호관계성을 바탕으로 그리스도 중심적 성품리더십 양육훈련 프로그램 연구를 수행하고자 한다.

---

218 Christopher J. H. Wright, 『성령의 열매』, 박세혁 역 (서울: 도서출판CUP, 2019), 14. "성령의 아홉가지 열매는 예수에 대한 아름다운 묘사라 할 수 있다. 예수는 하나님의 영으로 충만하셨으며, 성령을 통해 우리 안에 거하시는 분은 그리스도이시다. 우리가 하나님의 영으로 충만할수록, 성령이 우리 안에 그분의 열매를 더 무르익게 할수록 우리는 그리스도를 닮게 될 것이다."

219 Hull, 『온전한 제자도』, 309.

제2절 성령의 열매를 통한 훈련

리더 양육을 위해서는 그리스도 중심의 성품리더십 양육훈련 원리를 올바른 방향성에서 선택하고 제시하여야 한다. 본질적으로 교회 내의 모든 공동체 모임 및 활동은 하나님을 향한 사랑이 전제되어야 하며, 반드시 그리스도를 따르는 실천이 포함되어야 한다. 리더의 활동은 하나님 중심, 그리스도 중심의 활동이다. 그러므로 리더의 성품리더십 양육훈련원리의 핵심은 그리스도 중심의 신앙활동과 실천에 있다.

본 연구에서 필자는 그리스도 중심의 신앙활동을 위해 성령의 9가지 열매를 리더의 성품리더십 양육훈련 원리로 삼고자 한다.[220] 갈라디아서 5장 22~23절에 나타나는 성령의 9가지 열매는 사랑(Love), 희락(Joy), 화평(Peace), 오래 참음(Patience), 자비

---

[220] 필자는 성령의 열매를 성품리더십 양육훈련 원리로 삼았다. 성령의 열매는 그리스도인에게 다양한 핵심원리로 적용되어 응용되는데 그 사례로서 다음을 들 수 있다. Christopher J. H. Wright, 『성령의 열매』, 박세혁 역 (서울: 도서출판 CUP, 2019)-삶의 지침서; 이승록, 『성령의 열매』 조이플북스, 2022-말씀의 자기언어화; 이동원, 『성령에 속한 사람』 규장, 2000, 202-예수님의 인격; Hazel Offner, 『성령의 열매』, 권영석 편역, 한국기독학생회출판부, 1994- 그리스도의 성품.

(Kindness), 양선(Goodness), 충성(Faithfulness), 온유(Gentleness), 절제(Selfcontrol)이며, 이는 리더 양육훈련의 핵심원리이다. 성령의 9가지 열매는 포도송이와 같은 하나의 개념으로 이해해야 한다. 그 중에 '사랑'의 성품은 단일적인 것이 아니라 아홉 가지 성령의 열매를 모두 포함한다. 이어지는 8가지 성령의 열매는 '사랑' 성품의 또 다른 표현으로 성령의 열매 '사랑'은 다른 성품들과 함께 성품의 완성을 이루게 하는 원동력이 되는 것이다.[221]

성령의 9가지 열매는 성령께서 임하여 주어지는 것이므로 양육훈련하여 얻어지는 것이 아니다. 성령의 열매는 성령 하나님으로부터 주어지는 은혜이며 선물이다. 동시에 성령의 열매를 맺기 위해서는 날마다 깨우치고 강화하는 훈련이 필요하다. 육신의 생존을 위해 날마다 음식물과 물을 섭취하는 것처럼 성령의 열매를 이루는 아홉가지 속성을 깨우치고 강화하기 위해서는 날마다 노력해야 한다. 따라서 본 연구에서 성품리더십 양육훈련원리로써의 성령의 9가지 열매는 절대 가르쳐서 얻어지는 것이 아니므로, 임하여 주어진 성령의 열매를 깨우고 강화하는 데에 연구의 초점을 맞추고자 한다.

---

221 Sanders, 『영적 제자도』, 194.

1. 성령의 기능과 역할

리더는 리더의 사명을 다하기 위해 성령의 충만함을 받아야 하며, 성령 충만함을 통해 하나님을 섬기고 맡겨진 사명을 감당할 수 있다. 오늘날 그리스도인들에게 '말씀이 함께 계시다'는 것은 곧 생명으로 현존하시는 성령의 역사이다. '말씀의 현재화'는 동시성으로 일어나며 성령께서 보여주시는 증거이다. 생명력을 부여해 주는 말씀은 성령이 활동하는 수단이다. 하나님께 기도하면 곧 말씀의 현재화가 일어나는데 이 모든 것이 성령의 역사로 일어나는 것이다. 지금도 그리스도인들에게 그 생명이 끊임없이 꿈틀거리고 생동감을 주는 것은 성령님께서 함께하시는 역사이다.[222] 하나님께서는 성도들이 영적으로 변화하고 성숙해지도록 항상 말씀(로고스)으로 역사하신다. 그리스도인들의 영적인 변화와 성숙은 그들이 처한 상황 속으로 생명력 있는 하나님의 말씀(로고스)이 들어와서 적용됨으로 역사적이고 문화적이고 실존적인 맥락에 맞게 이루어진다.[223]

하나님 말씀이신 로고스는 특정한 상황의 성도들에게 구현되는

---

[222] 주도홍, "성령의 신학자 틸리케의 생명신학", 백석정신아카데미 백석연구소, 「개혁주의생명신학 세계를 살리다」 제2권 (2023): 416~417.

[223] R. Daniel Shaw & Charles Van Engen, 「기독교복음전달론」, 이대헌 역 (서울: CLC, 2007), 272.

과정을 '로고스의 맥락화(logos contextualization)'로 이해하며 설명할 수 있다. 로고스의 맥락화의 관점에서, 하나님 말씀(로고스)은 특정한 시대환경에 속한 하나님의 백성들에게 선포되며, 성령의 감동으로 말씀 수용자인 성도들의 내면에 진리로 받아들여 믿음을 형성하게 되는 것이며, 그리스도 성품을 닮는 거룩한 성화의 삶을 살아가는 일련의 과정을 의미한다.[224]

하나님 말씀(요 17:17)[225]에 담긴 진리는 성령과 예수 그리스도의 성취하신 유익을 적용하는 귀중한 수단이다. 하나님 말씀은 하나님의 계시 수단으로 그 자체로 강력한 능력으로 작용한다. 말씀은 성령의 검이며, 바위를 조각내는 쇠망치와 같다. 말씀은 사람의 마음을 열고, 그 말씀을 마음 안에 받아들이게 하는 빛이다. 말씀은 하나님께서 주시는 양식이며, 치유하는 약이며, 내면 깊이 위로하는 사랑이다. 그러므로 성령과 말씀은 결단코 분리될 수 없으며 분리되지 않는다. 성령의 거룩함과 진리에 대한 믿음은 불가분의 관계이며, 신앙의 본질적인 요소들에 해당한다. 성령은 능력의 대행자이다. 성경에서 중생은 '물과 성령으로 거듭남'을 의미한다. 이때의 성령은 위대한 변화과정에서 최초의 변화를 조성하는 분이다. 그와 동시에 성경 말씀은 '하나님의 살아

---

224 이승진, "장종현 목사의 개혁주의생명신학에 기초한 성경해석과 설교 전달", 430~431.
225 "그들을 진리로 거룩하게 하옵소서 아버지의 말씀은 진리니이다" (요 17:17)

있는 말씀'(벧전 1:23)²²⁶으로 위대한 변화를 일으키는 수단이다.²²⁷

리더 양육훈련의 핵심원리로써 적용되는 '성령의 열매'를 성령의 기능과 역할, 사역적 의미에 대해 다양한 측면에서 살펴보면 다음과 같다.

1) 성령 충만함의 참된 의미

예수 그리스도는 섬김의 모범을 보여주었으며 그리스도인들에게 이를 실천하도록 했다. 섬김의 본질을 담은 성령의 열매들은 리더에게 성품의 근본적 자질을 제시한다. 성령의 9가지 열매는 부족한 성품에도 이름만 얻고자 하는 리더보다도 역량과 성품을 함께 지니고자 하는 리더에게 참된 방향성을 가르치고 제시해 준다.²²⁸ 그리스도인들은 하나님으로부터 복음을 전하여 선한 의지와 영향을 끼치는 사명을 부여받았다(마 5:13~16).²²⁹ 성경은 영적

---

226 너희가 거듭난 것이 썩어질 씨로 된 것이 아니요 썩지 아니할 씨로 된 것이니, 하나님의 살아 있고 항상 있는 말씀으로 되었느니라" (벧전 1:23)
227 James Buchanan, 『성령의 사역, 회심과 부흥』, 신호섭 역 (서울: 지평서원, 2011), 89~90.
228 임영효, "영적 지도력의 본질로서의 성령의 열매에 관한 연구", 358~359.
229 "너희는 세상의 소금이니 소금이 만일 그 맛을 잃으면 무엇으로 짜게 하리요 후에는 아무 쓸 데 없어 다만 밖에 버려져 사람에게 밟힐 뿐이니라 너희는 세상의 빛이라 산 위에 있는 동네가 숨겨지지 못할 것이요 사람이 등불을 켜서 말 아래에 두지 아니하고 등경 위에 두나니 이러므로 집 안 모든 사람에게 비치느니라 이같이 너희 빛이 사람 앞에 비치게 하여 그들로 너희 착한 행실을

지도자의 섬김을 가르쳐 주었고, 백성들을 구원하기 위해 오신 예수님께서 섬기는 자의 모범을 보여주셨다. 이로써 백성들에게 섬김의 리더십을 실천하도록 하였다(막 10:42~45).230 예수님께서 섬김의 리더십을 실천하고 완수할 수 있었던 것은 성령의 충만함으로 사역했기 때문이며, 이는 복음서와 사도행전을 통해 살펴볼 수 있다(눅 4:1; 마 12:18; 눅 4:14; 눅 4:18; 행 10:38).231 성경에는 그리스도인들이 성령의 충만함을 받아야 하는 3가지 이유232를 제시하고 있다.

첫째, 그리스도인들은 그리스도인으로서의 참다운 삶을 위해

보고 하늘에 계신 너희 아버지께 영광을 돌리게 하라" (마 5:13~16)
230 "예수께서 불러다가 이르시되 이방인의 집권자들이 그들을 임의로 주관하고 그 고관들이 그들에게 권세를 부리는 줄을 너희가 알거니와, 너희 중에는 그렇지 않을지니 너희 중에 누구든지 크고자 하는 자는 너희를 섬기는 자가 되고, 너희 중에 누구든지 으뜸이 되고자 하는 자는 모든 사람의 종이 되어야 하리라 인자가 온 것은 섬김을 받으려 함이 아니라 도리어 섬기려 하고 자기 목숨을 많은 사람의 대속물로 주려 함이니라" (막 10:42~45) "너희가 나를 선생이라 또는 주라 하니 너희 말이 옳도다 내가 그러하다 내가 주와 또는 선생이 되어 너희 발을 씻었으니 너희도 서로 발을 씻어 주는 것이 옳으니라 내가 너희에게 행한 것 같이 너희도 행하게 하려 하여 본을 보였노라" (요 13:13~15)
231 임영효, "영적 지도력의 본질로서의 성령의 열매에 관한 연구", 365~366. "예수께서 성령의 충만함을 입어 요단 강에서 돌아오사 광야에서 사십 일 동안 성령에게 이끌리시며" (눅 4:1) "보라 내가 택한 종 곧 내 마음에 기뻐하는 바 내가 사랑하는 자로다 내가 내 영을 그에게 줄 터이니 그가 심판을 이방에 알게 하리라" (마 12:18) "예수께서 성령의 능력으로 갈릴리에 돌아가시니 그 소문이 사방에 퍼졌고" (눅 4:14) 그 외의 성경구절은 다음과 같다. (눅 4:18; 요 3:34; 행 10:38)
232 임영효, "영적 지도력의 본질로서의 성령의 열매에 관한 연구", 367~368.

성령 충만함을 받아야 한다. '성령 충만함'[233]은 부부, 자녀, 직장의 관계에서 건강한 모습으로 나타나며 하나님 보시기에 흡족하며, 하나님께 모든 영광을 드릴 수 있다.

둘째, 그리스도인의 목표는 예수님을 닮는 영적 성장에 있으며, 성령을 통해 성화의 역사를 이룰 수 있다. 그러므로 그리스도인들은 성령 충만함을 받아야 하며(고후 3:18),[234] 이를 통해 주님을 닮은 그리스도인으로서 영적 성장을 이룰 수 있다.

셋째, 그리스도인은 하나님을 섬기는 영적 리더의 사명을 위해 성령의 충만함을 받아야 한다(행 1:8).[235] 그리스도인들은 이를 통해 하나님을 섬기고 헌신하는 삶을 살 수 있음을 예수 그리스도께서 말씀으로 전해 주셨다.

바울은 '성령의 능력'으로 하나님께서 맡기신 사명을 완수할 수 있음을 전하고 있다(롬 15:18~19).[236] 바나바는 주님으로부터 사

---

[233] "술 취하지 말라 이는 방탕한 것이니 오직 성령으로 충만함을 받으라 시와 찬송과 신령한 노래들로 서로 화답하며 너희의 마음으로 주께 노래하며 찬송하며" (엡 5:18~19)

[234] "우리가 다 수건을 벗은 얼굴로 거울을 보는 것 같이 주의 영광을 보매 그와 같은 형상으로 변화하여 영광에서 영광에 이르니 곧 주의 영으로 말미암음이니라" (고후 3:18)

[235] "오직 성령이 너희에게 임하시면 너희가 권능을 받고 예루살렘과 온 유대와 사마리아와 땅 끝까지 이르러 내 증인이 되리라 하시니라" (행 1:8)

[236] "그리스도께서 이방인들을 순종하게 하기 위하여 나를 통하여 역사하신 것 외에는 내가 감히 말하지 아니하노라 그 일은 말과 행위로, 표적과 기사의 능력으

명을 받아 성령 충만함으로 안디옥 교회 목회 사역의 풍성한 결실을 얻을 수 있었다(행 11: 24).[237] 성령께서 그를 영적 리더로 삼아 교회를 세우는 사역을 하게 하셨다(행 20: 28).[238] 주님의 부름을 받은 그리스도인들은 주님께서 명하신 사역을 위해 영적 리더십으로 복음을 전하였으며, 그리스도인들은 성령 충만함을 받아 헌신적으로 사명을 감당할 수 있었다.

복음주의 신학자 제임스 패커(James I. Packer)는 그리스도께서 성령의 은혜를 베푸는 목적에 대해 성도들의 삶 속에서 '성령의 열매'를 맺게 하기 위함이라고 하였다. 성령 충만은 우리의 삶 속에서 풍성함으로 드러나며, 그 구체적인 근거는 특이한 경험보다는 윤리적인 행위로써 나타난다.[239] 또한 방언의 은사는 성령 충만함으로 드러나는 것이 아니며, 성령 충만함은 과거와 현재 마음의 특별한 현상보다 일상생활의 행동과 성품으로 드러난다.[240] 그러므로 '성령의 9가지 열매'는 그리스도인의 삶을 더욱 풍성하

로 성령의 능력으로 이루어졌으며 그리하여 내가 예루살렘으로부터 두루 행하여 일루리곤까지 그리스도의 복음을 편만하게 전하였노라" (롬 15:18~19)

237 "바나바는 착한 사람이요 성령과 믿음이 충만한 사람이라 이에 큰 무리가 주께 더하여지더라" (행 11: 24)

238 "여러분은 자기를 위하여 또는 온 양 떼를 위하여 삼가라 성령이 그들 가운데 여러분을 감독자로 삼고 하나님이 자기 피로 사신 교회를 보살피게 하셨느니라" (행 20: 28)

239 James I. Packer and A. M. Stibbs, 『우리 안에 거하시는 성령님』, 정다올 역 (서울: 생명의 말씀사, 2010), 118.

240 Packer, 『우리 안에 거하시는 성령님』, 126.

고 건강하게 함으로써 성령 충만함을 내포한다.[241]

2) 성경에 근거한 성령의 기능

　요한복음 13장 33~35절에서 예수는 자신의 떠남을 불안하게 여기는 제자들에게 '함께 있겠노라'고 이르며, '서로의 사랑'을 강조했다. 예수는 자신과 같은 인격체를 제자들에게 약속하고 문제 해결책을 제시했다. 제자들에게 예수는 성령의 역할을 했으며, 성령(보혜사)은 예수를 대신하여 제자들과 함께 하게 된다(요 14:6).[242] '예수가 곧 진리'라는 말은 기독론적 해석의 관점에서 보면, '성령'은 곧 '예수의 영'을 의미한다. 따라서 성령(보혜사)의 근본적 기능과 역할은 "영원토록 너희와 함께 있게 하리니"(요 14:16)라는 말씀에 담겨 있다. 예수의 존재는 당시의 제자들에게 공동체 인식의 관점에서 매우 중요했으며, 교회 공동체에서 예수를 대신한

241　임영효, "영적 지도력의 본질로서의 성령의 열매에 관한 연구", 370.
242　"예수께서 이르시되 내가 곧 길이요 진리요 생명이니 나로 말미암지 않고는 아버지께로 올 자가 없느니라 너희가 나를 알았더라면 내 아버지도 알았으리로다 이제부터는 너희가 그를 알았고 또 보았느니라" (요 14:6~7) "예수께서 이르시되 빌립아 내가 이렇게 오래 너희와 함께 있으되 네가 나를 알지 못하느냐 나를 본 자는 아버지를 보았거늘 어찌하여 아버지를 보이라 하느냐 내가 아버지 안에 거하고 아버지는 내 안에 계신 것을 네가 믿지 아니하느냐 내가 너희에게 이르는 말은 스스로 하는 것이 아니라 아버지께서 내 안에 계셔서 그의 일을 하시는 것이라" (요 14:9~10)

성령의 존재는 그리스도 공동체의 자기인식(Self-awareness) 유지에 있어서 매우 중요한 요소이다. 예수를 대신한 성령의 존재는 교회 공동체 구성원에게 신학적인 가치와 기질, 덕목 등을 제공하는 데 핵심적 역할을 담당한다.

> "작은 자들아 내가 아직 잠시 너희와 함께 있겠노라 너희가 나를 찾을 것이나 일찍이 내가 유대인들에게 너희는 내가 가는 곳에 올 수 없다고 말한 것과 같이 지금 너희에게도 이르노라 새 계명을 너희에게 주노니 서로 사랑하라 내가 너희를 사랑한 것 같이 너희도 서로 사랑하라 너희가 서로 사랑하면 이로써 모든 사람이 너희가 내 제자인 줄 알리라" (요 13:33~35)

> "내가 아버지께 구하겠으니 그가 또 다른 보혜사를 너희에게 주사 영원토록 너희와 함께 있게 하리니 그는 진리의 영이라 세상은 능히 그를 받지 못하나니 이는 그를 보지도 못하고 알지도 못함이라 그러나 너희는 그를 아나니 그는 너희와 함께 거하심이요 또 너희 속에 계시겠음이라" (요 14:16~17)

성령의 기능은 제자 공동체에 함께 내재한다. 내재한 성령은 제자들과 영적 관계를 맺는 것이며(요 14:6~7), 예수 그리스도의 참모습을 전하고, 제자들에게 전한 예수의 말씀을 생각나게 한다(요 14:23~28).[243] 예수 그리스도는 제자들에게 '또 다른 보혜사를

---

243 "예수께서 대답하여 이르시되 사람이 나를 사랑하면 내 말을 지키리니 내 아버지께서 그를 사랑하실 것이요 우리가 그에게 가서 거처를 그와 함께 하리라 나를 사랑하지 아니하는 자는 내 말을 지키지 아니하나니 너희가 듣는 말은 내

주어 영원토록 그들과 함께 있게 할 것'을 약속하시고, 진리의 성령이 오실 때 그가 그리스도를 증언할 것이며(요 15:26), '그들과 함께 거하며 그들 속에 계시며' 그들을 진리로 인도하실 것을 말씀하셨다(요 16:13).[244]

> "보혜사 곧 아버지께서 내 이름으로 보내실 성령 그가 너희에게 모든 것을 가르치고 내가 너희에게 말한 모든 것을 생각나게 하리라" (요 14:26)

> "내가 아버지께로부터 너희에게 보낼 보혜사 곧 아버지께로부터 나오시는 진리의 성령이 오실 때에 그가 나를 증언하실 것이요" (요 15:26)

> "내가 너희에게 실상을 말하노니 내가 떠나가는 것이 너희에게 유익이라 내가 떠나가지 아니하면 보혜사가 너희에게로 오시지 아니할 것이요 가면 내가 그를 너희에게로 보내리니" (요 16:7)

말이 아니요 나를 보내신 아버지의 말씀이니라 내가 아직 너희와 함께 있어서 이 말을 너희에게 하였거니와 보혜사 곧 아버지께서 내 이름으로 보내실 성령 그가 너희에게 모든 것을 가르치고 내가 너희에게 말한 모든 것을 생각나게 하리라 평안을 너희에게 끼치노니 곧 나의 평안을 너희에게 주노라 내가 너희에게 주는 것은 세상이 주는 것과 같지 아니하니라 너희는 마음에 근심하지도 말고 두려워하지도 말라 내가 갔다가 너희에게로 온다 하는 말을 너희가 들었나니 나를 사랑하였더라면 내가 아버지께 감을 기뻐하였으리라 아버지는 나보다 크심이라" (요 14:23~28)

244 김동수, "보혜사: 교회의 성령", 한세대학교 영산신학연구소, 「성령과 신학」 18 (2002): 132~133.

> "진리의 성령이 오시면 그가 너희를 모든 진리 가운데로 인도하시리니 그가 스스로 말하지 않고 오직 들은 것을 말하며 장래 일을 너희에게 알리시리라" (요 16:13)

요한복음 14장 26절은 하나님께서 예수의 이름으로 보내신 성령(보혜사)을 명확하게 제시하고 있다. 성령은 예수를 대신한다. 이로써 그의 말씀을 가르치고 해석하고 생각나게 하며, 이는 예수를 대신하여 보내는 관계적 속성을 반영한다. 예수는 하나님 아버지의 이름으로 왔고(요 5:43)[245], 보혜사 성령은 예수를 대신하여 오시는 것이며, 성령의 사역은 예수와 연관된다. 그러므로 성령(보혜사)의 기능과 역할은 그리스도 중심적 특성을 반영한다.[246]

---

[245] "나는 내 아버지의 이름으로 왔으매 너희가 영접하지 아니하나 만일 다른 사람이 자기 이름으로 오면 영접하리라" (요 5:43)
[246] 김동수, "보혜사: 교회의 성령", 134.

3) 성령의 사역 훈련과 연합의 특징

초대 교회 사도는 다른 지역에 예수 그리스도 공동체의 복음을 전하고 하나님을 믿는 예수 공동체를 세우는 권한을 지닌 특사, 사절, 전달자를 지칭한다. 성령과 함께하는 사도는 부활하신 예수로부터 위임을 받았으며, 교회와 지역 선교의 창시자가 되었다.[247]

사도들은 예수 그리스도의 공동체를 위해 부름을 받았다. 에베소서 4장 3~4절에서는 한 소망 가운데 성령의 부르심을 입었음으로 '하나 되게 하신 것을 힘써 지킬 것'을 명하고 있다.[248] 성령과 함께하는 작은 공동체를 시작할 수 있는 사도들의 권능은 예수 그리스도로부터 부여되었다. 예수 그리스도는 열두 명의 제자들과 함께 초기 신앙 공동체를 만들었으며, 다른 많은 제자 그룹을 결성하는 데에도 지대한 영향을 주었다. 작은 소그룹 단위로 예수 공동체는 오순절까지 점차 확대되었다. 성령과 함께 하는 사도들의 소그룹공동체 훈련과 사역은 예수 그리스도의 가르침에 따라 서로 교제하며 기도했다(행 2:42).[249] 그리스도의 성육신은 소

---

[247] James Dunn, Jesus and the Spirit (London: SCM Press Ltd., 1975), 272~275.
[248] "평안의 매는 줄로 성령이 하나 되게 하신 것을 힘써 지키라 몸이 하나요 성령도 한 분이시니 이와 같이 너희가 부르심의 한 소망 안에서 부르심을 받았느니라" (엡 4:3~4)

그룹공동체 사역 가운데 인도하는 성령을 통해 역사했다. 그리스도 중심적 교회의 훈련과 윤리는 지상에서 이루어지며 그 근원과 가치는 하나님께 있다. 예수 그리스도와 상호 헌신하는 자세로 모이는 곳은 어디든지 그리스도께서 임재하는 것이며, 예수와 사도의 가르침을 온전히 하는 것이다.[250]

그리스도의 임재와 함께 소그룹의 지속적 모임은 예수의 죽음과 부활, 사도 공동체의 역사적 실체를 증언하는 것이다.[251] 누가복음 22장 19절의 "너희가 이를 행하여 나를 기념하라"에 담긴 예수님의 말씀은 소그룹공동체에 담긴 생활 속의 부르심이라 할 수 있다. 교회 소그룹공동체에서 정기적 식사는 '주의 만찬'을 함께 나누는 것이다. '주의 만찬'을 통해 함께 하는 것은 공동체의 경제적 육체적 상호의존성을 일깨워 준다. 음식을 나누는 것은 교회의 모든 공동체 활동에서 공유하는 삶의 핵심이다. 사도 바울은 예수와 열두 제자의 모든 식사에 신학적 기독론적인 특성을 강조했다. 이것은 교회의 모든 소그룹모임에 중요한 기반으로 작용한다. 예수를 따르는 사도들은 코이노니아(Koinonia; 교제)와 떡을 뗌, 기도의 의미를 가르쳤다. 함께하는 나눔의 식사는 공동체의

---

249 "사도의 가르침을 받아 서로 교제하며 떡을 떼며 기도하기를 전혀 힘쓰니라"(행 2:42)
250 Icenogle, 『소그룹 사역을 위한 성경적 기초』, 353~356.
251 Eric Voegelin, Anamnesis (Notre Dame, Ind.: University of Notre Dame Press, 1978), 10.

실체적 특징을 반영한다. 예수 그리스도 공동체의 기도는 하나님과 성부의 친밀함 가운데 자리 잡았다. 사도들의 실천적 네 가지 훈련은 가르침 훈련과 공동체 훈련, 떡을 떼는 훈련과 기도의 훈련으로, 예수의 생애와 연관성을 바탕으로 한다. 교회의 네 가지 소그룹훈련은 그리스도인의 사역을 실천하는 역량과 용기를 가지게 한다. 네 가지 훈련은 교회 가운데 예수 그리스도의 삶을 이루는 열린 소그룹을 형성하게 한다.[252]

성령의 사역 훈련은 다음의 성경 말씀을 통해 살펴보기로 한다. 갈라디아서 6장 2절[253]과 고린도전서 12장 25절[254]은 성령의 열매 '사랑' 가르침을 통해 이를 실천하는 내용을 담고 있으며, "너희가 서로 짐을 지라"라는 구체적인 성령의 사역 훈련을 제시하고 있다.[255] 이와 같은 성령의 사역 훈련을 통해 예수 그리스도의 법을 이룰 수 있다. 로마서 15장 1절 이하는 성령의 열매 '충성, 희락(기쁨), 양선'을 담고 있으며[256], 이를 통해서 성도들은 성

---

252 Icenogle, 『소그룹 사역을 위한 성경적 기초』, 362~367.
253 "너희가 짐을 서로 지라 그리하여 그리스도의 법을 성취하라" (갈 6:2)
254 "몸 가운데서 분쟁이 없고 오직 여러 지체가 서로 같이 돌보게 하셨느니라 만일 한 지체가 고통을 받으면 모든 지체가 함께 고통을 받고 한 지체가 영광을 얻으면 모든 지체가 함께 즐거워하느니라" (고전 12:25~26)
255 Robert J. Banks, 『바울의 공동체 사상』, 장동수 역 (서울: IVP, 2007), 104.
256 "믿음이 강한 우리는 마땅히 믿음이 약한 자의 약점을 담당하고 자기를 기쁘게 하지 아니할 것이라 우리 각 사람이 이웃을 기쁘게 하되 선을 이루고 덕을 세우도록 할지니라" (롬 15:1~2)

령 충만한 그리스도인의 삶을 실천할 수 있다. 5절 이하는 성령의 열매 '오래 참음'을 담고 있으며[257], 교회의 소그룹공동체의 성령 충만한 그리스도인의 삶을 온전히 이룰 수 있다.

빌립보서 2장 1~4절[258]과 에베소서 4장 30~32절[259]은 성령의 열매 '사랑, 자비, 양선'의 내용을 담고 있으며, '겸손한 마음으로 남을 낫게 여기고, 다른 사람을 돌보는 기쁨 충만함'의 사역 훈련을 담고 있다. 이는 예수 그리스도를 닮는 교회 공동체의 사명을 담은 것으로 공동체 구성원 간의 사랑과 자비를 강조하고 있다. 에베소서 5장 1절 이하는 하나님과 예수 그리스도를 믿고 따르는 성령의 열매 '충성'의 내용과[260], 그리스도인으로서 신앙과 믿

---

257 "이제 인내와 위로의 하나님이 너희로 그리스도 예수를 본받아 서로 뜻이 같게 하여 주사 한마음과 한 입으로 하나님 곧 우리 주 예수 그리스도의 아버지께 영광을 돌리게 하려 하노라" (롬 15:5~6)
258 "그러므로 그리스도 안에 무슨 권면이나 사랑의 무슨 위로나 성령의 무슨 교제나 긍휼이나 자비가 있거든 마음을 같이하여 같은 사랑을 가지고 뜻을 합하며 한마음을 품어 아무 일에든지 다툼이나 허영으로 하지 말고 오직 겸손한 마음으로 각각 자기보다 남을 낫게 여기고 각각 자기 일을 돌볼뿐더러 또한 각각 다른 사람들의 일을 돌보아 나의 기쁨을 충만하게 하라" (빌 2:1~4)
259 "하나님의 성령을 근심하게 하지 말라 그 안에서 너희가 구원의 날까지 인치심을 받았느니라 너희는 모든 악독과 노함과 분냄과 떠드는 것과 비방하는 것을 모든 악의와 함께 버리고 서로 친절하게 하며 불쌍히 여기며 서로 용서하기를 하나님이 그리스도 안에서 너희를 용서하심과 같이 하라" (엡 4:30~32)
260 "그러므로 사랑을 받는 자녀 같이 너희는 하나님을 본받는 자가 되고 그리스도께서 너희를 사랑하신 것 같이 너희도 사랑 가운데서 행하라 그는 우리를 위하여 자신을 버리사 향기로운 제물과 희생제물로 하나님께 드리셨느니라" (엡 5:1~2)

음 공동체를 이루는 우리의 신앙 고백 그리고 실천 사역을 담고 있다.

칼빈은 그리스도와 함께 하지 않으면 구원 받을 수 없음을 강조한다. 은혜의 복은 그리스도로부터 비롯되며, 하나님의 구원은 그리스도를 통해 이루어진다. 성도가 복을 받는 것은 예수 그리스도로부터 유래한다. 예수님은 제자들에게 '성령의 오심'을 전하였다(요 16:14).[261] 예수 그리스도와 성도의 영적 연합은 '성령'에 의해, 매우 신비적이고 초자연적인 방식으로 이루어진다. 이것을 '신비적 연합(unio mystica)'이라고 한다. 그리스도의 사역은 백성들을 구원하고, 그 구속의 경륜에서 모든 복을 소유하게 했으며, 그리스도로부터 비롯되어 '성령'을 통해 우리에게 행해진다. 모든 교회는 예수 그리스도 안에 있으며, 그 머리이신 예수 그리스도로부터 비롯된다. 그 '신비적 연합'은 생명과 구원의 근원이신 예수 그리스도와 백성의 생동적이고 영적인 연합이다.[262] '신비적 연합'은 그리스도와 성도의 관계에서 객관적·주관적·법적 의미 등 다양한 의미로써 사용된다. 일반적 의미의 신비적 연합은 성령 사역에 의한 주관적 실현을 의미한다. '성령의 주관적 연합의

---

261 "그가 내 영광을 나타내리니 내 것을 가지고 너희에게 알리겠음이니라" (요 16:14)
262 Louis Berkhof, 『벌코프 조직신학』, 권수경·이상원 역 (고양: 크리스찬다이제스트, 2013), 694.

특징'은 다음과 같다.[263]

첫째, 성령에 의한 유기적 연합이다. 그리스도와 성도는 한 몸을 이루고 유기적 연합을 형성한다.[264] 유기적인 연합은 그리스도와 신자의 상호관계를 드러내며, 그리스도는 성도를 보살피고, 성도는 예수 그리스도를 믿음으로써 섬기고, 전체로서 한 몸을 이룬다. 몸은 각 지체와 분리될 수 없으며 유기적인 연합을 형성한다.

둘째, 성령의 사역은 생동적 연합을 이룬다. 그리스도는 성도의 몸에 생명을 부여하고 지배하는 원리로 작용한다. 그리스도의 생명은 성도의 내면에 머물며 그들을 소생하게 한다(갈 4:19).[265] 생동적 연합에서 그리스도는 성도의 삶의 원리로 작용되며, 그리스도를 따르는 성도의 삶을 하나님께 이르게 한다.[266]

셋째, 성령으로 중재되는 연합이다. 성령은 예수 그리스도의

---

263 Berkhof, 『벌코프 조직신학』, 697~700.
264 '성령의 유기적 연합'은 다음 성경구절을 통해서도 확인할 수 있다.
  (요 15:5; 고전 6:15~19; 엡 1:22, 23; 4:15, 16; 5:29~30)
265 그리스도의 생명이 신자 안에 머문다는 표현은 다음의 성경구절에서 확인할 수 있다. "나의 자녀들아 너희 속에 그리스도의 형상을 이루기까지 다시 너희를 위하여 해산하는 수고를 하노니" (갈 4:19)
266 '그리스도와 신자의 생동적 연합'은 다음의 성경구절을 통해 확인할 수 있다.
  (롬 8:10; 고후 13:5; 갈 4:19, 20)

영적 몸을 이루기 위해 오순절에 임하였다. 그리스도는 성령을 통해 성도 안에 머물며, 이들과 거룩한 연합을 이룬다.267

넷째, 성령을 통한 상호작용의 연합이다. 상호작용의 연합은 그리스도와 성도의 영적 상호작용을 의미한다. 그리스도는 성도를 거듭나게 하고 신앙을 일으킨다. 성도는 '신앙의 자각(自覺)'을 통해 자신을 그리스도와 연합하고, 성령을 통해 그리스도의 삶을 지속한다.268 성령은 제자들에게 진리를 인식하고 가르칠 수 있는 힘을 제공하며, 예수 그리스도를 섬기고 따름으로 해서 그의 영광을 우리 안에 드러낸다.269

다섯째, 성도의 개인 연합이다. 모든 성도는 그리스도를 통해 직접 연합된다. 성도 자신의 생명은 그리스도로부터 받은 것이며, 성경은 그리스도와의 결속을 이룬다.270

여섯째, 변혁적 연합이다. 변혁적 연합은 그리스도의 성품을

---

267 '성령으로 중재되는 연합'은 다음의 성경구절을 통해 확인할 수 있다.
(고전 6:17; 12:13; 고후 3:17~18; 갈 3:2, 3)
268 '상호작용의 연합'은 다음의 성경구절을 통해 확인할 수 있다.
(요 14:23; 15:4, 5; 갈 2:20; 엡 3:17)
269 Buchanan, 『성령의 사역, 회심과 부흥』, 67.
270 '개인 연합'은 다음의 성경구절을 통해 확인할 수 있다.
(요 14:20; 15:1~7; 고후 5:17; 갈 2:20; 엡 3:17, 18)

따라 '그리스도의 형상'대로 성도를 변화하게 한다. 성도는 성령의 사역으로 예수 그리스도에게 일어났던 것을 모방(replica)하고 재현(reproduction)한다. 그리스도인들은 영적 믿음을 통해 예수 그리스도와 더불어 고난을 겪고, 십자가를 짊어지며, 십자가 처형을 당하고, 부활을 통해 생명을 얻는다. 그리스도인들은 예수 그리스도의 경험을 통해 참여한다.[271]

그리스도와 성도의 신비적 연합은 몸과 영혼을 변혁시키며 그리스도의 생명을 부여해준다. 성도의 영혼은 그리스도의 형상을 닮아 새롭게 변화하고(고후 3:18)[272], 몸은 영혼의 도구로서 거룩하게 구별되고, 그리스도의 형상으로 변화하게 한다(빌 3:21).[273] 성도들은 그리스도 안에 있으며, 그리스도의 모든 복에 함께 영원토록 거한다. 예수 그리스도는 성도들에게 영원한 샘물이며, 신비적 연합은 그리스도와 성도들의 교제를 의미한다. 그리스도는 성도들의 삶의 고통에 참여하고 성도들은 그리스도의 경험에 참여한다.[274] 예수를 믿는 그리스도인은 예수 그리스도의 몸 안에

---

271 '변혁적 연합'은 다음의 성경구절을 통해 확인할 수 있다.
(마 16:24; 롬 6:5; 갈 2:20; 골 1:24; 2:12; 3:1; 벧전 4:13)
272 "영광으로 영광에 이르니 곧 주의 영으로 말미암음이니라" (고후 3:18)
273 "그는 만물을 자기에게 복종하게 하실 수 있는 자의 역사로 우리의 낮은 몸을 자기 영광의 몸의 형체와 같이 변하게 하시리라" (빌 3:21)
274 '그리스도와 성도의 신비적 연합'은 다음의 성경구절을 통해 확인할 수 있다.
(요 17:20, 21; 행 2:42; 롬 12:15; 엡 4:2, 3; 골 3:16; 살전 4:18; 5:11; 히 3:13; 10:24, 25; 약 5:16; 요일 1:3, 7)

속해 있는 것이며, 피조물의 신앙 공동체와 연대감을 강하게 형성한다. 그러므로 신앙 공동체에서 가장 중요한 것은 연합과 일치(unity)이다. 또한 그 긍휼을 얻은 자는 하나님의 백성이다(벧전 2:10).[275] 성령의 '내적인 역사하심'은 성령께서 우리와 함께 우리 안에 거하심을 의미하며, 성령께서 우리 안에서 동행하며, 모든 선하고 기뻐하는 뜻을 담고, 믿음을 통해 우리 안의 능력으로 역사하는 것을 말한다.[276]

---

[275] Quicke, 『전방위 리더십: 회중을 변화시키는 리더십 설교』, 86. "너희가 전에는 백성이 아니더니 이제는 하나님의 백성이요 전에는 긍휼을 얻지 못하였더니 이제는 긍휼을 얻은 자니라" (벧전 2:10)

[276] Buchanan, 『성령의 사역, 회심과 부흥』, 75.

2. 성령의 열매 속성과 의미

소그룹리더 양육훈련의 핵심원리로써 적용되는 성령의 9가지 열매는 각각 소그룹리더의 양육원리로 적용하고, 양육훈련 프로그램으로 구체화하기로 한다. 다음은 성품리더십 양육훈련 원리로 적용하는 그 일련의 과정을 담은 표 모형이다.

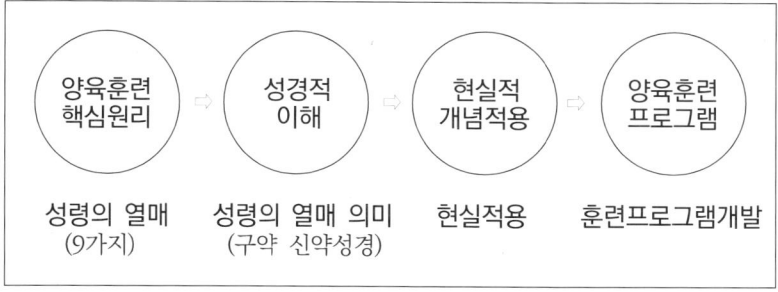

표1) 성령의 9가지 열매와 소그룹리더 성품리더십 양육훈련 원리

성품리더십 양육훈련 원리를 적용하는 과정의 첫 출발점은 성령의 9가지 열매를 진실로 이해하는 것이다. 이 과정은 성품리더십 프로그램을 개발하는 단계에서 개발자의 성령의 열매에 대한 성경적 이해를 필요로 한다. 이는 구약성경과 신약성경에 담긴 '성령의 열매와 하나님 말씀을 강독하고 기도하는 것'[277]에서 얻

---

[277] '성령의 열매와 하나님 말씀을 강독하고 기도하는 것'은 내면속에 자리한 성령의 씨앗을 일깨우고 강화하는데 매우 중요한 비중과 역할을 차지한다.

고자 한다.

성령의 열매에 대한 성경적 이해는 성품리더십 양육훈련 원리로써 교회 소그룹활동을 위한 현실적 개념으로 적용한다. 이를 토대로 소그룹리더 성품리더십 양육훈련을 위한 프로그램 개발과정 절차에 진입한다. 일련의 연구 과정에서 성령의 9가지 열매의 참 의미 이해는 하나님의 사랑이라는 본질에 합당한 적절한 양육훈련 프로그램을 개발할 수 있게 한다. 이러한 특성을 고려하여 본 연구 소그룹리더 성품리더십 양육훈련 원리는 성령의 열매 속성연구를 통해서 구체적으로 살펴보기로 한다.

"이러므로 내가 하늘과 땅에 있는 각 족속에게 이름을 주신 아버지 앞에 무릎을 꿇고 비노니 그의 영광의 풍성함을 따라 그의 성령으로 말미암아 너희 속사람을 능력으로 강건하게 하시오며 믿음으로 말미암아 그리스도께서 너희 마음에 계시게 하시옵고 너희가 사랑 가운데서 뿌리가 박히고 터가 굳어져서 능히 모든 성도와 함께 지식에 넘치는 그리스도의 사랑을 알고 그 너비와 길이와 높이와 깊이가 어떠함을 깨달아 하나님의 모든 충만하신 것으로 너희에게 충만하게 하시기를 구하노라" (엡 3:14~19)

표2) 성령의 열매와 소그룹리더 성품리더십 양육훈련의 원리 적용과정

양육훈련 핵심원리	➡ 성경적이해	➡ 현실적개념정립	양육훈련 원리적용
성령의 열매 (9가지)	성령의 열매 의미 (구약·신약성경의 이해)	현실적 개념 적용	양육훈련 프로그램 개발
① 사랑	사랑의 성경적 이해	예수님의 사랑과 실천	예시) 나눔활동과 기도
② 희락	희락의 성경적 이해	그리스도인의 삶과 희락	예시) 함께행복(그룹체험)
③ 화평	화평의 성경적 이해	그리스도인의 관계 화평	예시) 관계갈등 치유체험
④ 오래 참음	오래 참음의 성경적 이해	그리스도인의 인내	예시) 농사체험과 기도
⑤ 자비	자비의 성경적 이해	그리스도인의 자비	예시) 낮은 봉사활동체험
⑥ 양선	양선의 성경적 이해	그리스도인의 양선	예시) 부드러운 양선
⑦ 충성	충성의 성경적 이해	그리스도인의 충성	예시) 선교인의 삶 교육
⑧ 온유	온유의 성경적 이해	그리스도인의 온유	예시) 봉사활동과 기도
⑨ 절제	절제의 성경적 이해	그리스도인의 절제	예시) 체험활동과 기도

 본 연구의 소그룹리더 성품리더십 양육훈련의 핵심원리는 성령의 9가지 열매의 이해에 있다. 구약성경과 신약성경에 담긴 말씀을 통해 성령의 열매의 성경신학적 속성과 의미를 살펴보면 다음과 같다.

1) 사랑의 열매 속성과 의미

(1) 성경신학적 속성

성령의 9가지 열매 중 그 으뜸은 '사랑'이다(고전 13:13). 요한일서 4장 8절에는 "하나님은 사랑이심이라"[278]라는 말씀을 통해 하나님의 속성을 분명하게 명시하고 있다. 구약성경 창세기에서 하나님은 성부와 성자와 성령의 삼위일체라는 소그룹공동체를 담고 있다. 신약성경의 예수님과 열두 명의 제자는 마찬가지로 소그룹공동체이다. 교회 공동체 안에 가장 중요한 것은 바로 하나님의 사랑이며 성령의 열매 사랑이다.[279] 사역하는 공동체가 건강한 공동체로 연합과 성장을 이루어 나가기 위해서는 이 사랑의 통로가 잘 연결되어지도록 영적리더는 사랑으로 충만해야 한다. 소그룹공동체와 하나님의 사랑은 서로 밀접한 관계를 지닌다. 이러한

---

278 "사랑하는 자들아 우리가 서로 사랑하자 사랑은 하나님께 속한 것이니 사랑하는 자마다 하나님으로부터 나서 하나님을 알고 사랑하지 아니하는 자는 하나님을 알지 못하나니 이는 하나님은 사랑이심이라 하나님의 사랑이 우리에게 이렇게 나타난 바 되었으니 하나님이 자기의 독생자를 세상에 보내심은 그로 말미암아 우리를 살리려 하심이라 사랑은 여기 있으니 우리가 하나님을 사랑한 것이 아니요 하나님이 우리를 사랑하사 우리 죄를 속하기 위하여 화목 제물로 그 아들을 보내셨음이라 사랑하는 자들아 하나님이 이같이 우리를 사랑하셨은즉 우리도 서로 사랑하는 것이 마땅하도다 어느 때나 하나님을 본 사람이 없으되 만일 우리가 서로 사랑하면 하나님이 우리 안에 거하시고 그의 사랑이 우리 안에 온전히 이루어지느니라" (요일 4:7~12)
279 임영효, "영적 지도력의 본질로서의 성령의 열매에 관한 연구", 371.

특징을 성경에서 찾아볼 수 있다.

> "새 계명을 너희에게 주노니 서로 사랑하라 내가 너희를 사랑한 것 같이 너희도 서로 사랑하라 너희가 서로 사랑하면 이로써 모든 사람이 너희가 내 제자인 줄 알리라" (요 13:34~35)

> "내 계명은 곧 내가 너희를 사랑한 것 같이 너희도 서로 사랑하라 하는 이것이니라" (요 15:12)

> "내가 이것을 너희에게 명함은 너희로 서로 사랑하게 하려 함이라" (요 15:17)

이 구절에서 가장 주요한 내용은 "서로 사랑하라 내가 너희를 사랑한 것 같이 너희도 서로 사랑하라"에 담겨 있다. 이 구절 안에는 다음과 같은 성령의 열매 '사랑'의 속성을 잘 보여주고 있다.

첫째, "서로 사랑하라"라는 짧은 말 속에 핵심 원리와 사랑의 속성이 담겨 있다. 이때의 사랑은 둘 이상의 공동체 안에서의 사랑을 의미한다. '서로'는 고립되어있는 개인에게 사용할 수 있는 말이 아니다. 둘 이상의 소규모 공동체를 지칭한다. '너희도 서로 사랑하라'라는 말은 하나님과 예수님께 받은 사랑을 공동체 구성원 서로에게 실천하라는 의미를 내포한다. 이 말은 예수님께서 자기희생을 통해 사랑을 실천하신 것처럼, 네 이웃을 섬기고 배려하는 사랑을 담고 있다. "서로 사랑하라"는 이 짧은 말 속에 '서로'라는 공동체와 '사랑하라'는 실천적 성령의 열매 '사랑'의 원리를 제시한 것이다. 즉 사랑이라는 성령의 열매는 네 이웃이라는 공동체 안에서 꽃피우고 열매 맺을 수 있다.

둘째, "내가 너희를 사랑한 것 같이 너희도 서로 사랑하라"라는 말은 예수님과 제자, 그리고 공동체 구성원인 이웃 간의 관계를 담고 있다. 즉 '내가 너희를 사랑한 것 같이'라는 말에는 하나님과 인간, 예수님과 제자, 목자와 양의 관계를 담고 있으며, 이러한 관계 속의 소그룹공동체의 사랑은 아가페적인 헌신적 사랑을 담는다. '너희도 서로 사랑하라'는 말은 이웃과 공동체 구성원 간에 수평적 관계를 담고 있다. 이웃 간의 사랑은 하나님의 조건 없는 사랑을 본받아 이웃에 대한 참 이해와 배려, 헌신을 담고 있다. 요한복음 13장 34~35절은 하나님과의 관계, 이웃 간의 관계를 담고 있으며, 교회 공동체는 사랑의 열매를 통해 건강한 관계를 형성할 수 있다. 또한 성령의 열매 사랑은 생명과 실천적 사랑을 담고 있다. 다음은 요한일서 3장 14절과 4장 20절의 내용이다.

> "우리는 형제를 사랑함으로 사망에서 옮겨 생명으로 들어간 줄을 알거니와 사랑하지 아니하는 자는 사망에 머물러 있느니라" (요일 3:14)

> "누구든지 하나님을 사랑하노라 하고 그 형제를 미워하면 이는 거짓말하는 자니 보는 바 그 형제를 사랑하지 아니하는 자는 보지 못하는 바 하나님을 사랑할 수 없느니라" (요일 4:20)

    요한일서 3장 14절에서 말씀하고 있는 성령의 열매 '사랑'은 네 이웃과 형제를 사랑하는 것이며, 이때의 사랑은 곧 생명이다. 네 형제를 사랑하지 아니하고, 네 이웃을 사랑하지 않는 것은 고립된 것이며 죽음을 의미한다. 그리스도인의 사랑은 이웃과 형제에 대한 사랑이며, 공동체 구성원에 대한 사랑이다. 공동체 구성원 간의 조건 없는 사랑은 건강한 관계의 회복이며 생명 활동이다. 그 안에 예수 그리스도의 사랑과 생명이 담겨 있다. 또한, 그리스도의 사랑은 실천적 사랑이다. 사랑은 사람을 변화시키는 능력이 있다.[280] 하나님을 사랑한다 하고, 형제를 미워하는 것은 하나님을 사랑하는 것이 아니다(요한일서 4:20). 하나님을 사랑하는 자는 이웃의 어려움을 보고 외면하지 아니한다. 말로는 사랑한다 하고 사랑을 실천하지 않는 자는 진실로 사랑하는 것이 아니다. 하나님을 말하며 이웃사랑을 몸소 실천하지 않는 자는 하나님의 사랑을 아는 자라 할 수 없으며, 참된 사랑[281]을 경험한 자라 할 수 없다. 하나님의 사랑, 성령의 열매 사랑은 바로 이웃과 형제를

---

280 우지연, 『크리스천 성품교육 THE성품』 (서울: 겨자씨, 2014), 177.
281 이동원, 『성령에 속한 사람』, 10~11.

사랑하며 몸소 실천하는 자의 사랑이다.282 이처럼 성령의 열매, 하나님의 사랑은 실천적 사랑의 속성을 담고 있다.

(2) '사랑'의 의미

성경에 담긴 성령의 열매 '사랑'은 최고의 가치이며 희생과 인내로써 실현될 수 있다. 성경에서 '사귐'은 '코이노니아'라 말하며, '삶의 나눔'과 '깊은 교제'의 뜻을 담고 있다. '사귐'은 삶에 있어서 전인적인 '나눔'과 '연합'을 뜻한다. 하나님께서는 우리를 '사귐의 존재'로서 만드셨고, '사귐의 관계' 속에 함께 계신다.283 '사랑의 사귐'은 성령의 열매의 핵심을 담고 있다. 그렇다면 여기에서 성령의 열매 사랑은 공동체에서 어떠한 의미가 있으며, 어떠한 역할을 담당하는지 살펴보기로 한다.

첫째, 성령의 열매 사랑은 본질적으로 공동체적 관계성을 반영한다. '사랑한다'는 말 안에서는 사랑하는 자와 사랑받는 자를 필요로 한다. 그러므로 사랑은 본질적으로 관계성과 공동체적 의미

---

282 이문숙, "영적 리더십의 본질로 본 성령의 열매에 대한 고찰", (석사학위논문, 고신대학교 대학원, 2013), 22. "아가페의 리더십은 구성원들이 생산성과 창의력을 발휘하게 하기 때문이다. 아가페는 리더에게 겸손과 섬김의 자세를 갖게 하며, 남을 배려하고, 호의적인 자세를 갖게 한다."
283 주종훈·이상예, 『일상 성찬』 (서울: 두란노서원, 2019), 93~94.

를 반영한다. 이는 "사랑하는 자들아 우리가 서로 사랑하자"(요일 4:7~12)라는 성경 구절에서도 명확하게 드러나고 있다. '우리가 서로 사랑하자'라는 말 안에 성령의 열매 사랑의 관계적 특징과 공동체적 의미가 동시에 포함된다. 따라서 성령의 열매 사랑의 성품을 지닌 사람은 소그룹공동체를 포함한 공동체 지향적인 사람으로서 상호 간의 관계를 융화할 수 있다. 성령의 열매 사랑은 그리스도 중심적 성품리더십을 지닌 소그룹공동체 리더에게 가장 핵심적인 덕목이라 할 수 있다.

둘째, 성령의 열매 '사랑'은 사랑의 방법론적 방향성을 제시한다. 우리는 교회 공동체 안에서 구성원 간에 서로 사랑함으로써 공동체를 이룰 수 있다. 그렇지만 사랑의 공동체를 이루는 참다운 방향성을 얻지 못한다면 참다운 건강한 공동체를 이루기 어렵다. "내가 너희를 사랑한 것 같이 너희도 서로 사랑하라"(요 15:12)는 이 성경 구절은 사랑의 구체적인 실천 방법을 제시한다. 예수 그리스도의 사랑의 실천, 헌신과 희생, 섬김은 그리스도인에게 참다운 사랑의 방향성을 제시한다. 공동체 구성원으로서 예수 그리스도의 섬기는 사랑은 소그룹공동체 리더와 그 구성원에게 참사랑을 실현하는 귀중한 방향성을 일러준다. 성령의 열매 사랑을 실천하는 소그룹공동체 리더에게 "내가 너희를 사랑한 것 같이 너희도 서로 사랑하라"라는 구절은 참다운 사랑의 실천적 방향성을 제시한다.

셋째, 참다운 사랑은 실천으로써 완성된다. 소그룹공동체 리더에게 성령의 열매 사랑은 실천적 행위를 완성하게 한다. 사랑하면 사랑하는 사람을 위해 기꺼이 행동한다. 성령의 열매 사랑을 내재한 이는 그 참사랑을 베풀고 실현하는 데 주저하지 않는다. 요한일서 4장 20절[284]에서는 하나님을 사랑한다고 하고, 형제를 미워하는 것은 거짓말 하는 것이고 하나님을 사랑할 수 없는 것이라고 말씀하신다. 이 성경 구절은 사랑의 실천을 무엇보다 강조한 것으로써 참다운 사랑을 기꺼이 행동하게 한다. 네 이웃과 형제들에게 사랑으로써 다가서게 한다. 성령의 열매 '사랑'은 소그룹공동체 리더에게 사랑의 마음을 기꺼이 실천하고 행동하게 한다. 내적으로 충만한 사랑은 빛을 발하여 기꺼이 행동하게 하기 때문이다. 바울은 고린도전서에서 성령의 열매 가운데 '사랑'을 성령의 내적 은혜로서 가려내고 있으며(고전 13:1~2)[285], 모든 은사를 합한 것보다도 중요하며 가치 있는 것으로 선언했다. 성령의 은사와 내적 은혜는 확연하게 구별되며 독립적으로 존재하고, 성령의 내적 은혜는 보배롭고 중대하며 가치 있는 것을 담고 있다.[286]

---

284 "누구든지 하나님을 사랑하노라 하고 그 형제를 미워하면 이는 거짓말하는 자니 보는 바 그 형제를 사랑하지 아니 하는 자는 보지 못하는 바 하나님을 사랑할 수 없느니라" (요일 4:20)
285 "내가 사람의 방언과 천사의 말을 할지라도 사랑이 없으면 소리 나는 구리와 울리는 꽹과리가 되고 내가 예언하는 능력이 있어 모든 비밀과 모든 지식을 알고 또 산을 옮길 만한 모든 믿음이 있을지라도 사랑이 없으면 내가 아무 것도 아니요" (고전 13:1~2)

(3) '사랑' 성품 강화를 위한 실제적 훈련

성령의 열매 '사랑'은 이웃과 형제에 대한 사랑과 생명이다. 이는 실천적 사랑의 속성을 담고 있으며, 그리스도 중심적 성품리더십 강화를 위해 관계적 공동체성, 방법론적 방향성을 제시한다. 사랑의 성품리더십 강화를 위한 실제적 훈련은 다음과 같이 진행된다. 사랑의 성품리더십은 성경적 이해와 적용 가능한 핵심개념과 현실적 개념 파악을 근거로 훈련프로그램을 제작하고, 이를 통해 실제적이고 구체적인 훈련을 진행한다.

'사랑'의 성품리더십 양육훈련 프로그램은 총 4주간 진행되며, 1주차에서 3주차는 성경묵상과 나눔활동, 4주차는 양육훈련을 실행하는 실천주간으로 구성된다. 매주 토·일 진행되는 사랑의 성품훈련 프로그램은 2시간 정도 진행되며, 순서는 선행기도, 본기도, 성경묵상과 훈련활동(실천주간은 실천프로그램), 마침기도, 공동체 자치활동으로 구성된다.

성경묵상활동은 성령의 열매 '사랑'의 성경말씀을 토대로 하여, 강론·토론·암송·묵상 및 기도 등으로 구성된다. 나눔활동 예습은 '따뜻한 미소', '친절한 말씨', '사랑과 감사의 마음'을 자신에게 담아내는 일련의 활동이며, 나눔활동 훈련을 통해 실행하게 된다. 나눔활동은 4주차 실천주간 활동으로 '어르신 식사 배식과

---

286 Buchanan, 『성령의 사역, 회심과 부흥』, 81.

설거지 봉사', '어르신 목욕 봉사와 말벗' 등을 교회 환경에 따라 다양하게 채택할 수 있다. 오늘날 그리스도인들은 예수 그리스도의 말씀에 순응하여 사랑의 손길을 내밀어 가난하고 약하고 소외된 이웃과 형제를 돌보고 사랑을 실천해야 함에도 이웃과 세상에 대한 사랑의 실천이 부족하다.[287] 이러한 예수 그리스도의 사랑을 토대로 한 공동체 나눔 활동은 사랑의 양육훈련을 체험하게 하고, 그리스도의 사랑과 헌신을 오늘날의 사회에서도 충분히 실천할 수 있음을 경험하게 한다. 현대 교회의 새로운 개혁주의신앙운동 패러다임으로 주창하고 있는 '개혁주의생명신학 7대 실천운동'에서는 예수 그리스도의 사랑을 실천하는 것에 대한 해법으로 그리스도인들이 교회와 세상 가운데서 하나님의 뜻에 따라 살아감으로 영광을 하나님께 올려 드리고, 복음을 전하는 '하나님나라운동'을 전개하고 있다.[288]

사랑의 성품리더십 양육훈련 프로그램은 크게 성경묵상과 나눔 활동 훈련과 실천주간의 나눔활동으로 구성된다. 이러한 과정을

---

[287] 이진철, "예배구조와 예배공간의 상관성 이해를 통한 예배 활성화 방안 연구", (박사학위논문, 백석대학교 기독교전문대학원, 2023), 348.

[288] 장종현, 『개혁주의생명신학 7대 실천운동』 (서울: 백석정신아카데미, 2019), 104~112. "하나님나라를 회복하는 길은 첫째, 세상 만물이 하나님의 피조물이고, 우리는 이 세상을 하나님으로부터 위탁받은 사람들임과 둘째, 우리는 삶과 삶의 모든 분야에서 예수님께서 명하신 삼위일체 하나님의 이름으로 세례를 주고, 예수님의 교훈을 가르치는 제자를 삼으라는 말씀에 순종해야 함과 셋째, 세상의 모든 영역은 하나님의 영토임과 하나님께서 주인이심을 아는 것과 넷째, 세상 만물은 하나님을 위해 존재함을 아는 것이다."

통해 소그룹리더들에게 사랑의 리더십을 내면화하고 몸과 마음에 새기도록 습관화하는 훈련을 진행한다.

2) 희락의 열매 속성과 의미

(1) 성경신학적 속성

성령의 열매 '희락'은 성령과 그리스도인으로서의 삶 안에서 우러나오는 기쁨과 즐거움, 만족을 의미한다. 성령의 열매 기쁨은 세상을 통해 얻는 기쁨과 즐거움보다 모든 것을 초월해 넓고도 영원하다(요 4:14).[289] 다음은 요한복음 15장 11절의 내용이다.

> "내가 이것을 너희에게 이름은 내 기쁨이 너희 안에 있어 너희 기쁨을 충만하게 하려 함이라" (요 15:11)

그리스도인의 성령의 열매 '희락'은 하나님의 사랑으로 가득한 기쁨이며 즐거움이다. 또한 교회 공동체 지도자에게도 매우 중요한 요소 중에 하나이다.[290] 기쁨이 영적 지도력의 핵심이 될 수밖에 없는 것은 영적 리더가 즐거움으로 사역에 임하지 아니하면

---

[289] "내가 주는 물을 마시는 자는 영원히 목마르지 아니하리니 내가 주는 물은 그 속에서 영생하도록 솟아나는 샘물이 되리라" (요 4:14)
[290] 임영효, "영적 지도력의 본질로서의 성령의 열매에 관한 연구", 378.

공동체 구성원들에게 유익을 끼칠 수 없기 때문이다. '희락'은 성경에서 기쁨과 즐거움을 표하는 많은 구절을 통해서도 확인할 수 있다.

이에 대해 크리스토퍼 라이트(Christopher J. H. Wright)는 성령 충만한 큰 기쁨을 네 가지 유형으로 구분한다. 첫째, 가족과 함께하는 기쁨이다.[291] 둘째, 축하의 연회를 함께하는 기쁨이다.[292] 셋째, 성령 충만한 믿음의 기쁨이다. 넷째, 미래를 향한 기쁨이다.[293] 이처럼 우리의 일상 안에서 성령 충만한 삶과 기쁨은 건강한 그리스도인의 삶을 영위하게 한다. 성령의 열매 희락은 그리스도인에게 하나님의 사랑과 함께 충만한 기쁨과 즐거움을 통해 건강한 신앙생활을 가능하게 한다. 다음은 성령의 열매 '희락'과 구분되고, 경계해야 할 향락의 기쁨과 즐거움에 대해 로마서 14장 17절의 내용을 통해 살펴보기로 한다.

> "하나님의 나라는 먹는 것과 마시는 것이 아니요 오직 성령 안에 있는 의와 평강과 희락이라" (롬 14:17)

---

[291] "내가 곧 그들을 나의 성산으로 인도하여 기도하는 내 집에서 그들을 기쁘게 할 것이며 그들의 번제와 희생을 나의 제단에서 기꺼이 받게 되리니 이는 내 집은 만민이 기도하는 집이라 일컬음이 될 것임이라" (사 56:7)
[292] "네 하나님 여호와께서 택하신 곳에서 너는 칠일 동안 네 하나님 여호와 앞에서 절기를 지키고 네 하나님 여호와께서 네 모든 물산과 네 손을 댄 모든 일에 복 주실 것을 인하여 너는 온전히 즐거워할지니라" (신 16:15)
[293] Wright, 『성령의 열매』, 61~64.

성령의 열매 '희락'은 먹고 마시는 향락이 아니며, 하나님과 성령 안에서 함께 하는 기쁨이라 할 수 있다.[294] 고린도전서 5장 11절에는 음행, 탐욕, 우상숭배, 과도한 음주와 강탈을 일삼는 자와는 함께 먹지도 사귀지도 말라며 경계한다.[295] 이는 향락과 퇴폐의 기쁨과 즐거움을 경계하고 멀리할 것을 이른다. 성령의 열매 '희락', '기쁨과 즐거움', '만족'은 하나님과 성령 안에서 충만한 삶을 이어가는 건강한 그리스도인의 삶을 말한다. 또한 성령의 열매 희락은 사회적 포용을 담고 있다. 다음은 신명기 16장 11절의 내용이다.

> "너와 네 자녀와 노비와 네 성중에 있는 레위인과 및 너희 중에 있는 객과 고아와 과부가 함께 네 하나님 여호와께서 자기의 이름을 두시려고 택하신 곳에서 네 하나님 여호와 앞에서 즐거워할지니라"
> (신 16:11)

위 신명기의 내용에 따르면, 연회를 베풀 때 노비와 이방인, 고아와 과부 등을 소외시키지 말고, 함께 참여하게 하여 그 기쁨을 나누라고 하였다. 참 희락의 기쁨은 사회적 약자와 소외계층을

---

294 임영효, "영적 지도력의 본질로서의 성령의 열매에 관한 연구", 380. "하나님을 기뻐하고 하나님 안에서 만족할 때 하나님께서는 최고의 영광을 받으시고 사역에 결실을 기대할 수 있기에 영적 리더는 그 삶 속에 기쁨의 열매를 풍성히 맺어야 한다."
295 "음행하거나 탐욕을 부리거나 우상 숭배를 하거나 모욕하거나 술 취하거나 속여 빼앗거든 사귀지도 말고 그런 자와는 함께 먹지도 말라 함이라" (고전 5:11)

포괄하는 모두의 연회이며 축제로서 함께 즐기고 기뻐하게 했다. 또한 갖지 못한 이들과도 함께 기쁨을 나누도록 했다(느 8:11).296

> "잔치를 베풀거든 차라리 가난한 자들과 몸 불편한 자들과 저는 자들과 맹인들을 청하라"(눅 14:13)

성령의 열매 '희락'의 기쁨과 즐거움에는 사회적 약자를 배려297하는 사랑이 담겨 있다. '희락'은 공동체 전체에 하나님의 사랑과 성령의 충만함을 담고 있는 특징과 속성이 있으며, 그리스도인의 삶에서 우러나는 기쁨과 만족감을 의미한다.

(2) '희락'의 의미

성령의 열매 희락은 공동체에서 어떠한 의미가 있으며, 어떠한 역할을 담당하는지 살펴보기로 한다.

첫째, 성령 충만한 믿음의 기쁨은 어떠한 시련도 극복하게 한다. 공동체 활동 안에서 우리는 간혹 다양한 어려움과 시련에 직면하게 된다. 그럼에도 공동체 활동의 충만한 기쁨은 공동체 활

---

296 "너희는 가서 살진 것을 먹고 단 것을 마시되 준비하지 못한 자에게는 나누어 주라 이 날은 우리 주의 성일이니 근심하지 말라 여호와로 인하여 기뻐하는 것이 너희의 힘이니라"(느 8:11)
297 "그리하면 그들이 갚을 것이 없으므로 네게 복이 되리니 이는 의인들의 부활시에 네가 갚음을 받겠음이라 하시더라"(눅 14:14)

동을 지속하게 하고 어려움을 이겨내는 원동력으로 작용한다. 소그룹공동체 활동에서 소그룹리더는 다양한 어려움에 직면할 수 있다. 다만 소그룹리더의 활동이 교회 공동체를 위한 믿음을 반영한다면, 다양한 어려움과 시련에도 리더는 이를 감수하고 인내로써 실천하며 나아갈 수 있을 것이다. 옳은 일을 한다는 충만한 믿음으로부터 오는 기쁨은 시련을 극복하는 자산으로 작용한다.

둘째, 가족·공동체 구성원과 함께하는 기쁨은 결속력을 강화하고, 사랑과 믿음을 성장하게 한다. 그 안에서 하나님을 향한 사랑과 믿음은 성장하고 완성된다. 특히 본 연구와 관련하여 소그룹공동체 리더에게 가족과 공동체 구성원의 함께하는 기쁨은 구성원 간의 결속력을 강화하고 사랑과 믿음을 성장하게 하여 하나님을 향한 사랑을 완성하는 커다란 바탕을 이룬다. 소그룹리더의 주된 활동은 하나님을 향한 가족과 공동체 구성원 간의 사랑과 기쁨에 있다.

(3) '희락' 성품 강화를 위한 실제적 훈련

성령의 열매 '희락'은 그리스도인의 삶에서 우러나오는 기쁨과 만족, 이웃과 사회적 약자를 배려하는 기쁨을 담고 있으며, 성품리더십 강화를 위해 어려움 극복, 공동체 결속력 강화, 믿음의 성장성을 제시한다. 희락의 성품리더십 강화를 위한 실제적 훈련은 다음과 같이 진행된다. 성경적 이해와 적용 가능한 핵심·현실적 개념 파악을 근거로 훈련프로그램을 제작하고, 이를 통해 실제적이고 구체적인 희락의 성품리더십 훈련을 진행한다.

'희락'의 성품리더십 양육훈련 프로그램은 총 4주간 진행되며, 1주차에서 3주차는 '성경묵상과 함께 행복 활동' 4주차는 양육훈련을 실행하는 실천주간으로 구성된다. 매주 토·일 진행되는 희락의 성품훈련 프로그램은 2시간 정도이며, 순서는 선행기도, 본기도, 성경묵상과 훈련활동(실천주간은 실천프로그램), 마침기도, 공동체 자치활동으로 구성된다.

성경묵상활동은 성령의 열매 '희락'과 관계된 성경말씀의 강론·토론·암송·묵상 및 기도 등으로 구성된다. 함께 행복 활동 예습은 '따뜻한 미소', '친절한 말씨', '감사와 행복의 마음'을 자신에게 담아내는 일련의 활동이며, 함께 행복 훈련을 통해 실행하게 된다. 함께 행복 나눔 활동은 4주차 실천주간 활동으로 '이달의 어르신 생일잔치', '공동체 김치 축제, 반찬 나눔' 등을 교회 환경에 따라 다양하게 채택할 수 있다. 이러한 공동체 함께 행복 활동은 희락의 양육훈련을 체험하게 하고, 정서적 문화적 연대를 강화할 수 있으며, 예수 그리스도의 사랑과 기쁨을 오늘날의 사회에서도 충분히 실천할 수 있음을 경험하게 한다.

희락의 성품리더십 양육훈련 프로그램은 크게 성경묵상과 함께 행복 훈련, 실천주간의 함께 행복 나눔 활동으로 구성된다. 이러한 과정을 통해 희락의 성품리더십을 내면화하고 몸과 마음에 새기도록 습관화하는 훈련을 진행한다.

3) 화평의 열매 속성과 의미

(1) 성경신학적 속성

성령의 열매 '화평'은 성경에서 사랑과 함께 큰 비중을 차지한다. 구약성경에는 평화를 의미하는 히브리어 단어 '샬롬(שָׁלוֹם)'이 등장한다. '샬롬'은 행복, 불안으로부터의 평안, 만족스러운 관계 등 다양한 의미로 사용되었다. 화평은 본질적으로 하나님의 약속이다.[298] 다음은 시편 29편 11절의 내용이다.

> "여호와께서 자기 백성에게 힘을 주심이여 여호와께서 자기 백성에게 평강의 복을 주시리로다" (시 29:11)

여호와 하나님은 백성들에게 평강의 복, 평화를 선물로 주셨다.[299] 신약성경에서 하나님의 평화는 예수 그리스도의 십자가 부활을 통해 평화를 성취하게 하셨다(엡 2:14~18). 예수님의 평화는 그리스도인의 평화, 적대적인 이방인과의 평화, 멀리 있는 이들의 평안을 담고 있다. 그리스도인의 평화는 예수 그리스도의 십

---

298 Wright, 『성령의 열매』, 97.
299 임영효, "영적 지도력의 본질로서의 성령의 열매에 관한 연구", 382. "평강의 열매를 많이 맺는 리더는 무슨 일을 만나든지 염려하지 않고 기도하는 사람이고 하나님과 영적으로 늘 교제하면서 살아가는 사람이 화평의 열매를 지속적으로 맺을 수 있는 사람이다."

자가로 인한 하나님과의 관계 회복과 화평을 담고 있다(롬 5:1~2). 라이트는 하나님의 평화를 하나님과의 평화, 하나님의 평화, 하나님께서 원하시는 평화로 구분한다.300 '하나님과의 평화'는 양심의 평화를 이르는 것으로써 죄책감과 두려움을 덜어낸 평화를 말한다. '하나님의 평화'는 마음의 평화, 염려와 불안에서 벗어난 평화를 말한다.301 다음은 마태복음 6장 26~27절의 내용이다.

> "공중의 새를 보라 심지도 않고 거두지도 않고 창고에 모아들이지도 아니하되 너희 하늘 아버지께서 기르시나니 너희는 이것들보다 귀하지 아니하냐 너희 중에 누가 염려함으로 그 키를 한 자라도 더할 수 있겠느냐" (마 6:26~27)

인간은 마음 안에 염려와 불안을 가지고 있다. 무엇을 먹고 마실 것인지 걱정하고, 또 내일의 일을 걱정한다. 하나님께서는 하나님을 믿는 이에게 불안과 두려움을 걷어내는 하나님의 평화를 주셨다.302 또한 하나님은 형제와 타인을 비판하는 것을 경계하

---

300 Wright, 『성령의 열매』, 99~106.
301 임영효, "영적 지도력의 본질로서의 성령의 열매에 관한 연구", 382.
302 "그러므로 염려하여 이르기를 무엇을 먹을까 무엇을 마실까 무엇을 입을까 하지 말라 이는 다 이방인들이 구하는 것이라 너희 하늘 아버지께서 이 모든 것이 너희에게 있어야 할 줄을 아시느니라 그런즉 너희는 먼저 그의 나라와 그의 의를 구하라 그리하면 이 모든 것을 너희에게 더하시리라 그러므로 내일 일을 위하여 염려하지 말라 내일 일은 내일이 염려할 것이요 한 날의 괴로움은 그 날로 족하니라" (마 6:31~34); "아무 것도 염려하지 말고 다만 모든 일에 기도와 간구로, 너희 구할 것을 감사함으로 하나님께 아뢰라 그리하면 모든 지각에 뛰어난 하나님의 평강이 그리스도 예수 안에서 너희 마음과 생각을 지키시리라"

고, 이방인과의 평화를 함께 말씀하셨다.303 다음은 로마서 14장 13절 내용이다.

> "그런즉 우리가 다시는 서로 비판하지 말고 도리어 부딪칠 것이나 거 칠 것을 형제 앞에 두지 아니하도록 주의하라" (롬 14:13)

하나님의 화평은 이웃, 형제, 타인, 이방인과 갈등 관계를 형성하는 것을 경계하고, 사랑으로 포용하여 평화에 이를 것을 강조한다. 화평은 약자의 의견을 비판하고 무시하는 것이 아니라 존중함으로써 건강한 관계에서 오는 평화를 말한다.304 평화는 그 자체로 독립되어 있기보다 다른 성령의 열매와 서로 연동되어 있다. 평화는 이웃과 이방인에 대한 비판보다 '사랑'과 이해로서 서로 화합하고 함께 '기쁨'을 나눌 수 있다. 그리하여 하나님의 사랑과 평화는 먼 곳의 이방인에게도 닿을 수 있는 것이다.305 리더는 하나님과 화평할 뿐만 아니라 이웃과도 화평해야 한다. 성령

(빌 4:6~7)
303 "네가 어찌하여 네 형제를 비판하느냐 어찌하여 네 형제를 업신여기느냐 우리가 다 하나님의 심판대 앞에 서리라" (롬 14:10)
304 "믿음이 연약한 자를 너희가 받되 그의 의견을 비판하지 말라 어떤 사람은 모든 것을 먹을 만한 믿음이 있고 믿음이 연약한 자는 채소만 먹느니라 먹는 자는 먹지 않는 자를 업신여기지 말고 먹지 않는 자는 먹는 자를 비판하지 말라 이는 하나님이 그를 받으셨음이라" (롬 14:1~3); "남의 하인을 비판하는 너는 누구냐 그가 서 있는 것이나 넘어지는 것이 자기 주인에게 있으매 그가 세움을 받으리니 이는 그를 세우시는 권능이 주께 있음이라" (롬 14:4)
305 이문숙, "영적 리더십의 본질로 본 성령의 열매에 대한 고찰", 27.

의 열매 '화평'은 불안과 두려움으로부터 마음의 평화이며, 타인과 이방인과의 사랑과 포용을 의미한다. 평안의 열매가 풍성히 맺어지는 사람은 어떤 어려운 상황 가운데서도 그 모든 상황을 하나님이 지켜보고 하나님이 주관하고 계신다는 확신을 가지게 되어지므로 결코 낙심하거나 좌절하지 아니한다.

(2) '화평'의 의미

성령의 열매 화평은 공동체에서 어떠한 의미가 있으며, 어떠한 역할을 담당하는지 살펴보기로 한다.

첫째, 성령의 열매 화평은 죄책감과 두려움에 대한 평화를 의미한다. 소그룹공동체 리더는 공동체 구성원과의 관계를 원활히 하며 친밀한 관계를 형성하고, 구성원의 내면 깊숙이 자리한 죄책감과 두려움의 목소리를 듣게 된다. 성령의 열매 화평으로 충만한 소그룹공동체 리더는 죄책감과 두려움으로 어려움에 처한 공동체 구성원을 진정으로 위로할 수 있으며, 정신적인 믿음과 사랑으로 지지를 보낼 수 있다. 소그룹리더는 도움을 청한 구성원의 어려움을 극복할 수 있도록 지원하고, 한 걸음 더 나아가 하나님을 향한 참된 사랑과 믿음으로 성장하게 하는 역할을 수행한다.

둘째, 화평은 염려와 불안으로부터 벗어난 평화(마 6:26~27)를 의미한다. 공동체 구성원과 친밀한 관계를 형성한 소그룹리더는 구성원의 염려와 불안의 목소리를 접할 수 있다. 성령의 열매 화평으로 충만한 리더는 불안을 호소하는 구성원을 위로할 수 있으며, 함께 기도하며 영적 안정과 건강한 생활인으로 이끌 수 있다. 인간은 누구나 살아가는 동안 자신의 삶에 대한 다양한 염려와 불안을 가진다. 어떻게 살 것인가 하는 불안, 생활비와 병원비 문제, 대인관계 갈등과 비용 등 수 많은 현실적인 문제들이 사람들을 힘겹게 한다. 이때 공동체 구성원으로 함께 하는 소그룹리더는 그들 곁으로 다가가 공감과 위로를 하고, 영적 방향성을 제시하여 건강한 하나님의 자녀로 성장할 수 있도록 도울 수 있다.

(3) '화평' 성품 강화를 위한 실제적 훈련

성령의 열매 '화평'은 불안과 두려움으로부터 마음의 평화, 이웃과 타인에 대한 사랑과 포용을 담고 있으며, 성품리더십 강화를 위해 정신적인 안정과 믿음의 지지, 영적 안정과 건강한 생활인을 제시한다. 화평의 성품리더십 강화를 위한 실제적 훈련은 다음과 같이 진행된다. 성경적 이해와 적용 가능한 핵심개념과 현실적 개념 파악을 근거로 훈련프로그램을 제작하고, 이를 통해 실제적이고 구체적인 훈련을 진행한다.

'화평'의 성품리더십 양육훈련 프로그램은 총 4주간 진행되며, 1주차에서 3주차는 '성경묵상과 치유체험 활동', 4주차는 양육훈련을 실행하는 실천주간으로 구성된다. 매주 토·일요일에 진행되는 화평의 성품훈련 프로그램은 2시간 정도 진행되며, 훈련프로그램 순서는 선행기도, 본기도, 성경묵상과 훈련활동(실천주간은 실천프로그램), 마침기도, 공동체 자치활동으로 구성된다.

성경묵상 활동은 성령의 열매 '화평'과 관계된 성경 말씀의 강론·토론·암송·묵상 및 기도 등으로 구성된다. 치유체험 활동 예습은 '따뜻한 미소', '친절한 말씨', '감사와 행복의 마음'을 자신에게 담아내는 일련의 활동이며, 치유체험 훈련을 통해 실행하게 된다. 치유체험 활동은 4주차 실천주간 활동으로 '부부 역할극과 치유체험', '부모자녀 역할극과 치유체험' 등을 교회 환경에 따라 다양하게 채택할 수 있다. 이러한 공동체 치유체험 활동은 화평의 양육훈련을 체험하게 하고, 서로에게 이해의 마음을 전하고, 미안함과 사랑을 전하는 진솔한 말씨로서 화합하는 가정을 회복하게 할 수 있다.

화평의 성품리더십 양육훈련 프로그램은 크게 성경묵상과 치유체험 훈련과 실천주간의 치유체험 활동으로 구성된다. 이러한 과정을 통해 화평의 리더십을 내면화하고 몸과 마음에 새기도록 습관화하는 훈련을 진행한다.

4) 오래 참음의 열매 속성과 의미

(1) 성경신학적 속성

성령의 열매 '오래 참음'은 성령의 열매, 사랑, 희락, 화평의 영적 속성에 비해 보다 인간에게 가깝다. '오래 참음'은 '인내'와 더불어 쓰이며, 관용의 의미로도 사용된다. '오래 참음'은 어떤 가치를 추구하면서도 기꺼이 참아내고, 견디며 지속하는 힘을 말한다.

'오래 참음'의 헬라어는 '마크로튜미아(makrothymia)'인데, '길다'는 뜻의 '마크로스(makros)'와 '노여움'을 뜻하는 '튜미아(thymia)'가 합쳐진 단어이다. 이는 '느리게 화냄'을 의미하며, 곧 화를 늦추는 능력을 말한다.[306]

성경에서 '오래 참음'은 어떠한 시련과 어려움에도 견디어 내는 참음, 원수에게 복수를 원치 않는 인내, 다른 사람의 결점이나 약점을 말하거나 비판하지 않는 힘, 화내거나 싸우지 않으려는 관용의 의미로 사용된다.[307] '오래 참음'은 하나님의 공유적 속성

---

[306] James Merritt, 『성령의 열매가 당신을 리더로 만든다』, 장택현 역 (서울: UCN, 2004), 80.
[307] Wright, 『성령의 열매』, 125; 임영효 "영적지도력의 본질로서의 성령의 열매에 관한 연구", 387~393.

에 해당되는 성품으로 하나님의 자녀로 부르심을 받은 그리스도인들에게 요구되며, 특별히 영적 리더 사역에 있어서 필수적으로 갖추어야 할 요소로 성경은 말씀하고 있다. 다음은 출애굽기 34장 6절의 내용이다.

> "여호와께서 그의 앞으로 지나시며 선포하시되 여호와라 여호와라 자비롭고 은혜롭고 노하기를 더디하고 인자와 진실이 많은 하나님이라" (출 34:6)

출애굽기에서 여호와 하나님은 '노하기를 더디하고'라고 하였는데, 은혜로서 노하지 않으시고 더디 하심으로 인내와 오래 참음의 모습을 드러낸다. 하나님은 우리의 죄에 따라 더디하시는 '인내'를 보이신다. 이는 시편 103편 8~11절에서도 확인할 수 있다.[308] 하나님의 인내[309]는 진노를 오래 품지 않고, 우리를 불쌍히 여겨 모든 죄를 바다에 던지신다(미 7:18~19).[310]

---

308 "여호와는 긍휼이 많으시고 은혜로우시며 노하기를 더디 하시고 인자하심이 풍부하시도다 자주 경책하지 아니하시며 노를 영원히 품지 아니하시리로다 우리의 죄를 따라 우리를 처벌하지는 아니하시며 우리의 죄악을 따라 우리에게 그대로 갚지는 아니하셨으니 이는 하늘이 땅에서 높음 같이 그를 경외하는 자에게 그의 인자하심이 크심이로다" (시 103:8~11)
309 임영효, "영적 지도력의 본질로서의 성령의 열매에 관한 연구", 388.
310 "주와 같은 신이 어디 있으리이까 주께서는 죄악과 그 기업에 남은 자의 허물을 사유하시며 인애를 기뻐하시므로 진노를 오래 품지 아니하시나이다 다시 우리를 불쌍히 여기셔서 우리의 죄악을 발로 밟으시고 우리의 모든 죄를 깊은 바다에 던지시리이다" (미 7:18~19)

성령의 열매 '오래 참음'은 예수 그리스도의 헌신과 희생의 모습에서 찾아볼 수 있다. 그리스도께서는 인간의 죄를 대신하여 죽음이라는 시련을 극복하고 '인내'로써 나아가셨으며, 하나님의 사랑을 완성하셨다. 다음은 야보고서 5장 10~11절의 내용이다.

> "형제들아 주의 이름으로 말한 선지자들을 고난과 오래 참음의 본으로 삼으라 보라 인내하는 자를 우리가 복되다 하나니 너희가 욥의 인내를 들었고 주께서 주신 결말을 보았거니와 주는 가장 자비하시고 긍휼히 여기시는 이시니라" (약 5:10~11)

구약시대 선지자들은 고난을 통해 참 인내의 본을 보여 주었으며, 예수님께서도 이 땅에 오셔서 인간의 죄를 대신하여 죽음이라는 시련의 험로를 '인내'로서 함께하셨다. 예수 그리스도는 희생과 헌신, 오래 참음으로써 그리스도인에게 성령의 열매 '인내'의 참모습을 보이셨다. 인간의 죄를 대신하여 짊어지신 그리스도의 모습은 이사야 53장 4절의 내용에서도 찾아볼 수 있다.[311] '인내'는 하나님의 사랑을 실천하기 위해 시련과 곤욕과 두려움을 이겨내는 오래 참음이다(사 53:7~8).[312] '오래 참음'은 오늘날 예수

---

[311] "그는 실로 우리의 질고를 지고 우리의 슬픔을 당하였거늘 우리는 생각하기를 그는 징벌을 받아 하나님께 맞으며 고난을 당한다 하였노라 그가 찔림은 우리의 허물 때문이요 그가 상함은 우리의 죄악 때문이라 그가 징계를 받으므로 우리는 평화를 누리고 그가 채찍에 맞으므로 우리는 나음을 받았도다 우리는 다 양 같아서 그릇 행하여 각기 제 길로 갔거늘 여호와께서는 우리 모두의 죄악을 그에게 담당시키셨도다" (사 53:4~6)

[312] "부당하게 고난을 받아도 하나님을 생각함으로 슬픔을 참으면 이는 아름다우나

그리스도를 믿는 신앙인들에게 더없이 소중한 영적 가르침이며 그리스도의 성품이다. 또한 '인내'는 타인의 잘못을 받아들이는 관용이며, 하나님의 사랑을 실천하는 힘이자 역량이다.[313] 인내와 오래 참음으로써 이웃과 형제들과 교인들에게 사랑을 전하며, 희락과 평화를 함께하는 큰 바탕이라고 할 수 있다. 또한 인내는 교회 공동체 소그룹리더의 성품을 성숙하고 강인하게 한다.[314] 성령의 열매 '오래 참음'은 시련과 곤욕을 이겨내는 인내이며, 타인을 비판하지 않는 관용과 사랑의 힘을 의미한다.

(2) '오래 참음'의 의미

성령의 열매 오래 참음은 공동체에서 어떠한 의미가 있으며, 어떠한 역할을 담당하는지 살펴보기로 한다.

첫째, 성령의 열매 '오래 참음'은 어떠한 시련과 어려움도 견디

죄가 있어 매를 맞고 참으면 무슨 칭찬이 있으리요 그러나 선을 행함으로 고난을 받고 참으면 이는 하나님 앞에 아름다우니라 이를 위하여 너희가 부르심을 받았으니 그리스도도 너희를 위하여 고난을 받으사 너희에게 본을 끼쳐 그 자취를 따라오게 하려 하셨느니라"(벧전 2:19~21); "그러므로 하나님의 뜻대로 고난을 받는 자들은 또한 선을 행하는 가운데에 그 영혼을 미쁘신 창조주께 의탁할지어다"(벧전 4:19)

313 "그러므로 주 안에서 갇힌 내가 너희를 권하노니 너희가 부르심을 받은 일에 합당하게 행하여 모든 겸손과 온유로 하고 오래 참음으로 사랑 가운데서 서로 용납하고 평안의 매는 줄로 성령이 하나 되게 하신 것을 힘써 지키라"(엡 4:1~3)

314 이문숙, "영적 리더십의 본질로 본 성령의 열매에 대한 고찰", 31.

어 내는 것이며, 이는 소그룹 리더에게 매우 중요한 덕목 중에 하나다. 소그룹공동체 리더는 구성원과 활발한 상호 작용을 하는 위치에 있다. 따라서 특정 구성원과 대립하는 등 갈등 상황에 직면할 가능성이 높다. 이럴 때 의견을 조율하는 데 어려움을 겪을 수 있다. 하지만 리더가 어려움에서 벗어나 당장 위기를 모면하고자 한다면, 공동체는 그 방향성을 잃고 표류할 것이다. 성령의 열매 '오래 참음'으로 충만한 리더는 공동체의 다양한 갈등 상황에서 인내로써 그 방향성과 안정성을 제시할 수 있다. 갈등 상황을 조율해야 할 리더에게 필요한 기초체력과 같은 매우 중요한 덕목이라 할 수 있다.

둘째, 오래 참음은 타인의 약점이나 단점을 말하지 않는 인내를 필요로 한다. 침묵은 공동체 리더에게 매우 중요한 덕목이다. 공동체 리더는 다양한 구성원들과 접촉하여 의견을 조율하고 처리해야 하는 위치에 있다. 공동체는 구성원에 따라 그 성향이나 개성이 매우 다양하다. 때문에 많은 문제점과 약점을 드러내기도 한다. 리더는 그들을 포용하고 인내해야 한다. 구성원의 단점을 대놓고 비판하거나 타인에게 전달하는 행위를 하면 공동체를 붕괴시키는 결과를 초래할 수 있다. 따라서 건강한 교회 공동체는 리더의 역할이 중요하다. '오래 참음'의 성품은 리더의 중요한 바탕이라 할 수 있다.

셋째, 오래 참음은 화내거나 분노하지 않는 관용이며, 공동체 리더가 지녀야 할 중요한 가치 덕목 중에 하나다. 공동체 리더는 많은 구성원과 접하고 상호작용하는 위치에 있다. 그런 만큼 갈등 상황에 쉽게 노출되어 있다. 리더가 쉽게 화를 내거나, 싸움에 깊이 개입한다면, 공동체 구성원에게 신뢰를 잃을 수 있다. 구성원들은 쉽게 화를 내고 분노하는 리더에게 마음을 열고 의지할 수 없기 때문이다. 또한 리더의 분노는 구성원에게 분노를 확산시킬 수 있다. 리더는 공동체 구성원에게 공동체를 대표하여 안정감 있는 신뢰를 보여야 한다. 품위와 관용을 지닌 리더는 공동체를 이끌고 사랑과 믿음으로 하나되는 교회 공동체를 세울 수 있다.

(3) '오래 참음' 성품 강화를 위한 실제적 훈련

성령의 열매 '오래 참음'은 시련과 두려움을 이겨내는 인내, 타인에 대한 관용과 사랑을 담고 있으며, 성품리더십 강화를 위해 공동체의 시련 극복과 인내, 말과 언어 사용의 신중함, 분노하지 않는 관용을 제시한다. 오래 참음의 성품리더십 강화를 위한 실제적 훈련은 다음과 같이 진행된다. '오래 참음'에 관한 성경적 이해와 적용 가능한 핵심개념과 현실적 개념 파악을 근거로 훈련 프로그램을 제작하고, 이를 통해 실제적이고 구체적인 훈련을 진행한다.

'오래 참음'의 성품리더십 양육훈련 프로그램은 총 4주간 진행되며, 1주차에서 3주차는 '성경묵상과 화분농작물 체험활동', 4주차는 양육훈련을 실행하는 실천주간으로 구성된다. 매주 토·일요일에 진행되는 오래 참음의 성품훈련 프로그램은 2시간 정도이며, 선행기도, 본기도, 성경묵상과 훈련활동(실천주간은 실천프로그램), 마침기도, 공동체 자치활동 순으로 진행된다.

성경묵상활동은 성령의 열매 '오래 참음'의 성경말씀 강론·토론·암송·묵상 및 기도 등으로 구성된다. 화분 농작물 체험활동 훈련은 화분 농작물을 대하는 '정성과 사랑의 마음, 기도하는 마음'을 자신에게 담아내는 일련의 활동이며, 화분 농작물 체험 훈련을 통해 실행한다. 화분농작물 체험활동은 4주차 실천주간 활동으로, '화분 농작물 가꾸기'는 교회 환경에 따라 다양하게 채택할 수 있다. 일상생활 가운데 자연의 생명을 소중히 여기는 마음을 지니게 하며, 진심과 정성을 담아 자주 사용하여 몸과 마음에 새겨지도록 훈련한다.

오래 참음의 성품리더십 양육훈련 프로그램은 크게 성경 묵상, 화분 농작물 체험활동 그리고 실천주간의 화분 농작물 가꾸기로 구성된다. 이러한 과정을 통해 '오래 참음'의 성품리더십을 내면화하고 몸과 마음에 새기도록 습관화한다.

5) 자비의 열매 속성과 의미

(1) 성경신학적 속성

성령의 열매 '자비'는 히브리어로 '헤세드'(hesed)라 하며, 신실한 사랑 또는 충성의 의미로 사용되기도 한다. 성경에서 사용되는 하나님의 자비는 가난한 사람과 약자들을 위해 자비를 베푼다는 의미이며, 강력한 헌신과 실천을 포함한다. 자비는 누군가를 위해 행동하는 사랑을 담고 있으며, 보상을 바라지 않는다. 자비는 가엾은 인간을 위한 너그럽고 인자하신 하나님의 긍휼, 은총적 사랑과 실천적 헌신을 포함한다.[315] 다음은 이사야 63장 7절의 내용이다.

> "내가 여호와께서 우리에게 베푸신 모든 자비와 그의 찬송을 말하며 그의 사랑을 따라 그의 많은 자비를 따라 이스라엘 집에 베푸신 큰 은총을 말하리라" (사 63:7)

하나님의 자비는 성경 구절을 통해 그 의미를 구체적으로 전하는데, 룻기 3장 15~17절의 내용을 살펴보기로 한다.

> "보아스가 이르되 네 겉옷을 가져다가 그것을 펴서 잡으라 하매 그것

---

[315] Wright, 『성령의 열매』, 152~154.

> 을 펴서 잡으니 보리를 여섯 번 되어 룻에게 지워 주고 성읍으로 들어가니라 룻이 시어머니에게 가니 그가 이르되 내 딸아 어떻게 되었느냐 하니 룻이 그 사람이 자기에게 행한 것을 다 알리고 이르되 그가 내게 이 보리를 여섯 번 되어 주며 이르기를 빈 손으로 네 시어머니에게 가지 말라 하더이다 하니라" (룻 3:15~17)

룻기 3장에서 보아스는 아무런 보상이나 바람도 없이 룻에게 겉옷을 가져다가 보리를 여섯 번 되어 지워 주었다. 보아스의 행동은 하나님의 자비를 실천한 것으로써 성령의 열매 '자비'의 참된 실천의 모습이라 할 수 있다. 자비는 약자에 대한 너그러운 사랑이며, 보상을 바라지 않는 행동을 의미한다. 다음은 자비의 실천과 관련한 잠언의 내용이다.

> "가난한 자를 불쌍히 여기는 것은 여호와께 꾸어 드리는 것이니 그의 선행을 그에게 갚아 주시리라" (잠 19:17)

잠언 19장 17절은 자비에 관한 내용이 담겨있다. 가난한 자를 가엾고 불쌍히 여기는 것은 자비를 행하는 참 마음가짐을 말한다. '하나님에게 꾸어 드린다는 것'은 선행을 베푸는 것에 보상을 바라지 않는 다른 표현이다. 하나님께서 그 모두를 알고 계신다는 것으로 이해할 수 있다. 자비와 선행은 보상을 바라지 않는 사랑의 실천적 행위이며 그 자체이다.

예수님은 어렵고 가난한 자들의 편에 서서 그들의 목소리를 귀담아듣고 자비를 베풀어 주었다. 오늘날 그리스도인들은 이러한 예수님의 사랑과 자비를 따라 실천해야 한다.316 하나님의 자비는 예수 그리스도의 삶을 통해 투영되었으며, 우리는 그리스도인으로서 '주 예수의 이름으로'(골 3:17) 사랑과 자비를 실천하는 삶에 한발 더 나아가야 한다. 지도자의 자비는 예수님을 섬기는 자의 자세로 드러나야 한다. 그러므로 공동체의 리더는 구성원들의 원하는 바를 이해하고 그들의 필요를 채워주는 사역을 펼쳐야 한다.

성령의 열매 '자비'는 예수 그리스도의 사랑 성품의 구체적 실천이며, 가난한 자와 약자를 위해 베푸는 선행과 실천적 사랑을 의미한다.

(2) '자비'의 의미

성령의 열매 자비는 공동체에서 어떠한 의미가 있으며, 어떠한 역할을 담당하는지 살펴보기로 한다.

첫째, 성령의 열매 자비는 가난하고 약한 자를 위한 따뜻하고 너그러운 하나님의 사랑을 담고 있으며, 소그룹리더에게 공동체를 아우르는 포용과 사랑의 실천적 덕목이다. 공동체 리더는 공동체 구성원에게 때로 포용의 어머니처럼 구성원을 따뜻하게 감싸고 보살펴야 한다. 어려운 이를 보면 불쌍하고 가엾게 여기는

---

316 임영효, "영적 지도력의 본질로서의 성령의 열매에 관한 연구", 396.

사랑의 마음으로 대해야 한다. 온기는 확산된다. 따뜻하고 너그러운 사랑을 담은 공동체 구성원은 교회 공동체를 벗어나 이웃에게도 사랑을 실천할 수 있다. 공동체 리더는 사랑과 포용으로써 자비를 실천하고 공동체 구성원과 함께해야 한다.

둘째, 자비는 이웃을 위한 헌신과 사랑의 표현이다. 그 사랑의 실천은 대가를 바라지 않으며 그 자체로 완성된 사랑이다. 공동체 리더는 이웃을 위한 사랑과 실천에 앞장서야 한다. 리더의 앞선 행동은 공동체 구성원에게 이어지고, 그 공동체 구성원은 교회 공동체를 벗어나 사회로 확산될 수 있다. 이것은 예수님의 사랑과 자비의 실천이다. 너그럽고 따뜻한 사랑과 자비는 리더와 공동체 구성원의 그리스도의 삶을 따르는 헌신의 표상이다.

(3) '자비' 성품 강화를 위한 실제적 훈련

성령의 열매 '자비'는 가난한 자와 약자를 위해 베푸는 선행과 실천적 사랑을 담고 있으며, 성품리더십 강화를 위해 '가난하고 약한 자를 위한 포용, 이웃을 위한 헌신과 사랑의 표현'을 제시한다. 자비의 성품리더십 강화를 위한 실제적 훈련은 다음과 같이 진행된다. '자비'와 관련한 성경적 이해와 적용 가능한 핵심개념과 현실적 개념 파악을 근거로 성품훈련 프로그램을 제작하고,

이를 통해 실제적이고 구체적인 훈련을 진행한다.

'자비'의 성품리더십 양육훈련 프로그램은 총 4주간 진행되며, 1주차에서 3주차는 '성경묵상과 환경정화 체험활동', 4주차는 양육훈련을 실행하는 실천주간으로 구성된다.

매주 토·일요일에 진행되는 '자비' 성품훈련 프로그램은 2시간 정도이며, 선행기도, 본기도, 성경묵상과 훈련활동(실천주간은 실천프로그램), 마침기도, 공동체 자치활동 순으로 진행된다.

성경 묵상 활동은 성령의 열매 '자비'와 관련된 성경 말씀의 강론·토론·암송·묵상 및 기도 등으로 구성된다. 환경정화 체험활동 훈련은 '정성과 낮음으로 봉사하는 마음'을 자신에게 담아내는 일련의 활동이며, 환경정화체험 훈련을 통해 실행하게 된다. 환경정화 체험활동은 4주차 실천주간 활동으로, 공동체 환경에 따라 다양하게 채택할 수 있다. 일상생활 가운데 주변의 환경과 자연의 생명을 소중히 여기는 마음을 지니게 하고, 진심과 정성을 담아 몸과 마음에 새겨지도록 훈련한다. 자비의 성품리더십 양육훈련 프로그램은 크게 성경묵상과 환경정화 체험활동과 실천주간의 환경정화활동으로 구성된다. 이러한 과정을 통해 '자비'의 성품리더십을 내면화하고 몸과 마음에 새기도록 습관화한다.

6) 양선의 열매 속성과 의미

(1) 성경신학적 속성

성령의 열매 '양선'은 가난하고 약한 자를 위해 베푸는 선행을 포함한다. 이는 자비와 연관되며, 복합적 의미로 작용한다. 한 포도 농원의 주인이 수확량을 채우지 못한 어려운 처지의 노동자에게 하루치 임금을 모두 지급했다. 그 이면에는 어려운 처지의 노동자를 깊이 헤아려 가난하고 약한 자를 돌보고 베풀려는 선함을 담고 있다.

성령의 열매 '양선'은 헬라어로 아가도수네(Agathosune)라 한다. '아가도수네'는 '착함'을 의미한다. 따라서 그리스도 안에 머무는 모든 성도들은 착함(양선)의 성령의 열매를 맺어야 한다.[317] '양선'의 좋음은 일을 잘한다는 의미뿐만 아니라 은혜롭게 베푸는 선한 마음을 담고 있다. 선함은 겉과 속이 같으며, 말과 행동이 일치하고, 거짓으로 꾸미지 않는 것이다(신 32:4). 선하고 좋음은 단지 옳은 일이기에 행하는 것이고, 마음의 정결한 상태를 포함한다.[318] 시편 136편 1절에는 '하나님의 선하심과 인자하심'에 관한 내용이 잘 담겨있다.

---

317 장종현, 『생명을 살리는 교육』 (서울: 백석신학연구소, 2008), 170.
318 Wright, 『성령의 열매』, 177~178.

> "여호와께 감사하라 그는 선하시며 그 인자하심이 영원함이로다"
> (시 136:1)

여호와 하나님은 선하시며 인자하시고 너그러우시며 선으로써 악을 극복하신다(행 10:38).[319] 또한 선으로써 백성을 구하셨다(창 50:20).[320] 오늘날의 그리스도인에게 하나님의 선과 성령의 열매 '양선'은 시기와 질투의 인간에게 베푸는 자비와 선함으로써 그 방향을 알려주신 것이라 할 수 있다. 하나님의 선함은 구약에서 '양선'과 가까운 의미로서 '의'를 사용하기도 한다(시 15:1~5). 하나님의 선함은 옳은 일을 행하는 것이며, 하나님의 사랑과 은총에 응답하는 것이다.[321]

예수 그리스도의 선함은 아버지 하나님의 뜻을 따른 것이며, 하나님의 선함은 예수 그리스도의 가난한 자들을 위한 헌신과 베풂, 희생적인 사랑에서 선함을 드러낸 것이라 할 것이다. 양선은 머리와 손이 아닌 마음과 연관된다. 선한 사람은 마음에 쌓은 선에서 선함을 드러내고, 악한 자는 마음에 쌓은 악에서 악을 드러낸다(눅 6:45).[322] 선은 지식 문제도 아니고 행위 문제도 아니며,

---

[319] "하나님이 나사렛 예수에게 성령과 능력을 기름 붓듯 하셨으매 그가 두루 다니시며 선한 일을 행하시고 마귀에게 눌린 모든 사람을 고치셨으니 이는 하나님이 함께 하셨음이라" (행 10:38)
[320] "당신들은 나를 해하려 하였으나 하나님은 그것을 선으로 바꾸사 오늘과 같이 많은 백성의 생명을 구원하게 하시려 하셨나니" (창 50:20)
[321] Wright, 『성령의 열매』, 182~185.
[322] "선한 사람은 마음의 쌓은 선에서 선을 내고 악한 자는 그 쌓은 악에서 악을

우리 본질의 문제이다.[323]

　모든 그리스도인은 하나님과 예수님의 선함을 따라 기꺼이 선함을 실천하고 사랑을 나누어야 하며, 그 열매로써 선한 행동을 실천하는 그리스도인의 삶을 살아야 한다(눅 6:43~45).[324] 내면 속에 예수 그리스도의 선함을 따라 내면화하고 말과 행동으로 선함을 드러내는 영적 열매를 맺어야 한다(행 11:24).[325] 선함에 대한 헬라어 원문에는 '착함, 성령, 믿음, 충만'이 함께 나오는데, '착함'이 가장 먼저 나온다. 이것은 그리스도인의 삶 가운데 '착함'을 강조한 것이라 할 수 있다.[326] 성령 충만한 사람은 착한 사람이며, 오늘날 교회의 다양한 문제를 해결하는 바탕은 믿음과 성령 충만한 사람들의 활동을 가능하게 하는 데에 있다.[327] 다음은 마태복음 5장 16절의 내용이다.

> "너희 빛이 사람 앞에 비치게 하여 그들로 너희 착한 행실을 보고 하늘에 계신 너희 아버지께 영광을 돌리게 하라" (마 5:16)

　　내나니" (눅 6:45)

[323] Merritt, 『성령의 열매가 당신을 리더로 만든다』, 132.
[324] "못된 열매 맺는 좋은 나무가 없고 또 좋은 열매 맺는 못된 나무가 없느니라 나무는 각각 그 열매로 아나니 가시나무에서 무화과를 또는 찔레에서 포도를 따지 못하느니라 선한 사람은 마음에 쌓은 선에서 선을 내고 악한 자는 그 쌓은 악에서 악을 내나니 이는 마음에 가득한 것을 입으로 말함이니라" (눅 6:43~45)
[325] "바나바는 착한 사람이요 성령과 믿음이 충만한 사람이라 이에 큰 무리가 주께 더하여지더라" (행 11:24)
[326] 장종현, 『생명을 살리는 교육』, 179~180.
[327] 장종현, 『생명을 살리는 교육』, 168.

예수님께서 제자들에게 이르기를, 세상의 빛이 되어 제자들의 선한 행실로 하나님을 깨닫게 하고, 백성들에게 그리스도인의 삶을 살게 하셨다. 이때의 빛은 양선과 하나님의 사랑으로 가득한 삶을 살게 한다.[328] 예수 그리스도는 제자들에게 가르침과 사명을 통해 선함으로써 가난하고 약한 자를 돌보고, 하나님의 자녀와 그리스도인의 삶을 일깨우도록 했다.

> "사랑에는 거짓이 없나니 악을 미워하고 선에 속하라"(롬 12:9)

> "하나님이 능히 모든 은혜를 너희에게 넘치게 하시나니 이는 너희로 모든 일에 항상 모든 것이 넉넉하여 모든 착한 일을 넘치게 하게 하려 하심이라" (고후 9:8)

성령의 열매 '양선'은 하나님과 예수님의 가난한 자와 약한 자를 위한 사랑과 선함을 이른다. 이때 우리 그리스도인은 하나님의 구원과 사랑에 응답하여 예수님을 따라 선한 삶을 사는 것이지만, 우리의 선한 행동 자체로 구원을 받는 것이 아님을 명확하게 구분할 필요가 있다(엡 2:8~10).[329] 기독교인의 참모습은 하나님

---

328 Wright, 『성령의 열매』, 192.
329 "너희는 그 은혜에 의하여 믿음으로 말미암아 구원을 받았으니 이것은 너희에게서 난 것이 아니요 하나님의 선물이라 행위에서 난 것이 아니니 이는 누구든지 자랑하지 못하게 함이라 우리는 그가 만드신 바라 그리스도 예수 안에서 선한 일을 위하여 지으심을 받은 자니 이 일은 하나님이 전에 예비하사 우리로 그 가운데서 행하게 하려 하심이니라" (엡 2:8~10)

의 사랑과 은총에 응답하여 선한 삶을 통해 건강하고 올바른 그리스도인의 삶을 살아가는 것에 있다(딛 3:4~8). 우리는 신앙인으로서 삶을 온전히 하여 가난하고 약한 자를 도우며 함께 나누고, 예수 그리스도의 선함과 사랑을 실천하는 영적인 삶에 이르고 열매 맺도록 해야 할 것이다(골 1:10).

(2) '양선'의 의미

성령의 열매 양선은 공동체에서 어떠한 의미가 있으며, 어떠한 역할을 담당하는지 살펴보기로 한다.

첫째, 성령의 열매 양선은 하나님의 선함으로 옳은 일을 행하는 것이며, 시기와 질투를 하는 인간에게 옳은 방향성을 제시하는 것이다. 공동체 리더는 구성원들에게 하나님의 선함과 옳음을 제시하여 건강하고 하나님의 선함으로 가득한 공동체로 이끌 수 있다. 양선은 홀로 고립되어 존재할 수 없으며, 공동체 안에서 타인을 어떻게 대하는지, 옳고 그름의 상황에서 어떻게 행동하는지를 보고, 우리는 그 사람의 선함을 판단할 수 있다. 양선을 행하는 사람은 옳은 일을 실행한다(잠 20:11).[330] 우리는 하나님의 사랑과 선함을 잃을 때 공동체의 구심점과 방향성을 잃을 수 있으며, 리더는 하나님의 선함으로 공동체의 방향성과 하나됨을 완성할

---

330 Merritt, 『성령의 열매가 당신을 리더로 만든다』, 126~127.

수 있다.

둘째, 양선은 하나님과 예수님의 선함으로 자비와 가까우며, 가난하고 약한 자를 위한 헌신과 베풂, 사랑을 의미한다. 양선은 공동체 리더에게 어렵고 가난한 구성원을 보살피고 헌신함으로 내부를 결속하고 선함과 사랑으로 가득한 공동체를 완성할 수 있다. 양선은 하나님과 예수님의 선함과 사랑을 실천하는 구체적인 모습으로 리더에게 우선하여야 할 실천적 역량이라 할 수 있다.

(3) '양선' 성품 강화를 위한 실제적 훈련

성령의 열매 '양선'은 가난한 자와 약자를 위해 베푸는 선행을 담고 있으며, 성품리더십 강화를 위해 '옳은 일을 행하는 것으로써 그 옳음의 방향성'을 제시한다. 양선의 성품리더십 강화를 위한 실제적 훈련은 다음과 같이 진행된다. 양선과 관련된 성경적 이해와 적용 가능한 핵심개념과 현실적 개념 파악을 근거로 훈련 프로그램을 제작하고, 이를 통해 실제적이고 구체적인 양선의 성품리더십 훈련을 진행한다.

'양선'의 성품리더십 양육훈련 프로그램은 총 4주간 진행되며, 1주차에서 3주차는 '성경묵상과 선행체험과 나눔활동', 4주차는 양육훈련을 실행하는 실천주간으로 구성된다. 매주 토·일요일에 진행되는 양선의 성품훈련 프로그램은 2시간 정도, 선행기도, 본기도, 성경묵상과 훈련활동(실천주간은 실천프로그램), 마침기도, 공동체 자치활동 순으로 진행된다.

　성경묵상활동은 성령의 열매 '양선'에 관련한 성경말씀의 강론·토론·암송·묵상 및 기도 등으로 구성된다. 선행체험과 나눔 활동 훈련은 일상생활 속에서 실천가능한 소소한 선행을 발굴하고 실천하며 '사랑과 선한 마음'을 담아내는 일련의 활동이다. 4주차 실천주간 활동으로 제안하는 '재활용 리폼 나눔 활동'은 교회 환경에 따라 다양하게 채택할 수 있다. 이러한 활동은 '선한 마음'과 '영적인 마음가짐'을 정돈하며, 양선 성품을 몸과 마음에 새겨지도록 한다. 성품훈련 프로그램은 크게 성경 묵상, '선행 나눔 활동' 그리고 실천주간의 '재활용 리폼 나눔 활동'으로 구성된다. 이러한 과정을 통해 양선의 성품리더십을 내면화하고 몸과 마음에 새기도록 습관화하는 훈련을 진행한다.

7) 충성의 열매 속성과 의미

(1) 성경신학적 속성

성령의 열매 '충성'은 하나님을 섬기는 종으로서 예수 그리스도의 삶을 따르는 것을 말한다. '충성'은 믿음직하고 약속한 바를 지키며 성실하고 정직함을 이른다. 하나님을 섬기는 충성스러운 자는 거짓이 없고, 정직하며 믿을 만하고, 성실하여 신뢰할 만한 사람이다. 충성스러운 사람은 오랜 기간 믿음직한 말과 행동으로 신뢰를 얻었으며 그 성실함과 정직함으로 입증한 자이다. 충성은 우리 안에 은혜로운 성령의 열매이다.[331] 다음은 충성과 관련한 마태복음 25장 21절의 내용이다.

> "그 주인이 이르되 잘하였도다 착하고 충성된 종아 네가 적은 일에 충성하였으매 내가 많은 것을 네게 맡기리니 내 주인의 즐거움에 참여할지어다 하고"(마 25:21)

충성스러운 종은 작은 일에도 성실하기에 큰일을 기꺼이 맡을 수 있다. 충성됨과 성실함은 진실하고 한결같으며 하나님의 신실함을 따른다. 하나님은 하신 일에 완전하고 정의롭고 진실하며 거짓 없으신 분이시다(신 32:3~4).[332]

---

331 Wright, 『성령의 열매』, 205~206.

> "여호와의 말씀은 정직하며 그가 행하시는 일은 다 진실하시도다 그는 공의와 정의를 사랑하심이여 세상에는 여호와의 인자하심이 충만하도다" (시 33:4~5)

여호와 하나님의 신실함은 진실하고 사랑과 정의의 사랑하심이다. 그리스도인에게 참된 가르침을 주신 성령의 열매 '충성'은 신실함과 진실함의 사랑과 정의이다. 어떠한 어려움과 고난에도 하나님을 섬기고 직분을 다하여 나아감은 예수 그리스도와 구약시대 리더의 표상인 모세의 신실함에서 확인할 수 있다(히 3:1~4).[333]

모세는 여호와 하나님을 충성된 마음으로 섬겼으며, 위기와 고난에도 신실함으로써 맡은 바 소임을 다하였다. 다음은 충성과 관련한 민수기 12장 6~8절의 내용이다.

> "너희 중에 선지자가 있으면 나 여호와가 환상으로 나를 그에게 알리기도 하고 꿈으로 그와 말하기도 하거니와, 내 종 모세와는 그렇지 아니하니 그는 내 온 집에 충성함이라 그와는 내가 대면하여 명백히 말하고 은밀한 말로 하지 아니하며 그는 또 여호와의 형상을 보거늘, 너희가 어찌하여 내 종 모세 비방하기를 두려워하지 아니하느냐" (민 12:6~8)

---

[332] "너희는 우리 하나님께 위엄을 돌릴지어다 그는 반석이시니 그가 하신 일이 완전하고 그의 모든 길이 정의롭고 진실하고 거짓이 없으신 하나님이시니 공의로우시고 바르시도다" (신 32:3~4)

[333] "그러므로 함께 하늘의 부르심을 받은 거룩한 형제들아 우리가 믿는 도리의 사도이시며 대제사장이신 예수를 깊이 생각하라 그는 자기를 세우신 이에게 신실하시기를 모세가 하나님의 온 집에서 한 것과 같이 하셨으니, 그는 모세보다 더욱 영광을 받을 만한 것이 마치 집 지은 자가 그 집보다 더욱 존귀함 같으니라 집마다 지은 이가 있으니 만물을 지으신 이는 하나님이시라" (히 3:1~4)

예수님의 충성됨은 그 어떠한 고난과 역경에도 희생과 헌신으로써 책무를 다하셨으며, 제자들에게도 신실함을 일러 가르치셨다. 예수 그리스도의 충성됨과 가르침, 헌신은 그리스도인의 삶 안에 신실함과 충성스러움으로 다시 열매 맺어야 한다.[334] '충성'은 크고 작음이 없고, 평생토록 지니는 진실한 것이며, 불의하지 않고 성실하고 충만함이며(눅 16:10~11), 마음을 다하여 온전히 삶에 헌신하는 것이라 할 수 있다.

그리스도인은 성령의 열매 '충성'을 통해 하나님을 섬기고 예수 그리스도의 헌신과 희생, 진실함을 본받아 삶을 일구는 흔들리지 않는 신실함에 있다.[335] 성령의 열매 '충성'은 하나님에 대한 충성이며, 예수 그리스도의 희생과 헌신에 대한 사랑의 믿음이며, 성경과 복음에 대한 믿음이다. 우리의 믿음과 충성은 무엇을 믿는 것인지, 무엇에 헌신하는 것인지, 무엇을 사랑하며 따르는 것인지 명확하게 하는 것에서 출발한다.[336]

---

334 Wright, 『성령의 열매』, 218~221.
335 임영효, "영적 지도력의 본질로서의 성령의 열매에 관한 연구", 402.
336 Wright, 『성령의 열매』, 226.

> "종들아 두려워하고 떨며 성실한 마음으로 육체의 상전에게 순종하기를 그리스도께 하듯 하라 눈가림만 하여 사람을 기쁘게 하는 자처럼 하지 말고 그리스도의 종들처럼 마음으로 하나님의 뜻을 행하고 기쁜 마음으로 섬기기를 주께 하듯하고 사람들에게 하지 말라" (엡 6:5~7)

그리스도인의 충성은 하나님을 섬기며 믿음으로 진실하게 순종하는 것이며, 하나님의 뜻을 행하고 기쁜 마음으로 책무를 다하는 헌신적 삶에 있다. 그 안에서 참된 성령의 열매가 있다. 성령의 열매 '충성'은 하나님을 섬기는 믿음이며, 예수 그리스도의 희생과 헌신적 삶을 믿고 따르는 성실함과 정직함을 의미한다. 충성은 믿음을 끝까지 지키면서 하나님과 이웃에게 신실함으로 본분을 다하는 것이다.

하나님은 모든 사람들에게 재능을 주셨으며, 사람들에게 씨앗을 심고 투자하신 만큼 사람들이 성장하여 열매를 맺기를 원하신다. 그러므로 하나님께서 주신 능력을 키우고 열매 맺게 하기 위해 믿음의 '충성'을 다해야 하며(전 9:10)[337], 모든 일에 정성을 다하고 온 힘을 다해야 한다.[338]

---

337 "무릇 네 손이 일을 당하는 대로 힘을 다하여 할지어다" (전 9:10)
338 Merritt, 『성령의 열매가 당신을 리더로 만든다』, 142.

(2) '충성'의 의미

성령의 열매 충성은 공동체에서 어떠한 의미가 있으며, 어떠한 역할을 담당하는지 살펴보기로 한다.

첫째, 성령의 열매 '충성'은 하나님을 섬기는 종으로서 예수님의 헌신과 사랑을 따르는 성실하고 정직함, 그리고 충만함을 이른다. 교회 공동체 리더는 그리스도인으로서, 하나님을 섬기는 종으로서 본분을 다하고 성실하고 정직한 삶의 모범을 보여야 한다. 리더의 모습에서 하나님을 섬기는 본연의 모습을 찾기 어렵다면, 교회 공동체의 본질에서 벗어나 예수님을 따르는 그리스도인의 삶을 살고 있다고 할 수 없다.

둘째, 충성은 작은 일에도 성심을 다하고 한결같이 하나님의 신실함을 따르는 것이다. 공동체 리더는 모든 일에 성실함으로 대하여 마음을 다하고, 오래도록 진실하며 불의에 굴하지 않으며 충성된 마음으로 헌신하는 삶의 태도를 보여야 한다. 그렇게 함으로써 공동체 구성원은 리더를 믿고 따르며, 하나님을 섬기는 충성된 마음으로 사랑의 공동체를 완성할 수 있는 것이다.

셋째, 충성은 하나님의 신실함으로 사랑과 정의이다. 공동체 리더는 하나님의 신실함을 따르고, 사랑과 정의를 지키며 실천하는 자이다. 공동체 리더가 교회의 사랑과 정의를 따르지 않고, 직면한 어려움과 시련에 쉽게 굴복한다면, 공동체 구성원은 그 방향성을 잃고 온전한 그리스도인의 공동체를 이룰 수 없다. 교회 공동체 리더는 크고 작음을 넘어서 충성된 마음으로 예수 그리스도의 사랑과 정의를 실천하는 일관된 믿음을 보여야 한다. 항상 기도하며, 자신의 마음을 정결하게 하고, 믿음을 실천하는 리더는 하나님을 섬기는 종으로서 그리스도인의 삶을 완성할 수 있다.

(3) '충성' 성품 강화를 위한 실제적 훈련

성령의 열매 '충성'은 하나님을 섬기며 믿음으로 진실하게 순종하는 것을 담고 있으며, 성품리더십 강화를 위해 '하나님을 섬기는 종, 예수님의 헌신과 사랑, 성실함과 정직함, 한결같은 사랑과 정의'를 제시한다. '충성'의 성품리더십 강화를 위한 실제적 훈련은 다음과 같이 진행된다. 충성의 성품리더십은 성경적 이해와 적용 가능한 핵심개념과 현실적 개념 파악을 근거로 성품훈련 프로그램을 제작하고, 이를 통해 실제적이고 구체적인 훈련을 진행한다.

'충성'의 성품리더십 양육훈련 프로그램은 총 4주간 진행되며, 1주차에서 3주차는 '성경 묵상과 선행체험', '선교인의 삶 교육', 4주차는 양육훈련을 실행하는 실천주간으로 구성된다. 매주 토·

일요일에 진행되는 '충성' 성품훈련프로그램은 2시간 정도며, 선행기도, 본기도, 성경묵상과 훈련활동(실천주간은 실천프로그램), 마침기도, 공동체 자치활동 순으로 진행된다.

성경 묵상 활동은 성령의 열매 '충성'에 관련한 성경 말씀의 강론·토론·암송·묵상 및 기도 등으로 구성된다. 선행체험과 선교인의 삶 교육 훈련은 '예수님의 사랑과 헌신'을 따르고 신앙인으로서 믿음을 자신에게 담아내는 일련의 활동이며, 선교인의 삶 훈련을 통해 실행한다. 선교인의 삶과 실천은 4주차 실천주간 활동으로 교회 환경에 따라 다양하게 채택할 수 있다. '선교인의 삶과 믿음'은 성경 말씀을 듣고 묵상기도를 통해 내면화하며, 가정과 일상생활에서 하나님과 예수님의 사랑을 실천하여 몸과 마음에 새겨지도록 습관화하는 것이다. 충성의 성품리더십 양육훈련 프로그램은 크게 '성경 묵상', '선행체험과 선교인의 삶 교육' 그리고 실천주간의 '선교인의 삶과 믿음 실천'으로 구성된다. 이러한 과정을 통해 충성의 성품리더십을 내면화하고 몸과 마음에 새기도록 습관화하는 훈련을 진행한다.

8) 온유의 열매 속성과 의미

(1) 성경신학적 속성

성령의 열매 '온유'는 겸손과 타인에 대한 동정심, 하나님에 대한 순종을 담고 있다.339 온유는 오래 참음과 연관되며, 온화하고 부드럽다는 말과 의미로써 쓰인다. 오래 참음이 갖은 시련을 참고 견디는 것이라면, 온유는 공격적이고 거친 상황에도 부드러움과 온화함, 사랑으로써 받아들이며 견디어옴을 말한다(엡 4:1~2).340 우리는 일상에서 갈등과 싸움, 공격과 비난, 불공정한 상황에 놓일 수 있다. 그러한 상황에도 용서와 사랑의 마음으로 온화하고 부드러움으로써 대하는 것이 온유이다. 예수님은 당신의 삶을 통해서 다양한 시련과 공격상황에 있으면서도 언제나 용서와 사랑, 겸손과 온유로써 대하셨다. 성령의 열매 '온유'는 극단적 상황에 대한 중간의 의미로써 사용된 것이 아니며, 하나님의 사랑과 예수님의 헌신을 바탕으로 하는 겸손과 순종(시 25:9)341, 화합과 관용(고후 10:1)342으로써의 온유이다.343 다음은 온유와 관련

---

339 임영효, "크리스천 리더십의 원리", 406.
340 "그러므로 주 안에서 갇힌 내가 너희를 권하노니 너희가 부르심을 받은 일에 합당하게 행하여 모든 겸손과 온유로 하고 오래 참음으로 사랑 가운데서 서로 용납하고" (엡 4:1~2)
341 "온유한 자를 정의로 지도하심이여 온유한 자에게 그의 도를 가르치시리로다" (시 25:9)

한 성경 말씀 민수기 12장 3절의 내용이다.

> "이 사람 모세는 온유함이 지면의 모든 사람보다 더하더라" (민 12:3)

모세는 하나님의 보호하심을 받은 영적 지도자로서 온유함으로 많은 이들을 포용하고 겸손과 사랑, 희생으로 백성들을 이끌었다.[344] 온유는 온화하고 부드러우나 약하지 않으며, 하나님의 사랑을 통해 그 강함을 드러낸 것이라 할 수 있다. 또한 하나님의 온유는 양떼를 돌보는 온유한 목자로서 보살핌으로써 인간을 사랑하신다(시 23:2~3).[345] 하나님께서 인간을 불쌍히 여기고 사랑하심은 부모가 자식을 사랑하는 것과 같다(시 103:13~14).[346] 온유는 자녀를 아끼고 사랑하는 아버지의 마음으로 대하는 온화함과 부드러움을 말하며(신 1:31)[347], 관용과 사랑의 온유로써 자녀를 대하

---

342 "너희를 대면하면 유순하고 떠나 있으면 너희에 대하여 담대한 나 바울은 이제 그리스도의 온유와 관용으로 친히 너희를 권하고" (고후 10:1)
343 Wright, 『성령의 열매』, 231~233.
344 임영효, "크리스천 리더십의 원리: 살전 2:7-12을 중심으로", 고신대학교 고신신학연구회, 「고신신학」Vol. No.7 (2005): 408.
345 "그가 나를 푸른 풀밭에 누이시며 쉴 만한 물가로 인도하시는도다 내 영혼을 소생시키시고 자기 이름을 위하여 의의 길로 인도하시는도다" (시 23:2~3)
346 "아버지가 자식을 긍휼히 여김 같이 여호와께서는 자기를 경외하는 자를 긍휼히 여기시나니 이는 그가 우리의 체질을 아시며 우리가 단지 먼지뿐임을 기억하심이로다" (시 103:13~14)
347 "광야에서도 너희가 당하였거니와 사람이 자기의 아들을 안는 것 같이 너희의 하나님 여호와께서 너희가 걸어온 길에서 너희를 안으사 이곳까지 이르게 하셨느니라" (신 1:31)

고, 이웃을 대하고 백성을 대한다. '온유'는 온화하고 부드러움으로 이웃과 형제와 다투지 아니하고, 사랑과 용서와 관용으로 함께 하는 것이다. 다음은 온유와 관련한 디도서 3장 2절의 내용이다.

> "아무도 비방하지 말며 다투지 말며 관용하며 범사에 온유함을 모든 사람에게 나타낼 것을 기억하게 하라" (딛 3:2)

온유는 이웃과 다투지 않으며, 상대를 헤아려 배려하고, 이해하는 마음을 지닌 것에서 시작한다. 온유는 사람을 대할 때 부드럽고 온화함으로 대하여 사람들 사이에 사랑의 마음으로 충만하게 하는 것이다. 그 가운데 하나님의 사랑과 온유, 충만함이 있다. 예수 그리스도의 온유는 당신의 삶을 통해 희생과 헌신으로써 드러냈으며, 가난하고 약한 자를 위해 겸손과 따뜻한 사랑, 관용으로써 함께 하셨다. 다음은 예수님께서 온유에 대해서 말씀하신 마태복음 11장 28~29절의 내용이다.

> "수고하고 무거운 짐진 자들아 다 내게로 오라 내가 너희를 쉬게 하리라 나는 마음이 온유하고 겸손하니 나의 멍에를 메고 내게 배우라 그리하면 너희 마음이 쉼을 얻으리니" (마 11:28~29)

예수님의 온유함은 가혹한 시련을 받았으며, 체포와 재판, 십자형을 통해 희생과 헌신을 통해 사랑을 드러내셨다. "수고하고 무거운 짐 진 자들아 다 내게로 오라"는 말씀은 사랑과 구원 없는 삶의 여정을 사는 인간들에게, 대신 십자가의 길을 가는 예수 그리스도의 온유이며 사랑의 표현이다.

예수님은 열두 군단도 더 되는 천사로 하여금 체포되지 않을 수 있었으며(마 26:53~54),[348] 재판에 반박할 수 있었으나(마 26:63)[349] 모두 그리하지 않으셨다. 인간의 죄를 대신하여 희생하고 온유로써 이겨내셨으며 사랑으로 답하셨다. 예수님께서는 대적들에게 십자가형을 받으면서도 그들을 위해 용서의 기도를 하셨다(눅 23:34).[350] 예수님의 온유는 사랑과 헌신, 희생과 관용의 예표로써 드러내셨다(벧전 3:15). 이러한 모습은 그리스도인에게 참된 성령의 열매 '온유'를 보이신 것이라 할 수 있다. 성령의 열매 '온유'는 예수님의 겸손과 헌신, 사랑이며, 제자들을 통해 전한다. 예수님과 제자들의 소그룹공동체의 온유는 오늘날 교회의 공동체를 통해 중요한 덕목으로 순환하여야 한다. 온유는 부드럽고 온화한 겸손과 타인에 대한 동정심과 하나님에 대한 순종을 의미한다. 예수께서 '온유한 자는 복이 있어 땅의 기업으로 받을 것'(마 5:5)[351] 이라고 말씀하는데, '온유'라는 말은 친절함과 온화한 정

---

348 "너는 내가 내 아버지께 구하여 지금 열두 군단 더 되는 천사를 보내시게 할 수 없는 줄로 아느냐 내가 만일 그렇게 하면 이런 일이 있으리라 한 성경이 어떻게 이루어지겠느냐 하시더라" (마 26:53~54)
349 "예수께서 침묵하시거늘 대제사장이 이르되 내가 너로 살아 계신 하나님께 맹세하게 하노니 네가 하나님의 아들 그리스도인지 우리에게 말하라" (마 26:63)
350 "이에 예수께서 이르시되 아버지 저들을 사하여 주옵소서 자기들이 하는 것을 알지 못함이니이다 하시더라 그들이 그의 옷을 나눠 제비 뽑을새" (눅 23:34)
351 "온유한 자는 복이 있나니 저희가 땅을 기업으로 받을 것임이요" (마 5:5)

신을 의미한다. 온유와 유순은 연약함이 아닌, 통제되고 절제된 힘을 말한다. 길들여지지 않고 통제되지 않은 말은 쓸모없으며, 잘못된 약을 사용하는 것은 죽음을 부르고, 거친 바람은 불어 지나가면서 모든 것을 파괴한다.[352] 그러므로 온유함은 모든 것을 아우르며 뿌리 내리게 하는 바탕이다.

(2) '온유'의 의미

성령의 열매 온유는 공동체에서 어떠한 의미가 있으며, 어떠한 역할을 담당하는지 살펴보기로 한다.

첫째, 성령의 열매 온유는 겸손과 타인에 대한 동정심, 하나님에 대한 순종을 의미하며, 거칠고 공격적인 상황에서 용서와 사랑, 온화함으로 대하는 것을 말한다. 공동체 리더는 거칠고 공격적인 상황에 직면할 개연성이 높다. 여기에서 리더가 똑같이 공격적으로 다가선다면, 공동체와 공동체 구성원은 구심점을 잃고, 리더에게 의지하거나 의논하지 않으며, 문제를 숨기고 리더와의 대면을 꺼리게 될 것이다. 리더는 마음을 평안하게 하고, 하나님과 예수님의 사랑의 은총으로 부드럽고 온화하게 할 수 있도록 정돈하고 기도해야 한다. 리더는 평정심을 지니며, 용서와 사랑

---

[352] Merritt, 『성령의 열매가 당신을 리더로 만든다』, 157.

의 마음을 지니는 온유로써 직분을 다해야 한다. 용서와 너그러 움, 겸손을 지닌 리더는 교회 공동체의 화합과 온기를 채우는 목자로서 구성원의 신뢰를 얻을 수 있으며, 사랑의 공동체를 이룰 수 있다.

둘째, 온유는 이웃과 다투지 않으며, 상대를 이해하고 배려하는 마음이다. 부드럽고 온화한 마음은 공동체에 사랑의 마음을 가득 채우게 한다. 공동체 리더는 마음을 따뜻하게 하고 타인을 이해하고 배려하는 마음으로 공동체 구성원을 대하고 이끌어야 한다. 구성원 간의 열린 마음은 교회 공동체를 온기와 사랑으로 소통하게 하고, 그리스도인의 삶을 건강한 모습으로 완성하게 한다. 리더의 온유의 마음은 공동체 구성원에게 믿고 의지하는 구심점으로서 기능하게 한다. 그 출발이 리더의 온유함에 있다.

(3) '온유' 성품 강화를 위한 실제적 훈련

성령의 열매 '온유'는 겸손과 타인에 대한 동정심, 하나님에 대한 순종을 담고 있으며, 성품리더십 강화를 위해 '겸손과 타인에 대한 동정심, 공격적 상황에서 용서와 온화함, 이해와 배려의 마음'을 제시한다. 실제적 훈련은 다음과 같이 진행된다. 온유와 관련된 말씀의 성경적 이해와 적용 가능한 핵심개념과 현실적 개념 파악을 근거로 훈련프로그램을 제작하고, 이를 통해 실제적이고 구체적인 온유의 성품리더십 훈련을 진행한다.

'온유'의 성품리더십 양육훈련 프로그램은 총 4주간 진행되며, 1주차에서 3주차는 '성경묵상과 친절응대체험 교육', 4주차는 양육훈련을 실행하는 실천주간으로 구성된다. 매주 토·일요일에 진행되는 '온유' 성품훈련 프로그램은 2시간 정도며, 훈련프로그램 순서는 선행기도, 본기도, 성경묵상과 훈련활동(실천주간은 실천프로그램), 마침기도, 공동체 자치활동 순으로 진행된다.

성경묵상활동은 성령의 열매 '온유'의 성경말씀 강론·토론·암송·묵상 및 기도 등으로 구성된다. 친절응대교육훈련은 '예수님의 사랑과 헌신'을 따르고 신앙인으로서 믿음을 자신에게 담아내는 일련의 활동이며, 훈련을 통해 실행한다. 친절 응대활동은 4주차 실천주간 활동으로 교회 환경에 따라 다양하게 채택할 수 있다. '친절 응대'는 성경 말씀을 듣고 묵상기도를 통해 내면화하고 겸손의 마음으로 담아낸 것이며, 가정과 일상생활에서 친절한 응대와 예수님의 사랑을 실천하도록 한다. 온유의 성품리더십 양육훈련 프로그램은 크게 성경 묵상, '친절 응대 교육' 그리고 실천주간의 '친절 응대'로 구성된다. 이러한 과정을 통해 온유의 성품리더십을 내면화하고 몸과 마음에 새기도록 습관화하는 훈련을 진행한다.

9) 절제의 열매 속성과 의미

(1) 성경신학적 속성

성령의 열매 '절제'는 인간의 무분별한 욕망을 스스로 조절할 수 있는 통제력과 영적 힘을 담고 있다.[353] 절제는 성령께서 통제되지 않은 인간의 욕망을 극복할 수 있는 영적 힘을 주신 것이다. 갈라디아서 5장 19~21절은 인간의 욕망에 숨겨진 무절제함을 보여주고 있다.

> "육체의 일은 분명하니 곧 음행과 더러운 것과 호색과 우상숭배와 주술과 원수 맺는 것과 분쟁과 시기와 분냄과 당 짓는 것과 분열함과 이단과 투기와 술 취함과 방탕함과 또 그와 같은 것들이라 전에 너희에게 경계한 것 같이 경계하노니 이런 일을 하는 자들은 하나님의 나라를 유업으로 받지 못할 것이요" (갈 5:19~21)

갈라디아서에 따르면, 인간의 무절제함으로 육체의 음행, 호색, 우상숭배, 주술, 원수 맺음, 분쟁, 시기, 분냄, 분열, 이단, 투기, 술취함, 방탕 등을 경계한다. 인간의 욕망을 조절하지 못한 무절

---

[353] 임영효, "영적 지도력의 본질로서의 성령의 열매에 관한 연구", 412. "절제는 욕망의 통제와 올바른 습관 배양(규모있는 삶)과 우선순위의 설정과 밀접한 관계를 가지고 있음을 알 수 있다. 이 절제는 육체의 욕망과 정욕에 대한 자제(self-control), 자기훈련(self-discipline), 자기부정(self-denial)의 의미를 내포하고 있다."

제는 결코 하나님의 나라에 이를 수 없다.[354] 이 말씀은 오늘날 그리스도인의 건강한 삶에 표본이 되는 가르침이라 할 수 있으며, 경계해야 할 무절제를 일러 주셨다. 현대인에게 만연한 성적 욕망과 향락, 퇴폐, 갈등과 시기, 공격적 행동은 건강하고 선한 인간의 모습과 다르며 경계해야 한다. 절제와 균형 잡힌 건강한 삶은 하나님을 섬기고 예수님을 따르는 참된 그리스도인의 삶에 이를 수 있다. 베드로후서 1장 5~8절에 따르면[355], 건강한 그리스도인의 삶으로써 믿음에 덕을, 지식에 절제를, 절제에 인내를, 인내에 경건을, 경건에 우애를, 우애에 사랑을 더하라고 하였다. 건강한 그리스도인의 삶에서 절제는 독립적이지 않으며, 인내와 사랑이 함께하는 덕목이라 할 수 있다. 그리스도인의 삶에 대해 무절제를 경계하는 성경 말씀은 고린도전서 5장 9~11절, 에베소서 5장 3~7절, 골로새서 3장 5~10절의 내용을 살펴볼 수 있다. 다음은 그중에서 에베소서 5장의 내용이다.

> "음행과 온갖 더러운 것과 탐욕은 너희 중에서 그 이름조차도 부르지 말라 이는 성도에게 마땅한 바니라 누추함과 어리석은 말이나 희롱의 말이 마땅치 아니하니 오히려 감사하는 말을 하라 너희도 정녕 이것을 알거니와 음행하는 자나 더러운 자나 탐하는 자 곧 우상 숭배자는 다

---

354 Wright, 『성령의 열매』, 259~262.
355 "그러므로 너희가 더욱 힘써 너희 믿음에 덕을, 덕에 지식을, 지식에 절제를, 절제에 인내를, 인내에 경건을, 경건에 형제 우애를, 형제 우애에 사랑을 더하라 이런 것이 너희에게 있어 흡족한즉 너희로 우리 주 예수 그리스도를 알기에 게으르지 않고 열매 없는 자가 되지 않게 하려니와" (벧후 1:5~8)

그리스도와 하나님의 나라에서 기업을 얻지 못하리니" (엡 5:3~5)

　에베소서 5장에 담긴 '절제'는 인간의 음행과 탐욕, 우상숭배를 경계하고 참된 그리스도인의 삶을 담고 있다. 절제된 그리스도인의 삶에 대해서는 요셉의 일화(창 39:6~12)에서도 알 수 있다. 절제에 이르기는 쉽지 않으나, 스스로 절제하고 균형을 잡아서 건강한 삶과 참된 그리스도인에 이를 수 있다.356 또한 참된 신앙인은 말을 삼가고 언어를 진중하고 신중하게 사용해야 한다. 잘못된 말은 분란을 일으키고 화를 자초할 수 있으며, 사랑스러운 말은 화합과 사랑을 이끌 수 있다. 야고보서 3장 8절~10절에서는 '혀'의 사용을 경계하며 말의 절제를 강조한다. 말로써 사람을 위태롭게 하고, 상하게 할 수 있음을 드러낸 것이라 할 수 있다.357

　말의 사용은 인간관계에서 많은 분쟁과 갈등을 일으키는 근본이라 할 수 있으므로 삼가고 절제해야 한다. 말의 사용도 인간의 숨겨진 욕망에서 비롯된다. 인간의 욕망은 무절제와 불균형을 이루게 한다. 성적 욕망의 절제, 폭식과 탐욕의 절제, 지적 욕망과 질투 시기의 절제, 게으름의 절제, 말을 삼가는 절제는 쉽지 않은

356　임영효, "크리스천 리더십의 원리", 411.
357　"혀는 능히 길들일 사람이 없나니 쉬지 아니하는 악이요 죽이는 독이 가득한 것이라 이것으로 우리가 주 아버지를 찬송하고 또 이것으로 하나님의 형상대로 지음을 받은 사람을 저주하나니 한 입에서 찬송과 저주가 나오는도다 내 형제들아 이것이 마땅하지 아니하니라" (약 3:8~10)

길이다. 그러나 참된 신앙인, 그리스도인으로서의 인내와 사랑은 균형과 절제라는 영적 성장에 이르도록 한다. 또한 공동체 구성원으로서 절제는 타인에 대한 배려이며 양보이고 사랑의 실천이다.[358] 우리가 절제한다는 것은 자신을 희생하고, 다른 사람을 위해 양보하고 배려하고 다른 사람을 사랑하는 데까지 이르는 것이다. 진정한 승자는 화낼만한 상황에서도 절제할 수 있으며, 불쾌함에서 참을 수 있고, 높음에도 자신을 낮출 수 있다. 승자는 충동, 이기적 욕망, 사회적 관습보다는 건전한 상황판단에 힘쓰며, 이것의 바탕은 절제에 있다.[359] 성령의 열매 '절제'는 인간의 무분별한 욕망을 조절할 수 있는 통제력과 영적 힘을 통해 건강하고 올바른 그리스도인으로서 거듭나게 한다.

(2) '절제'의 의미

성령의 열매 절제는 공동체에서 어떠한 의미가 있으며, 어떠한 역할을 담당하는지 살펴보기로 한다.

첫째, 성령의 열매 절제는 인간의 욕망을 조절하는 통제력과

---

[358] 최윤배 "성령의 열매로서 절제", 한국성서학연구소, 「성서마당 한국교회를 위한 성경연구지」 119 (2016): 6~7.
[359] Merritt, 『성령의 열매가 당신을 리더로 만든다』, 181~184.

영적 힘을 통해 건강한 그리스도인의 삶을 이루게 하며, 교회 공동체 리더의 역할과 노력이 무엇보다 필요하다. 현대사회는 무분별한 욕망으로 가득하며, 교회 공동체는 이로부터 자유롭지 못하다. 교회 공동체 리더는 욕망을 조절하고 건강한 그리스도인의 모범을 보여야 한다. 오늘날 사람들은 성적 욕망을 부르는 이미지 홍수의 시대에 살고 있다. 또한 부의 축적과 욕망, 음식 욕망, 지적 욕망, 탐욕과 게으름 등으로 고단한 삶을 이어가고 있다. 공동체 리더는 먼저 마음을 정돈하고 기도하며 절제로써 모범을 보여야 한다. 리더는 인내와 사랑, 우애와 화합으로 구성원과 함께하며, 절제로써 욕망에 맞서 건강한 그리스도인의 삶을 지켜야 한다. 교회 공동체의 건강성은 리더의 절제된 모습과 건강한 그리스도인의 삶에서 비롯된다고 할 수 있다.

둘째, 말을 절제하는 것은 교회 공동체 리더에게 매우 중요한 덕목이다. 소통은 언어로부터 시작된다. 리더의 언어가 정제되어 있지 않다면, 구성원에게 오해나 분란의 빌미를 줄 수 있다. 정제되지 않은 말은 사람을 아프게 하며, 신뢰를 잃게 하고, 다툼을 일으키기도 한다. 참된 신앙인과 리더는 따뜻한 말과 온화한 말, 이해하는 말 등, 사랑의 언어로써 소통하고 마음을 나누어야 한다. 리더는 언어 사용에 있어 정제되고 신중하며 믿음과 사랑을 담아야 한다.

(3) '절제' 성품 강화를 위한 실제적 훈련

성령의 열매 '절제'는 욕망을 조절하는 통제력과 영적인 힘을 담고 있다. 절제 성품리더십 강화를 위해 '욕망 조절 통제력, 영적 권능, 말과 비판을 삼가는 힘과 지도력'을 제시한다. 실제적 훈련은 다음과 같이 진행된다. 절제와 관련된 말씀의 성경적 이해와 적용 가능한 핵심개념과 현실적 개념 파악을 근거로 훈련프로그램을 제작하고, 이를 통해 실제적이고 구체적인 절제의 훈련을 진행한다.

'절제'의 성품리더십 양육훈련 프로그램은 총 4주간 진행되며, 1주차에서 3주차는 '성경묵상과 금식기도체험 교육', 4주차는 양육훈련을 실행하는 실천주간으로 구성된다. 매주 토·일요일에 진행되는 '절제' 성품훈련 프로그램은 2시간 정도며, 훈련프로그램 순서는 선행기도, 본기도, 성경묵상과 훈련활동(실천주간은 실천프로그램), 마침기도, 공동체 자치활동 순으로 진행된다.

성경묵상활동은 성령의 열매 '절제'의 성경말씀을 강론·토론·암송·묵상 및 기도 등으로 구성된다. 금식기도 교육 훈련은 '예수님의 사랑과 헌신'을 따르고 신앙인으로서 믿음을 자신에게 담아내는 일련의 활동이며, 금식기도 훈련을 통해 실행한다. 금식기도 체험 활동은 4주차 실천주간 활동으로 교회 환경에 따라 다양하게 채택할 수 있다. '금식기도'는 성경 말씀을 읽고 묵상기도를 통해 내면화하고 욕망을 조절하며 통제력을 담아낸 것이며, 가정과 일상생활에서 간헐적 단식체험과 욕망 조절 실천을 통해 습관화하도록 한다. '절제' 성품리더십 양육훈련 프로그램은 크게 성경묵상과 '금식기도 교육'과 실천주간의 '금식기도'로 구성된다. 이러한 과정을 통해 절제의 성품리더십을 내면화하고 몸과 마음에 새기도록 습관화하는 훈련을 진행한다.

제3절 재생산 훈련

1. 소그룹리더 훈련의 다양한 유형들

1) 제자훈련

제자훈련은 1970~1980년대 '사랑의교회'[360]를 중심으로 평신도 지도자 양성과 교회 체질 개선 및 성장을 위해 제작된 프로그램이다. 제자훈련은 '예수 그리스도의 12제자 양성과정'(막 3:13~14)을 모델로 삼은 것이며[361], 소그룹리더로서 지성과 감성, 영성과 관계성, 공동체성을 지닌 하나님의 백성과 그리스도인을 양성하기 위한 훈련을 담고 있다.[362] 제자훈련을 통한 소그룹리더 역량 개발은 관계성, 의도성, 실생활성, 상호성, 공동체성, 선교성을 반영한다. 훈련과정은 영성 개발과 공동체성 그리고 하나님

---

[360] 정봉현 "교회 성장을 위한 제자훈련의 운영실태와 발전방향: 서울 사랑의 교회 및 일반사례를 중심으로", 전남대학교 종교문화연구소, 「종교문화학보」 제13권 (2016): 173~197; 1986년 제1기 제자훈련 세미나 개최, 1989년 일본목회자 제자훈련 세미나, 2003년 국제제자훈련원 착공.

[361] 민장배·이수환 "제자훈련을 통한 선교 방안 연구", 「신학과 실천」 72호 (2020): 601~602.

[362] 성민경, "제자훈련을 위한 역량모델링 및 평가 설문도구 개발에 관한 연구", 한국실천신학회, 「신학과 실천」 51호 (2016): 502~506.

과의 헌신적 관계를 형성하는데 기여한다.363 제자훈련을 통한 변화는 지성, 감성, 영성, 관계성, 공동체성에 있다.

제자훈련은 연구자에 따라 다른 방식으로 적용하기도 한다. 민장배·이수환의 "제자훈련을 통한 선교방안 연구"는 제자훈련과 선교활동과 연계한 연구 활동이다. 이는 제자훈련을 통해 선교방안을 연구하고 선교 변화를 목표로 한다. 제자훈련 내용은 교육, 전도, 예배, 봉사, 선교에 대한 훈련 과정을 담고 있다.364 신약성경에서 제자훈련은 예수 그리스도의 가르침을 따르는 그리스도인의 삶의 본질을 담고 있으며, 제자는 하나님의 나라를 건설하고, 예수님의 가르침을 따르는 자이다. 신약성경의 제자훈련은 하나님의 뜻을 따르는 온전한 자를 세움에 있고, 봉사자를 세움에 있다. 이는 그리스도 몸을 세우는 제자훈련을 통해서 나타난다. 초대교회의 제자훈련은 말씀 헌신, 공동체 구성원 간의 헌신, 기도, 찬양과 경배, 복음전파 헌신 과정을 담고 있다.365 제자훈련을 통한 양육원리는 말씀, 기도, 경배, 복음 사역에 대한 헌신에 있다. 오늘날 교회 제자훈련의 본질은 예수 그리스도의 성품과 삶을 그리스도인으로서 믿고 따르며 실천하는 원리로 삼는 데에 있다.

---

363 성민경, "제자훈련을 위한 역량모델링 및 평가 설문도구 개발에 관한 연구", 508~510.
364 민장배·이수환, "제자훈련을 통한 선교 방안 연구", 600~601.
365 민장배·이수환, "제자훈련을 통한 선교 방안 연구", 603~606.

정봉현의 교회 성장을 위한 제자훈련 연구는 제자훈련의 목표, 비전, 활용, 모델 정립, 사역 훈련을 제시한다. 이 연구에서 제자훈련 속성은 계획된 만남을 가지는 의도적 관계성, 제자 간 동등한 관계, 사랑의 관계, 그리스도 안에 성숙한 신앙인, 타인을 이끄는 지도자 수업 등을 담고 있다. 제자훈련의 핵심은 예수 그리스도의 삶을 본받아 그리스도인의 자아상을 확립하는 데 있으며, 봉사자로서 온전한 자로 세움에 있다.[366]

제자훈련의 대표적인 사례로 '사랑의교회' 훈련프로그램을 참고하여 살펴보면 그 대강의 내용은 다음과 같다. 제자훈련의 목적은 하나님의 백성, 예수님의 제자로서 사명을 깨우고 확립하는 데 있다. 그 훈련 과정으로는 첫째, 새 가족반(4주)으로 교회등록 과정, 둘째, 정착 과정으로 멘토를 통해 교회활동 정착을 돕는다. 셋째, 양육과정은 성경(1년), 교리(1년), 설교와 양육 소그룹활동으로 나눈다. 양육 활동은 전교인 대상이며, 훈련 활동은 소그룹리더 훈련과정이다. 넷째, 훈련과정은 제자훈련(1년)과 사역훈련(1년)으로 구성되며, 제자훈련은 교회 리더를 위한 성경의 가르침이다. 다섯째, 소그룹리더 모임활동이 있다. 제자훈련은 예수님을 닮도록 하는 재생산 사례이다.[367] 이와 같은 사랑의교회 제자훈련 과

---

[366] 정봉현, "교회성장을 위한 제자훈련의 운영실태와 발전방향 서울 사랑의 교회 및 일반사례를 중심으로", 174~178.
[367] 민장배·이수환, "제자훈련을 통한 선교 방안 연구", 613~614; 이 연구에서는

정은 체계성과 전문성을 접목하였다는 점에서 주목할만하다.

2) Cell훈련

Cell훈련은 교회 소그룹활동의 일환으로써 세포 단위의 작은 교회공동체 훈련을 말한다. 랄프 네이버(Ralph Neighbor)[368]의 셀(Cell) 이론이 우리나라에 처음 알려진 것은 1980년대 중반부터이며 2000년대 들어 한국NCD를 통해 본격적으로 보급되었다. 외국에서 콜롬비아 MCI교회가 70개의 셀에서 11,000개의 셀로 성장, 인도네시아 GBI교회가 1,000여 개의 셀로 부흥하고, 남아프리카공화국과 에콰도르의 많은 교회들이 셀교회로 전환하였다. 그러나 한국교회의 셀교회와 셀이론은 이보다 늦게 도입되었다. 한국의 셀교회와 교회의 셀 활동은 한국NCD 훈련과정을 마친 목회자 35,000명으로 파악되고 있으나 셀교회 활동으로 전환한 목회자는 350명 정도로 알려져 있다. 많은 목회자가 한국교회에서 셀교회로 전환을 시도하였으나 기존 성도의 반대로 좌절되는 경우가 적지 않았음을 유추할 수 있다.[369] 한국교회에서 셀교회로

제자훈련 방안으로 소수정예훈련, 선택훈련, 집중훈련, 모범훈련, 동역훈련을 제시하고 있으며, 제자훈련의 체계성을 엿볼 수 있다.
368 오태균, "셀사역의 기독교교육학적 이해", 한국기독교교육정보학회, 「기독교교육정보」 19 (2008): 249~277.
369 정진우, "한국교회 셀목회 현황과 분석", 장로회신학대학교, 「敎會와 神學」 54

전환되는 과정에서 중요하게 고려되는 항목은 전인적 소그룹, 전도, 은사, 리더십, 사랑의 관계 등으로 구성된다. 이 활동과 연관하여 본 연구 소그룹리더를 위한 성품리더십 양육훈련에서 주목할 만한 항목은 소그룹, 리더십, 사랑의 관계 등으로 충분히 참고할 만하다.

싱가포르 신앙공동체침례교회(FCBC)의 담임목사 로렌조 콩(Lawrence Khong)의 셀목회 활동은 참고할만하다. FCBC는 1,200명의 성도를 20개의 성경공부모임을 조직하여 셀활동을 진행하였으며, 다양한 편성과 훈련을 통해 2,000명으로 성장하여 보다 많은 셀 지도자를 필요로 하였다. 이때의 셀 활동에서 참고할만한 내용은 다음과 같다. 배움은 셀 안에서 이루어지며, 셀을 통해 리더는 선택하고 준비하며, 모든 구성원은 셀을 통해 지도자로 양성되며, 셀은 복음공동체로 활동하며, 셀은 성령 은사를 통해 하나 되며, 교회의 기능은 셀 안에 통합된다.[370] 싱가포르의 셀목회활동은 초대교회 소그룹공동체 교회 활동과 유사한 특성을 보이고 있으며, 셀 안에서 배우며 지도자를 양성하고, 셀 안에서 은사체험을 통해 건강한 그리스도인으로 거듭나는 과정은 소그룹리더 양육훈련 원리에서도 충분히 검토하고 반영할만한 요소이

(2003): 18~24.
370 정회현, "교회성장과 소그룹 운동", 신학과 실천학회, 「신학과 복음」 5 (2018): 48~49.

다.

셀 사역은 성경공부그룹과 셀그룹으로 나뉜다. 성경공부그룹은 성경공부를 통해 교육과 훈련을 진행한다. 셀그룹 활동은 역동적인 공간으로 집단교육과 삶의 모델을 제시한다. 셀의 역동적 활동을 위해 셀 목적, 성격, 과제, 활동 규범, 셀리더와 구성원의 역할, 구성원 존중, 구성원 요구충족, 공동의사결정, 친교 프로그램 등을 필요로 한다. 셀 사역은 교회나 소그룹과 구분되며, 셀 구성원간의 교제와 양육, 은사체험, 말씀 치유, 생명 탄생 등의 활동을 한다. 셀 구성원이 12명이 넘으면 독립적으로 분가를 이루며, 이러한 셀 사역을 중심으로 한 교회를 셀교회라 한다. 셀은 교회의 구역과 구분되며, 교회로부터 독립적이며, 지역을 넘어설 수 있고, 영적 성장을 추구한다. 또 셀은 담당 교역자가 있고 강력한 교육과 훈련을 수행하며, 사람 중심의 유기체적 공동체이며, 구성원이 넘치면 분가하는 특징을 보인다.[371] 이러한 셀교회의 적극적인 활동의 특징은 소그룹리더 양육훈련에 중요한 요소로 작용할 수 있으며, 특히 영적 중심의 성장과 사람 중심의 유기체적 공동체 활동은 다양한 시각에서 수용되어야 한다.

---

371 오태균, "셀사역의 기독교교육학적 이해", 254~262.

3) TEE 소그룹공동체학습훈련

'TEE 소그룹공동체학습훈련'은 교회 현장에서 성경 말씀을 핵심으로 하여 창의적 성경학습시스템을 구축한 것으로 현장 사역의 역동성을 반영한 소그룹공동체학습훈련 프로그램이다.372
'TEE 소그룹공동체학습훈련'은 공동체 구성원을 지속적으로 양육할 수 있으며, 학습훈련 참가자의 지식과 행동이 변화되고, 결국 성품의 변화를 통해 교회 공동체를 변화시키는 것을 훈련의 최종 목표로 삼는다.

'TEE 소그룹공동체학습훈련'에서 TEE는 연장신학교육(Theological Education by Extension)을 의미하며, 1963년 랄프 윈터(Ralph Winter) 선교사에 의해 창안되었으며, 중남미 선교지에 맞는 리더훈련을 위해 만들어진 신학교육의 방법이었다.373

'TEE 소그룹공동체학습훈련'은 정규 신학교에 올 수 없는 일반 사회구성원을 위한 신학교육 시스템이며, 현장성의 특징을 보인다. 'TEE 소그룹 공동체학습훈련'은 적은 인원의 소그룹공동체

---

372 조성래, "소그룹 공동체학습의 원리와 교안 작성: TEE의 교재를 사용한 공동체 학습의 효과분석", (박사학위논문, 백석대학교 기독교전문대학원, 2011), 41.
373 TEE(Theological Education by Extension)는 미국 장로교 해외선교회에서 중미의 과테말라로 파송되었던 랄프 윈터(Ralph Winter) 선교사가 1963년에 동료 선교사인 제임스 에메리(James Emery) 선교사와 함께 중남미 각국의 선교현장에 맞도록 만들어낸 연장방법에 의한 신학교육으로 '가서 하는 신학교육'이라고 하였다.

의 학습활동이다. 삶 가운데서 교회와 직장을 병행하는 교회공동체 구성원을 위한 공동체학습훈련이므로 현장성을 반영하며, 재미있고 이해하기 쉽게 구성되었고, 성경 말씀을 통해 삶의 본질적 변화와 영적 성장을 목표로 한다.374 교회 소그룹공동체학습은 소그룹공동체를 중심으로 활동하며, 은사를 받은 구성원을 통해 성경 말씀을 함께 공부하고, 서로 나누며 성장하는 특징을 보인다. 이러한 소그룹 공동체학습활동은 교회 구성원으로서 건강성을 확보하며 영적으로 성장하는 원리로써 작동하며, 소그룹공동체 중심, 공동체학습, 교회공동체 성장으로 압축된다.375

소그룹 공동체학습은 학습에 참여하는 공동체 구성원의 특수한 상황과 현장의 조건을 반영한다. 공동체학습은 각 구성원을 존중하고, 역동적이고 창의적인 학습방법을 통해 공동체 구성원에 맞는 성경 말씀과 은사체험을 통해 성장할 수 있도록 한다. 공동체에서 얻는 지적역량과 영적 성장은 공동체 구성원에게 상호간의 피드백을 함께 성장하는 바탕으로 삼는다. 또한 일상의 삶과 현장의 문제는 공동체의 공동의제로 반영하고, 함께 기도하고 논의하며 공동체 구성원의 삶도 개선하는 효과를 얻을 수 있다. 소그룹공동체학습훈련은 이 과정을 통해 공동체학습과 공동체성을 동시에 도달할 수 있다. 'TEE 소그룹공동체학습'376 과정은 다음의

---

374 조성래·장혜경, 『TEE로 하는 소그룹 공동체학습』 (서울: 공동체학습연구원, 2017), 8.
375 조성래, "소그룹 공동체학습의 원리와 교안 작성", 9.

몇 단계로 구분할 수 있다. 영적 토대를 마련하는 기본 과정, 그리스도인의 삶을 구축하는 공동체학습 과정, 교회 리더와 제자양육 핵심 과정으로 성경 연구 과정, 현장 사역 과정 등이다. 이러한 활동은 공동체 구성원의 조건과 역량에 따라 과정을 달리할 수 있다.

'TEE 소그룹공동체학습' 과정은 다음과 같은 주요한 핵심원리 특징을 보인다.[377] 첫째 공동체학습의 효과는 참여하는 구성원의 자발성과 참여 의지에서 비롯되며, 마음가짐이 중요하다. 둘째, 공동체학습은 선행학습을 통해 극대화할 수 있다. 사전에 학습 내용을 충분히 인지하지 못하고 참여하는 경우 효과가 반감된다. 셋째, 한 사람이 주도하는 것이 아니라, 구성원 전체가 고르게 참여하는 것이 매우 중요하다. 넷째, 공동체학습의 변화는 반드시 주중의 실천을 통해 효과성을 극대화할 수 있다. 다섯째, 공동체학습은 주요 리더의 태도가 중요하다. 사랑으로써 구성원을 소외되지 않도록 해야 지속할 수 있다. 여섯째, 공동체의 특징은 구성원의 특징을 반영한다. 이는 구성원의 성장 과정을 통해 함께 변

---

376 조성래·장혜경, 『TEE로 하는 소그룹 공동체학습』, 8. "공동체학습방법은 단지 이론으로 만든 모델이나 방법이 아니라 현장에서 오랜 기간 사용하면서 조정되어 이미 그 효과가 검증되어 있는 양육 시스템으로 2016년 말 현재 국내 전국 350개 이상의 교회와 거의 모든 사단급 이상의 군 교회, 그리고 선교지 교회와 신학교에서 시행되고 있다."
377 조성래, "소그룹 공동체학습의 원리와 교안 작성", 47.

화한다. 일곱째, 공동체학습은 공동체실천을 통해 공동체의 영적 성장으로 구현된다.

이상의 'TEE 소그룹공동체학습' 과정은 본 연구의 '소그룹리더 양육훈련원리'에도 참고할 만하며, 매우 중요한 영역이라 할 수 있다.

2. 그리스도 중심적 성품리더십 재생산 훈련

1) 성품리더십 재생산 훈련의 특징

본 연구는 '그리스도 중심적 소그룹리더 성품리더십 양육훈련 연구'이며, 성령의 9가지 열매를 양육훈련 핵심 원리로 삼았다. 성령의 열매는 성경 이해 과정을 통해 핵심 개념을 파악하고, 이를 적용 가능한 현실적 개념으로 전환하여 소그룹리더의 양육훈련으로 실천 가능한 프로그램을 개발한다.

본 연구의 그리스도 중심적 소그룹리더 성품리더십 재생산 훈련의 특징은 다음과 같다.

첫째, 성품리더십 재생산 훈련 참여자는 성령의 열매 핵심개념 원리를 담은 성경 말씀 정독·낭송·암송 및 묵상기도를 통해 '내면화하는 양육훈련'을 함으로 '영적으로 성장하게 하는 과정'[378]을 가진다. 재생산 훈련의 '영적 성장'은 성령의 열매를 담은

---

[378] 본 연구의 그리스도 중심 성품리더십 원리는 성령의 열매를 핵심원리로 삼으며, 성령의 열매를 맺기 위해서는 '날마다 깨우치고 강화하는' 방식의 양육원리를 바탕으로 한다.
'깨우치다'는 한자어로 각(覺)을 의미한다. 각(覺)은 사전적 의미로 '깨닫다', '깨다', '터득함', '깨우치다'를 담고 있다. '깨우치다'를 포함한 유사어로 지각(知覺)과 자각(自覺)이 있다. 지각(知覺)의 사전적 의미는 '알아서 깨달음', '사물의 이치나 도리를 분별하는 능력'을 말한다. 자각(自覺)의 사전적 의미는 '자신의 형편이나 처지, 본분 따위를 스스로 깨달음', '자기 자신을 의식하는 상태'를 의미

'성경말씀'의 정독·낭송·암송 및 묵상기도를 통해 내면화하는 양육훈련을 함으로 일깨우고자 한다. 이를 통해 일깨워진 성령의 9가지 열매는 훈련자로 하여금 '지행합일(知行合一)의 영적성숙(靈的成熟)'으로 나아가게 한다. 훈련자의 내면에 '성령의 열매의 씨앗을 심는 과정'(성경 말씀 정독·낭송·암송 및 묵상기도)을 통해 '지행합일의 실천 의지를 발아(發芽)'할 수 있다. 성령의 열매를 일깨우고 강화하는 재생산 훈련은 '내면화 과정', '공론화 과정', '실천 과정'을 점차 강화하여 그리스도를 닮은 소그룹리더의 '지행합일의 영적성숙'을 실현하는 것이다.[379]

소그룹리더 성품리더십 재생산 훈련은 '지행합일의 영적성숙'

한다. 깨우침을 포함한 자각(自覺)에 대한 철학적 논의는 아리스토텔레스의 실천지와 관련하여 다음을 참고할 수 있다.
"아리스토텔레스 윤리학에서 '실천지'(phronesis)는 개별적 사태에 대한 적절한 판단을 요청하는 실천의 영역에서 작용하는 지식을 가리킨다."(차미란, "지식과 도덕 : 아리스토텔레스 '실천지'(phronesis) 개념의 성격과 한계", 한국도덕교육학회, 「道德敎育硏究」 25 (2013): 39.) "실천지는 감각~지각능력이다. 그것은 이해와 판단의 능력과 영리함을 가지고 중용을 결정하는 감각~지각능력인 것이다.(중략) '실천지'는 지식보다 '지각'이다. 실천적 지각은 개별적이고 가변적이고 특별한 것에 대한 공통감각으로서 부수적인 지각인 것이다. 그리고 실천지는 숙고와 선택의 과정들에 적용된다. 숙고의 과정은 자신의 능력이 미치는 그리고 비결정적인 일들로서 행위에 의해 다르게 될수 있는 것들에 관한 일종의 탐구 과정인 것이다."(박재주, "아리스토텔레스의 실천지의 능력과 적용과정", 한국윤리교육학회, 「윤리교육연구」 35 (2014): 463.)

379 본 연구의 성품리더십 재생산 훈련의 '내면화과정'과 Nonaka, I. 의 '내재화(Internalization)과정'은 연구의 맥락과 방향성에서 유사성과 상이한 점이 있으므로, 연구에 주의를 필요할 것으로 판단된다.(한지연, "커뮤니티 댄스의 가치공유 및 확산을 위한 프로그램 개발 연구: Nonaka의 SECI 모델에 기반 하여", 한국무용교육학회, 「韓國舞踊敎育學會誌」 Vol.26 No.3 (2015): 79.

을 핵심 근간으로 하며, 이는 아리스토텔레스(Aristoteles) 윤리학의 '실천지'(phronesis)를 재해석한 '노나카 이쿠치로(Nonaka Ikujiro)의 SECI 모델에 기반한, 암묵지(暗默知, tacit knowledge)와 형식지(形式知, explicit knowledge)'380로 이해할 수 있다.

---

380 노나카(Nonaka Ikujiro)의 SECI 모델, 암묵지(暗默知 tacit knowledge)와 형식지(形式知, explicit knowledge)에 대해서는 다음의 자료를 참고할 수 있다. Nonaka Ikujiro·Hirotaka Takeuchi, 『지식창조기업』, 장은영 역 (서울: 세종서적, 1998), 87112 ; 한지연, "커뮤니티 댄스의 가치공유 및 확산을 위한 프로그램 개발 연구: Nonaka의 SECI 모델에 기반 하여", 76~81.
"Nonaka I.의 지식전환 개념은 암묵지로 전환하는 사회화(socialization)의 과정, 암묵지를 형식지로 전환하는 외재화(externaiization)의 과정, 형식지를 형식지로 전환하는 종합화(combination)의 과정, 형식지를 새로운 암묵지로 전환하는 내재화(internalization)의 과정"으로 이해 할 수 있다.(한지연, "커뮤니티 댄스의 가치공유 및 확산을 위한 프로그램 개발 연구: Nonaka의 SECI 모델에 기반 하여", 79~81.) "Nonaka I.는 서양 인식론의 중심인 형식지와 동양인식론의 중심인 암묵지를 양분시키지 않고 상호보완적인 실체를 바라보며 창조적 행위에서 협력하여 인식 확장의 중요 계기가 될 수 있음을 강조하였다."(한지연, "커뮤니티 댄스의 가치공유 및 확산을 위한 프로그램 개발 연구: Nonaka의 SECI 모델에 기반 하여", 78.) 다만, Nonaka I.의 암묵지와 형식지는 현대사회에서 포괄적 의미로 사용되고 있으므로 주의하여 제한적 의미로서 적용하기로 한다.
Nonaka I.의 암묵지는 "언어화 할 수 없는 언어화하기 어려운 지식, 경험이나 오감으로부터 얻어지는 직접적인 지식, 주관적 개인적 정서적 정념적 지식, 신체적 감각, 요령과 결부된 기능, 동시대적 지식, 아날로그적 실용적 현장의 지식" 등을 의미한다. 형식지는 "언어화된 명시적 지식, 암묵지로부터 분절된 체계적인 지식, 과거의 지식, 명시적인 방법 순서 사물에 대한 정보를 이해하기 위한 사전적 구조, 객관적 사회조직적 이성적 논리적 지식, 디지털 이론적 양해의 지식" 등을 의미한다.(한지연, "커뮤니티 댄스의 가치공유 및 확산을 위한 프로그램 개발 연구: Nonaka의 SECI 모델에 기반 하여", 72.)
본 연구에서는 포괄적이고 다양한 의미로 활용되는 Nonaka I.의 암묵지와 형식지에 대해서 다음의 의미로서 제한하여 사용하기로 하며, 암묵지는 '언어화 할 수 없는 언어화하기 어려운 지식', 형식지는 '언어화된 명시적 지식, 객관적 사회조직적 이성적 논리적 지식'의 의미로 이해하기로 한다.

노나카의 지식전환 개념은 암묵지를 암묵지로 전환하는 공동화(共同化, socialization)의 과정, 암묵지를 형식지로 전환하는 표출화(表出化, externaiization)의 과정, 형식지를 형식지로 전환하는 연결화(戀結化, combination)의 과정, 형식지를 새로운 암묵지로 전환하는 내면화(內面化, internalization)의 과정"으로 구체화 된 '지행합일의 실천과정'으로도 이해될 수 있다.381 다만, 노나카의 암묵지와 형식지의 지식전환 개념은 지행합일의 관점을 적용한 현대사회의 창조적인 기업활동에 적용된 것으로, 본 연구의 성품리더십 연구와 유사성과 상이한 점이 존재하는 만큼, 지행합일의 과정에 유의하며 참고하기로 한다.

본 연구의 성품리더십 재생산 훈련의 '지행합일의 영적성숙'을 실현하기 위한 구체적인 과정은 프로그램 진행 시 선행기도, 본기도, 1~3주 '성경묵상과 체험활동'(4주 실천활동), 마침기도, 소그룹공동체 자치활동 가운데 '성경묵상과 체험활동'에서 구체화되어 실행된다.382 성령의 열매 핵심원리를 내면화하는 성품리더십은 '성령의 열매를 포함하는 성경을 정독한 후 수차례 낭독하고, 암송하는 과정383과 묵상기도를 통해 내면화하여 마음에 새겨지

---

381 Nonaka Ikujiro·Hirotaka Takeuchi, 『지식창조기업』, 장은영 역 (서울: 세종서적, 1998), 95~105.
382 본 연구에서 성품리더십 양육훈련 프로그램은 매주 토·일요일 중 2시간씩 진행하고, 1주에서 3주차 과정에는 성경묵상활동과 체험활동, 4주차 과정에는 양육훈련 실천활동으로 구성된다. 양육훈련 프로그램 진행 요일에는 선행기도와 본기도, 1~3주 성경묵상과 체험활동(4주차 실천활동 대체), 마침기도, 프로그램 공동체활동을 수행한다.

도록 훈련하는 과정'이라고 할 수 있다. 성경 암송의 유익점은 다음과 같다. 첫째, 묵상에 도움이 된다. 둘째, 언제 어디서나 하나님 말씀을 가질 수 있다. 셋째, 타인의 조언 상담시에 지혜롭게 응대할 수 있다. 넷째, 성령님의 말씀을 기억나게 하고, 진리의 말씀의 훌륭한 공급처가 된다. 다섯째, 우리의 마음을 항상 그리스도께 인도한다. 여섯째, 일에 우선순위를 결정할 수 있게 한다. 일곱째, 타인을 격려하는 힘을 지니도록 한다. 성경말씀의 '내면화 과정' 양육훈련은 성품리더십의 지성, 감성, 성품, 영성 형성에 기여할 수 있다. 본 훈련과 유사하다고 볼 수 있는 'TEE 교재를 활용한 공동체학습훈련'을 통해 그 효과를 확인할 수 있다. 이는 '성품리더십 재생산 훈련'의 타당성을 입증한다. 실제 적용 사례는 유사 연구(공동체학습원리와 교안 작성)의 자료와 지표를 참고하기로 한다.[384]

둘째, 재생산 훈련 참여자는 성령의 열매 핵심개념 원리를 담은 '성경말씀을 소그룹 공동체 구성원과 강론·토론 및 나눔활동 과정'[385]을 통해 '공론화하는 양육훈련'의 과정을 가진다. 이 과정

---

383 L. Eims, 『제자가 되는 길』, 네이게이토 편역 (서울: 네비게이토 출판사, 2021), 79~87.
384 성령의 열매를 포함한 성경말씀의 내면화 과정은 조성래의 '지식의 변화, 태도의 변화, 성품의 변화' 연구자료에서도 확인할 수 있으며, '말씀에 따라 사는 것이 유익이라는 확신의 변화지수'에서 참여자는 다음과 같은 긍정적인 효과를 보여주었다. ('변했다' 16.8%, '많이 변했다' 57.5%로써 긍정적 변화효과로 74.3%) 조성래, "소그룹 공동체학습의 원리와 교안작성", 90~91.

은 '성경묵상과 체험활동'에서 구체화되어 실행된다. 그리스도 중심적 성품리더십 향상을 위한 성령의 열매 핵심원리는 성경말씀을 통해 내면화하고, 이를 강론, 토론, 다양한 나눔활동 등의 '균형잡힌 공론화 과정'을 통해 영적으로 성장하며 공동체 리더로서 성장할 수 있다. 이러한 훈련과정은 내적 신앙심을 타인에게 드러내고 공감하며, 설득하고, 예수님의 사랑과 헌신을 확장하는 데에 기여할 수 있다. '균형잡힌 공론화 과정'이라는 일련의 활동은 성품리더십의 관계성, 공동체성, 균형성에 기여할 수 있다.

셋째, 재생산 훈련 참여자는 성령의 열매 핵심개념 원리를 담은 성경말씀의 내면화과정(정독·낭송·암송·묵상기도)과 공론화과정(강론·토론·나눔활동)을 거치고, 반드시 '실천과정의 양육훈련'을 통해 교회공동체와 지역사회 안에 예수 그리스도의 사랑과 헌신을 최종적으로 실현한다. '실천과정의 양육훈련'은 성경묵상 및 체험활동과 4주차 실천프로그램 진행 안에 포함하며, 일련의 실천적 활동은 성령의 열매를 통해 성품리더십의 관계성, 공동체성, 현실성, 소통성, 사랑의 확장성에 기여할 수 있다.

---

385 성품리더십 재생산 훈련의 '성경말씀을 소그룹 공동체 구성원과 강론·토론 및 나눔활동 과정'은 '성경묵상과 체험활동'으로 대표되며, 이러한 훈련과정은 TEE 소그룹공동체학습 훈련과 연계하여 진행하였다.

리더의 성품리더십 재생산 훈련은 성령의 열매 핵심개념 원리를 담은 성경 말씀을 통해 성령의 열매를 일깨우고 강화하는 '내면화(정독·낭송·암송·묵상기도)과정의 양육훈련', 공론화과정(강론·토론·나눔활동), '실천과정의 양육훈련' 과정을 통해 진행된다.

본 연구의 그리스도 중심적 성품리더십 재생산 훈련은 교회 공동체 활성화를 위한 리더 양성을 목적으로 한다. 성품리더십 재생산 훈련은 그리스도인으로서 기본 소양을 지닌 교인들을 대상으로 하며. 리더를 양성하기 위한 양육훈련이다. 그리스도 중심 성품리더십 재생산 훈련은 에버렛 로저스(Everett M. Rogers)의 '개혁결정과정의 단계'로써 '지식단계, 설득단계, 결정단계, 실행단계, 확인단계'라는 커뮤니케이션 과정으로 이해할 수 있다. 이러한 관점을 성품리더십 훈련에 적용하면 다음의 과정으로 적용 가능하다. 성품리더십 재생산훈련의 '개혁결정 과정단계'의 '지식단계와 설득단계'는 성경말씀의 정독, 낭송, 암송에 해당한다. '결정단계'는 성경말씀의 강론, 토론에 해당한다. 실행단계는 나눔활동에 해당한다.[386]

---

[386] 로저스의 '확인단계'는 '성품리더십 양육훈련 측정 및 평가'에 해당한다. 이와 관련하여서는 깊이 있는 후속 연구를 필요로 한다. Everett M. Rogers, 『개혁의 확산』, 김영석·강내원·박현구 역 (서울: 커뮤니케이션북스, 2005), 176~188, 205~217.

위 내용을 간략하게 정리하여 그림 모형으로 제시하면 그림1과 같다.

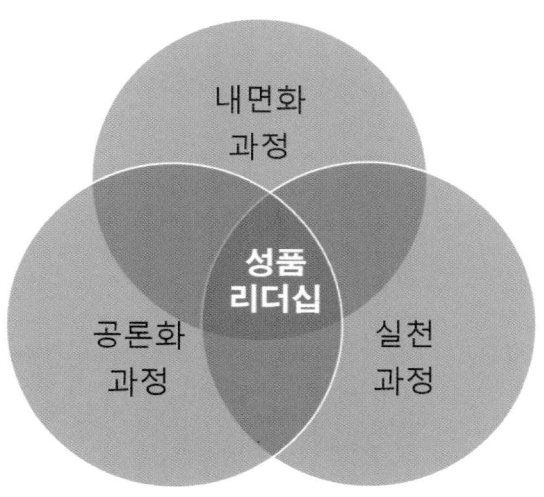

그림1 〈그리스도 중심 성품리더십 재생산 훈련 모형〉

2) 성품리더십 재생산 훈련의 효과

리더를 대상으로 하는 성품리더십 재생산 훈련은 교회 내 다양한 소그룹공동체의 공동체성을 강화하고, 건강한 공동체를 활성화하는 데 강점이 있다.387 본 연구의 성품리더십 양육훈련은 기존 교회에서 실시하고 있는 여러 가지 양육훈련, 리더훈련, 제자훈련 프로그램에 비해 차별성과 독특성을 지닌다.

성령의 아홉 가지 열매를 핵심 원리로 하는 각 과정별 훈련은 총 4주간으로 진행되며, 매주 나눔과 토론 후 측정모델을 적용한 평가를 실시함으로 훈련 효과를 점검하고 보완할 수 있는 장점이 있다. 각 과정별 매 4주차에 실시하는 실천 과정을 통해 훈련 효과를 극대화할 수 있고, 바로 다음 과정에서 피드백을 하여 반영할 수 있는 강점을 가지고 있다. 또한 각 과정별로 자율적인 나눔과 토론을 통해 프로그램 참여자들은 프로그램 구성에서 실천 가능한 항목들을 정하고 이를 확대해 나갈 수 있다. 성품리더십 재생산 훈련은 다음과 같은 훈련 효과를 기대할 수 있다.

첫째, 교회의 소그룹공동체 활성화에 기여할 수 있다. 성품리

---

387 교회의 성품리더십 재생산 훈련은 교회 소그룹공동체 리더를 양성하기 위한 성품리더십 양육훈련으로 성령의 9가지 원리를 핵심으로 한다. 공동체 소그룹리더의 성품리더십 재생산 훈련은 교회의 다양성과 소그룹 공동체를 활성화하고 공동체성을 강화하는 데에 기여할 수 있다.

더십 재생산 훈련은 구성원들이 쉽게 참여할 수 있으며, 짧은 시간 훈련을 통해 소그룹리더의 역할을 담당할 수 있다. 이는 교회 공동체 전반에 걸쳐서 역동성과 활성화를 강화할 수 있다.

둘째, 소그룹리더나 교인들 개인이 훈련에 참여함으로 성경 묵상과 체험활동을 통해 신앙의 본질을 회복하고 믿음을 공고히 하며 영적으로 성숙할 수 있다.

셋째, 재생산 훈련은 각 과정별로 소그룹리더들의 개인적 성품리더십에 특화되어 있으므로 그리스도 중심의 성품리더십을 드러내는 데에 기대효과를 지니며, 성숙한 그리스도인으로 이끌 수 있다.

 제4절 그리스도 중심 성품리더십 원리와 훈련 프락시스

본 절에서는 리더의 그리스도 중심적 성품리더십 양육훈련을 적용한 원리와 실제 훈련 프락시스(Praxis)를 구체적으로 살펴보고자 한다. 본 연구의 그리스도 중심적 소그룹리더의 성품리더십 양육훈련 원리는 성령의 9가지 열매를 핵심 원리로 삼는다. 다만 성령의 9가지 열매는 성령께서 임하여 주어지는 것이므로 양육훈련해서 얻을 수 없다. 그러므로 본 연구에서는 성령의 열매를 맺기 위해서 날마다 강화하고 깨우치는 방식의 훈련원리를 바탕으로 한다.

1. 학습이론 원리

본 연구는 그리스도 중심적 소그룹리더의 성품리더십 양육훈련 연구이며, 성령의 9가지 열매를 양육훈련 핵심원리로 삼았다. 핵심원리로써 성령의 열매는 성경 이해과정을 통해 핵심개념을 파악하고, 이를 적용가능한 현실적 개념으로 전환하여 소그룹리더의 양육훈련으로 실천가능한 프로그램을 개발한다. 본 연구의 그리스도 중심적 성품리더십 재생산 훈련은 다음의 이론적 근거를 바탕으로 한다.

본 연구의 성품리더십 재생산 양육훈련 원리의 이론적 근거는 교육방법론의 학습이론으로써 '인지주의 학습이론(Cognitive Learning Theories)', '행동주의 학습이론(Behavioral Learning Theories)', '구성주의 학습이론(Constructionism Learning Theories)'을 참고하기로 한다.[388] 특히, 본 연구의 '그리스도 중심적 성품리더십'과 관련하여 '영성'을 포함한 교육이론을 검토하기로 하고, 그 세부적인 이론적 근거는 다음과 같다.

1) 영성 인지주의 학습이론과 내면화 양육훈련

성품리더십 재생산 훈련에 참여하는 참여자는 성령의 열매 핵심개념 원리를 담은 성경말씀의 정독·낭송·암송 및 묵상기도를 함으로 '내면화하는 양육훈련'을 통해 영적으로 성장하게 하는 과정을 가진다. 이때의 학습이론은 '인지주의 학습이론'[389]의 관

---

[388] 박성익·임철일·이재경·최정임, 『교육방법의 교육공학적 이해』 (서울: 교육과학사, 1999), 33~62.
[389] 손형우, "내담자 학생을 위한 생활 상담과 미술교육을 통한 성품 교육과 영적 성숙", ARTE-9 미술문화연구소, 2023, 3 : 자료출처(https://cafe.naver.com/gallerygrimi) "인지주의 학습이론은 내부적인 정신작용의 학습이론이며, 지적정

점에서 이해할 수 있다. 구체적으로 '영성 인지주의 학습이론'은 "성품과 인성, 영적 성숙과 영성을 위한 내부적인 정신작용의 학습이론이며, 영적 성장을 위해 지적 정보나 내용을 유의미화하는 과정을 거치고 내면화하기 위해 반복적으로 연습하거나 정보를 조직화하는 학습"[390] 양육훈련으로 이해할 수 있다.

    성령의 열매 핵심원리를 내면화하는 성품리더십은 성령의 열매를 포함하는 성경말씀을 정독하고, 수차례 반복하여 낭독하고, 암송하는 과정과 묵상기도를 통해 내면화하여 마음에 새겨지도록 하는 훈련이다. 또한, 내면화하는 과정은 영적 성숙을 위한 영성 인지주의 양육훈련 과정이라 할 수 있다. 성경말씀의 '내면화 과정' 양육훈련은 성품리더십의 지성, 감성, 성품, 영성 형성에 기여할 수 있으며, 영적 성숙을 위한 '영성 인지주의 양육훈련'의 실행과정이다.

보나 내용을 유의미화 과정을 거치고 내면화하기 위해 반복적으로 연습하거나 정보를 조직화하는 학습이론을 말한다."

390 손형우, "내담자 학생을 위한 생활 상담과 미술교육을 통한 성품 교육과 영적 성숙", 대유학당, 「대유학보」 통권185호 (2024): 64~68.

2) 영성 구성주의 학습이론과 공론화 양육훈련

재생산 훈련 참여자는 성령의 열매 핵심개념 원리를 담은 성경말씀을 소그룹공동체 구성원과 강론, 토론, 나눔활동 과정을 통해 '공론화하는 양육훈련'의 과정을 가진다. 이때의 학습이론은 '영성 구성주의 학습이론'391의 관점에서 이해할 수 있다. 구성주의 학습이론은 지식정보의 실재에 대해 지식을 가진 사람의 마음에 존재하는 것으로 판단하며, 개인의 경험에 의해 해석하고 강화하는 학습이론을 말한다. '영성 구성주의 학습이론'에 따르면, 모든 구성원 개인이 실재적 지식과 경험, 정보를 지닌다. 그러므로 공동체 구성원 상호간의 강론·토론·나눔활동은 구성주의 학습이론을 바탕으로 하며, 상호소통을 통해서 영적 역량을 확장할 수 있다.

구체적으로 '영성 구성주의 학습이론'은 "영적 성장을 위해 지식정보의 실재에 대해 지식을 가진 사람의 마음에 존재하는 것으로 판단하며, 개인의 경험에 의해 영적 성장을 위해 해석하고 강화하는 학습"392 양육훈련으로 이해할 수 있다. 이 과정은 성품리

---

391 손형우, "내담자 학생을 위한 생활 상담과 미술교육을 통한 성품 교육과 영적 성숙" ARTE-9 미술문화연구소, https://cafe.naver.com/ gallerygrimi 〈검색일: 2024. 3. 30.〉
392 손형우, "내담자 학생을 위한 생활 상담과 미술교육을 통한 성품 교육과 영적 성숙", 67.

더십 향상을 위한 성령의 열매 핵심원리는 성경말씀을 통해 내면화하고, 이를 강론, 토론, 다양한 나눔활동 등의 '균형잡힌 공론화 과정'을 통해 영적으로 성장하며 공동체 리더로서 성장할 수 있다. 영적 성숙의 구성주의 훈련과정은 내적 신앙심을 타인에게 드러내고 공감하며, 설득하고, 예수 그리스도의 사랑과 헌신을 확장하는 데에 기여할 수 있다. '균형잡힌 공론화 과정'이라는 일련의 활동은 영적 성숙을 위한 구성주의 양육훈련 활동으로써 성품리더십의 상호관계성, 공동체성, 균형성에 기여할 수 있다.

3) 영성 행동주의 학습이론과 실천과정의 양육훈련

재생산 훈련 참여자는 성령의 열매 핵심개념 원리를 담은 성경말씀을 토대로 하여 내면화과정(정독·낭송·암송·묵상기도)을 거친 후 공론화과정(강론·토론·나눔활동)과 '실천과정의 양육훈련'을 통해 교회 공동체와 지역사회 안에 예수님의 사랑과 헌신을 최종적으로 실현한다. 이때의 학습이론은 '영성 행동주의 학습이론'[393]의 관점에서 이해할 수 있다.

구체적으로 '영성 행동주의 학습이론'은 "성품과 인성, 영적 성

---

[393] 손형우, "내담자 학생을 위한 생활 상담과 미술교육을 통한 성품 교육과 영적 성숙", 3.

숙과 영성을 위해 실행하게 되는 외부적인 행동에 초점을 둔 학습이론이며, 경험의 결과로 영적 성숙이라는 행동 변화를 이끌어 내는 학습"[394] 양육훈련으로 이해할 수 있다. 영적 성숙의 '실천과정의 양육훈련'은 영적 성숙을 위한 '영성 행동주의 학습이론'을 바탕으로 하며, 성령의 열매를 통해 성품리더십의 상호 관계성, 공동체성, 현실성, 소통성, 사랑의 확장성에 기여할 수 있다.

이상으로 본 연구의 그리스도 중심적 리더 성품리더십 양육훈련 연구는 성령의 9가지 열매를 양육훈련 핵심원리로 삼았으며, 핵심원리의 성경적 이해, 현실적 개념으로 전환, 소그룹리더의 양육훈련으로 실천가능한 프로그램을 개발한다. 개발한 성품리더십 양육훈련 프로그램은 성령의 열매 핵심개념을 프로그램을 통해 내면화하는 영성 인지주의 학습훈련, 내적으로 성장하는 구성원 상호 간에 공론화하는 영성 구성주의 학습훈련, 실천프로그램을 통해 몸소 체험하고 경험하는 영성 행동주의 학습훈련을 통해 프로그램을 실행하기로 한다.

---

394 손형우, "내담자 학생을 위한 생활 상담과 미술교육을 통한 성품 교육과 영적 성숙", 68.

2. 훈련 프락시스 적용 과정

성령의 열매를 핵심원리로 삼는 성품리더십 양육 훈련은 다음 세 가지의 적용과정을 가진다.

첫째, 양육훈련 프로그램 개발자는 핵심원리로써 성령의 열매에 대한 성경적 이해과정을 선행하여 가진다. 성품리더십 양육훈련 핵심원리는 성령의 열매에 있으며, '성령의 열매' 참 의미는 구약성경과 신약성경에서 그 근거를 찾을 수 있다. 그러므로 성령의 9가지 열매에 해당하는 성경 구절을 찾아보고, 이를 통해 구체적인 의미를 이해할 수 있다. 이 과정 없이는 올바른 양육훈련 프로그램을 개발할 수 없다.

그 예시로서 다음 표3)에서 '사랑'의 성령의 열매는 성경 구절에 담긴 성경적 이해를 통해 얻고자 한다. 성령의 열매 '사랑'에 해당하는 성경 구절은 (요일 3:14) (요일 4:7~12) (요일 4:20) (요 15:17) (요 13:34~35) (요 15:12) 등을 찾아볼 수 있다. 훈련프로그램 개발자는 먼저 사랑에 관한 성경 구절의 이해와 기도를 통해 참 의미에 도달할 수 있다.

표3) 그리스도 중심 소그룹리더 성품리더십 양육훈련의 실제적
적용(현실개념)

양육훈련 핵심원리	➡ 성경적이해	➡현실적 개념정립	양육훈련 원리적용 프로그램 개발
성령의 열매	성령의 열매 의미 (구약·신약성경의 이해)	➡ 현실적 개념적용	양육훈련 프로그램개발
① 사랑	사랑의 성경적 이해 (요일 3:14) (요일 4:7~12) (요일 4:20) (요 15:17) (요 13:34~35) (요 15:12)	예수님의 사랑과 실천	예시) 나눔활동과 기도
사랑 〈구체적 내용〉	"누구든지 하나님을 사랑하노라 하고 그 형제를 미워하면 이는 거짓말하는 자니 보는 바 그 형제를 사랑하지 아니하는 자는 보지 못하는 바 하나님을 사랑할 수 없느니라" (요일 4:20)	이웃과 형제에 대한 사랑, 실천적 사랑	양육훈련공동체 (6~12명이내) 1) 상담과 선행 준비기도 2) 성령의 열매 사랑(본기도) 3) 나눔활동 준비와 진행 4) 나눔활동 마침 기도 5) 나눔모임 공동체활동
양육훈련 프로그램 개발자	선행기도 ➡ 사랑의 성경적 이해	현실적 개념의 이해	교회의 다양한 공동체 환경에 적합한 프로그램 개발

둘째, 성령의 열매의 성경적 이해는 핵심 개념 정립과 현실적 개념으로 전환해야 한다. 성령의 열매는 궁극적으로 양육훈련 프로그램의 핵심원리로 반영된다. 그러므로 성령의 9가지 열매는 성경의 구절들을 통해 정확한 의미와 내용을 이해하고, 이를 핵심 개념으로 응축하여 정립한다. 정립된 성령의 열매는 적용 가능한 현실적 개념으로 전환해서 성품리더십 양육훈련 프로그램에 반영한다.

위 표3)에서 '사랑'의 성령의 열매는 성경 구절(요일 3:14) (요일 4:7~12) (요일 4:20) (요 15:17) (요 13:34~35) (요 15:12) 등에서 찾아볼 수 있다. 이 내용들은 '예수님의 사랑과 실천'으로 핵심개념을 정립할 수 있다. 정립된 핵심개념은 양육훈련 프로그램에 적용 가능한 현실적 개념으로 전환해야 한다.

성령의 열매에 관한 현실적 개념은 성경 구절에서 구체적 내용을 찾을 수 있다. 그 예로써 요한일서 4장 20절의 성경 구절을 들 수 있다. "누구든지 하나님을 사랑하노라 하고 그 형제를 미워하면 이는 거짓말하는 자니 보는 바 그 형제를 사랑하지 아니하는 자는 보지 못하는 바 하나님을 사랑할 수 없느니라" 양육훈련 프로그램 개발자는 요한일서 4장 20절에 언급된 '사랑'의 구체적인 내용을 통해서 '이웃과 형제에 대한 사랑'과 '실천적 사랑'이라는 현실개념을 포착할 수 있다. 성령의 열매에 대한 현실적 개념은 양육훈련 프로그램 개발의 구체적인 기준점으로 적용된다.

셋째, 양육훈련 프로그램 개발자는 성령의 열매에 담긴 핵심 개념과 현실적 개념을 바탕으로 실행 가능한 구체적인 프로그램을 개발한다. 성품리더십 양육훈련 프로그램은 적용 대상과 교회 공동체의 다양한 환경을 고려하여 제작한다. 표3)의 내용을 토대로 소그룹리더 양육훈련 프로그램을 살펴보면 다음과 같다. 성령의 열매 '사랑'은 예수님의 사랑과 실천으로 이해할 수 있다. '사랑'의 구체적이고 현실적 개념은 '이웃과 형제에 대한 사랑과 실천적 사랑'으로 전환할 수 있으며, 양육훈련 프로그램 개발자는 이에 적합한 다양한 프로그램을 개발할 수 있다. '이웃과 형제에 대한 실천적 사랑'은 마음 훈련, 나눔 활동, 사회적 소외자 돌봄 활동 등을 주제로 다양한 프로그램을 제작할 수 있다.

소그룹리더 성품리더십 양육훈련 공동체 활동은 6~12명 이내로 규모를 제한하기로 한다. 양육훈련 소그룹공동체는 예수님의 제자훈련, 셀훈련과 TEE 소그룹공동체학습훈련 등의 특징을 반영한다. 마음훈련과 나눔활동 등의 성품리더십 양육훈련 프로그램 진행은 상담과 선행준비기도, 성령의 열매 사랑(본기도), 프로그램실행(마음훈련, 나눔활동 등), 프로그램 마침기도, 양육훈련 자립적 공동체 활동 등으로 구분할 수 있다. 양육훈련 프로그램은 해당 교회의 교육대상과 환경조건에 따라 다양하고 유동적으로 개발 적용할 수 있다.

표4) 그리스도 중심 소그룹리더 성품리더십 양육훈련의 실제적 적용(현실개념)

양육훈련 핵심원리	➡ 성경적이해	➡ 현실적 개념정립	양육훈련 원리적용 프로그램 개발
성령의 열매	성령의 열매 의미 (구약 신약성경의 이해)	➡ 현실적 개념적용	양육훈련 프로그램개발
② 희락	희락의 성경적 이해 (요 4:14) (요 15:11) (롬 14:17) (사 56:7) (신 16:15) (신 16:11) (느 8:11) (눅 14:13)	그리스도인의 삶과 희락 사회적 약자 배려와 기쁨 하나님의 사랑과 충만함	예시) 함께행복(그룹체험) 선행기도, 본기도, 프로그램 마침기도, 공동체활동
③ 화평	화평의 성경적 이해 (시 29:11) (엡 2:14~18) (롬 5:1~2) (마 6:26~27) (롬 14:1~4) (롬 14:10~13) (마 6:31~34) (빌 4:6~7)	그리스도인의 화평 불안과 두려움으로부터 평화 이웃, 형제 비판보다 사랑, 이해, 존중	예시) 관계갈등 치유체험 선행기도, 본기도, 프로그램 마침기도, 공동체활동
④ 오래 참음	오래 참음의 성경적 이해 (출 34:6) (시 103:8~11) (미 7:18~19) (약 5:10~11) (사 53:7~8) (사 53:4~6) (벧전 4:19~21)	그리스도인의 오래 참음 시련참음, 복수참음, 비판참음, 화내지 않음, 관용	예시) 화분농장체험과 기도 선행기도, 본기도, 프로그램 마침기도, 공동체활동

표5) 그리스도 중심 소그룹리더 성품리더십 양육훈련의 실제적 적용(현실개념)

양육훈련 핵심원리	➡ 성경적이해	➡ 현실적 개념정립	양육훈련 원리적용 프로그램 개발
성령의 열매	성령의 열매 의미 (구약 신약성경의 이해)	➡ 현실적 개념적용	양육훈련 프로그램개발
⑤ 자비	자비의 성경적 이해 (사 63:7) (룻 3:15~17) (엡 4:1~3) (잠 19:17) (골 3:17)	그리스도인의 자비 예수님의 사랑과 자비 실천 가난한 자와 약자를 위한 헌신과 실천적 사랑	예시) 낮은 봉사활동체험 선행기도, 본기도, 프로그램 마침기도, 공동체활동
⑥ 양선	양선의 성경적 이해 (신 32:4) (시 136:1) (행 10:38) (창 50:20) (시 15:1~5) (눅 6:43~45) (행 11:24) (마 5:16) (롬 12:9) (고후 9:8) (엡 2:8~10) (딛 3:4~8) (골 1:10)	그리스도인의 양선 선한 행동, 영적인 삶의 실천	예시) 부드러운 양선 선행기도, 본기도, 프로그램 마침기도, 공동체활동

표6) 그리스도 중심 소그룹리더 성품리더십 양육훈련의 실제적 적용(현실개념)

양육훈련 핵심원리	➡ 성경적이해	➡ 현실적 개념정립	양육훈련 원리적용 프로그램 개발
성령의 열매	성령의 열매 의미 (구약 신약성경의 이해)	➡ 현실적 개념적용	양육훈련 프로그램개발
⑦ 충성	충성의 성경적 이해 (마 25:21) (신 32:3~4) (시 33:4~5) (히 3:1~4) (신 32:3~4) (민 12:6~8) (눅 16:10~11) (엡 6:5~7)	그리스도인의 충성 하나님을 섬기는 믿음 예수님의 헌신과 희생 사랑에 대한 믿음 성경과 복음에 대한 믿음	예시) 선교인의 삶 교육 선행기도, 본기도, 프로그램 마침기도, 공동체활동
⑧ 온유	온유의 성경적 이해 (엡 4:1~2) (시 25:9) (고후 10:1) (민 12:3) (시 23:2~3) (시 103:13~14) (신 1:31) (딛 3:2) (마 11:28~29) (마 26:53~54) (마 26:63) (눅 23:34) (벧전 3:15)	그리스도인의 온유 겸손, 동정심, 관용 하나님에 대한 순종	예시) 봉사활동과 기도 선행기도, 본기도, 프로그램 마침기도, 공동체활동
⑨ 절제	절제의 성경적 이해 (요일 1:5) (갈 5:19~21) (벧후 1:5~8) (엡 5:3~5) (창 39:6~12) (약 3:8~10)	그리스도인의 절제 욕망의 조절, 영적 힘 통제와 균형	예시) 체험활동과 기도 선행기도, 본기도, 프로그램 마침기도, 공동체활동

위 표4~6) 성품리더십 양육훈련의 적용과정은 성령의 열매 성경적 이해를 통해 정립된 핵심 개념과 프로그램에 적용 가능한 현실개념을 포함하고 있다. 성령의 9가지 열매는 다음과 같이 정리할 수 있다.

성령의 9가지 열매를 핵심 원리와 실제 적용 과정을 중심으로 살펴보기로 한다.

성령의 열매 '사랑'은 양육훈련의 핵심 원리로 '예수님의 사랑과 실천', 적용 가능한 현실적 개념으로 '이웃 형제에 대한 사랑과 실천적 사랑'으로 표현 가능하다.

'희락'은 양육훈련의 핵심 원리로써 '그리스도인의 삶과 희락', 적용 가능한 현실적 개념으로 '사회적 약자 배려의 기쁨, 하나님의 사랑과 충만함'으로 적용 가능하다.

'화평'은 양육훈련의 핵심 원리로 '그리스도인의 평화', 적용 가능한 현실적 개념으로 '불안과 두려움으로부터 마음의 평화, 이웃과 형제 비판보다 사랑과 관용, 이해와 존중'으로 표현 가능하다.

'오래 참음'은 양육훈련의 핵심 원리로 '그리스도인의 오래 참음', 적용 가능한 현실적 개념으로 '시련과 어려움의 인내, 복수하지 않는 참음, 비판하지 않음, 화내지 않음과 관용'으로 적용 가능하다.

'자비'는 양육훈련의 핵심 원리로써 '그리스도인의 자비, 예수님의 사랑과 자비', 적용 가능한 현실적 개념으로 '가난한 자와 약자를 위한 헌신과 실천적 사랑'으로 표현 가능하다.

성령의 열매 '양선'은 양육훈련의 핵심 원리로써 '그리스도인의 양선', 적용 가능한 현실적 개념으로 '선한 행동, 영적인 삶의 실천'으로 적용 가능하다.

'충성'은 양육훈련의 핵심 원리로써 '그리스도인의 충성', 적용 가능한 현실적 개념으로 '예수님의 헌신과 희생, 사랑에 대한 믿음, 성경과 복음에 대한 믿음'으로 적용 가능하다.

'온유'는 양육훈련의 핵심 원리로써 '그리스도인의 온유', 적용 가능한 현실적 개념으로 '겸손과 동정심, 하나님에 대한 순종'으로 표현 가능하다.

'절제'는 양육훈련의 핵심 원리로써 '그리스도인의 절제', 적용 가능한 현실적 개념으로 '욕망의 조절, 통제와 균형'으로 적용 가능하다.

교회 소그룹리더 성품리더십 양육훈련은 '성령의 열매'의 성경적 이해 과정을 통해 핵심개념 정립과 적용 가능한 현실개념을 통해서 양육훈련을 실행하는 프로그램을 구축할 수 있다. 성품리더십 양육훈련은 교회나 각 소그룹공동체의 교육 대상과 환경에 따라 다양한 프로그램을 제작할 수 있다.

제5절 소그룹 공동체 강화 활성화 방안

필자는 교회 내 소그룹공동체 활성화를 위해 성령의 열매를 핵심원리로 삼아 소그룹리더 성품리더십 양육훈련 프로그램을 제작하고, 개인적 성품리더십 재생산 훈련의 성취도를 측정 평가하는 일련의 연구를 제시했다.

교회 내에 소그룹 공동체성이 강화되면 결국 교회 전반에 걸쳐서 대그룹 공동체에도 큰 영향을 끼친다. 그로 인해 다양한 견해와 의견들이 수용 및 반영되며, 구성원들의 적극적인 참여를 이끌어 낼 수 있다. 이 과정에서 건강한 교회 공동체를 형성하게 된다. 이는 목회자에게도 새로운 자극이 되어, 선순환으로 이어질 수 있다. 궁극적으로 소그룹 공동체 구성원들은 목회 파트너로서 자리하며 건강한 교회를 이룰 수 있다.

1. 소그룹리더 갱신 강화 방안

성품리더십 양육훈련은 성령의 9가지 열매를 핵심으로 한다. 각 4주간의 프로그램을 시작으로, 순차적으로 사랑, 희락, 화평, 오래 참음, 자비, 양선, 충성, 온유, 절제에 이르기까지 36주간 9개월에 걸쳐서 수행하게 된다. 참가자는 이수 직전과 직후 성취도 측정을 진행한다.

'양육훈련 성취도 성품지수평가'[395]는 각 과정별 변화양상을 측정하는 양적 성품지수평가와 개인적 변화를 간략하게 서술하는 질적지수평가로 나뉜다. 특히 각 양육훈련 프로그램을 시작하는 과정에서 성품지수평가는 성취도 양적 지수평가와 자신의 현 상태를 진술한 기록(질적 지수평가)을 남기도록 하여 변화양상을 추적

---

[395] '양육훈련 성취도 성품지수평가'는 성품리더십 양육훈련 프로그램의 9가지 과정에 근거하여 이루어지며, 성령의 9가지 열매 양육훈련을 마치는 직후에 시행된다. 구체적인 성취도 측정을 위한 성품지수평가는 다음과 같다. 프로그램 시행 초기 참여자의 현 상태를 측정하는 1차 지수평가를 수행하고 변화의 기준으로 삼는다. 초기 성품지수평가는 성취도 양적 지수평가와 자신의 현 상태를 진술한 기록을 남겨 참고하기로 한다. 그 외에 진행된 성령의 열매 9가지 과정별로 4주간의 양육훈련 직후, 교육참여자의 성취도 측정 성품지수평가와 자기 진술서(질적지수평가)를 확보한다. 이를 근거로 교육프로그램 진행자 1인(3인)의 코멘트 기록을 남겨 다음 과정에 참고하기로 한다. 4주간의 각 과정의 양육훈련은 9개월간(36주) 진행되며, 모든 성품리더십 양육훈련 프로그램을 종료하면, 교육참여자의 성취도 측정을 위한 양적 성품지수평가와 자기 변화 진술서(질적평가)와 교육 진행자(3인이상)의 다면 평가서를 종합하여 정리한다. 양육훈련 참여자의 성취도 성품지수평가와 자기진술서(질적성품지수평가) 자료, 훈련 진행자의 코멘트와 평가서 등의 자료는 향후 양육훈련 프로그램 진행의 근거자료로 활용하며, 양육훈련 참여자의 다음 과정의 자료로 활용하기로 한다.

하는 중요한 근거로 삼는다. 양육훈련 성취도 종합평가는 각 과정별 1차 평가를 하여 자료를 확보하며, 9개월간의 양육훈련 프로그램 종료 직후 그간의 평가 자료를 모두 취합하고, 이를 2~3개월 사이에 정리하여, 성품리더십 양육훈련 프로그램 기본과정을 완수한다.

종합평가는 부족한 점을 보완하는 '성품리더십 양육훈련 갱신' 자료로 활용한다. 다음은 이에 관한 구체적인 내용이다.

첫째, 당해 시행한 성품리더십 양육훈련 프로그램은 매 '과정별 프로그램'[396] 이수 직후, 성취도를 측정하기 위한 양적 성품지수평가를 시행한다. 보완적으로 시행하는 '정성(定性) 평가'[397]는 성취도 측정의 엄밀성을 보완하기 위해 프로그램의 후기 기록을 담은 소감문을 받아 평가하고, 양육훈련 프로그램 참여자의 개별 성취와 참여 기수별 성향과 성취도를 평가하여 다음 과정의 양육

---

[396] 성품리더십 양육훈련 프로그램은 성령의 9가지 열매인 사랑, 희락, 화평, 인내, 자비, 양선, 충성, 온유, 절제 등 총 9 Step 과정의 양육훈련 프로그램으로 진행된다.

[397] 정성(定性) 평가의 사전적 의미는 다음과 같다. '정성평가'는 내용·가치·전문성 등의 질적 평가를 중심으로 업적이나 연구를 평가하는 일을 의미한다. 본 논문에서 '정성평가'는 성품리더십 양육훈련의 성취도를 평가하기 위해 설문조사와 같은 양적 성취도 평가 이외에, 제시하는 성품리더십 양육훈련 프로그램 참여자의 후기 소감문 분석평가와 참여 모집단을 대표하는 3인 이상의 참여자를 대상으로 하는 심층면접자료를 취합하여 '질적평가'를 수행하고자 한다. https://dic.daum.net 〈검색일: 2024. 01. 06.〉

훈련 프로그램에 반영한다.

둘째, 각 과정별 양육훈련에서 부족한 점은 다음 '2단계 재생산 훈련'에서 보완하도록 한다. 1단계 재생산 훈련 이수 요건은 전체 36주 과정 중에 30주 이상을 이수하는 것으로 하며, 각 과정 4주차 실천주간은 반드시 이수하는 것을 원칙으로 한다.

셋째, 당해 성품리더십 양육훈련 프로그램은 기수별 성취도에 차이가 있을 수 있으므로, 설문조사 자료평가, 후기 기록을 담은 소감문 평가, 3인 이상의 심층 면접 평가를 종합하여 기수별 성취도와 경향성을 파악한다. 성품리더십 양육훈련 기수별 성취도와 경향성을 파악한 자료는 다음 2단계 재생산 훈련 프로그램 편성에 반영한다.

넷째, 그리스도 중심 성품리더십 양육훈련 프로그램은 기본과정, 심화 과정, 실천 사역 전문과정으로 진행된다. 본 연구에서 연구자가 제안하는 성품리더십 양육훈련은 기본과정이며, 계속적으로 성품리더십 양육훈련 심화과정, 실천사역 전문과정으로 재생산 훈련 할 수 있다. 심화, 전문과정은 자기개발과 영적성숙의 본질적 기능을 담당하고, 동시에 이전 단계의 부족한 점을 보완 강화하는 프로그램으로도 기능한다. 다만 본 연구는 성품리더십 양육훈련 프로그램을 정립하는 핵심기초 연구이므로, 본 연구에서는 기본과정인 성품리더십 양육훈련 프로그램을 중심으로 연구되었음을 밝힌다.

2. 소그룹공동체 활성화 방안

본 연구는 성령의 9가지 열매를 핵심으로 하는 그리스도 중심의 소그룹리더 성품리더십 양육훈련 프로그램에 관한 연구이며, 교회의 소그룹 공동체 활성화에 기여하고자 한다. 한국교회는 양적성장에만 치우치는 경향성과 목회자 중심의 사역구조를 이루었으며[398], 교회 공동체의 다양성과 활성화에 많은 어려움과 소그룹을 이끄는 리더의 부재와 성품리더십 교육의 부족함을 보였다. 소그룹리더 성품리더십 훈련 프로그램을 통한 교회 공동체성 강화와 소그룹공동체 활성화 방안은 다음과 같다.

다양한 소그룹 활동과 공동체성 강화를 위해 성령의 9가지 열매를 핵심원리로 하는 그리스도 중심의 성품리더십 양육훈련 프로그램을 적용하는 것이 가능하다. 교회 공동체 활성화를 위한 소그룹리더 성품리더십 양육훈련 프로그램은 교회 내 적용을 위해 다음 과정을 필요로 한다.

---

398 신현광, "한국교회 성장에 나타난 문제점(1)", 한국복음주의실천신학회, 「복음과 실천신학」 제10권 (2005): 309.

첫째, 교회 공동체성 강화를 위해 환경조사를 선행하여 실시한다. 한국교회는 몇몇 대형교회를 제외하면 중소형 교회가 대부분을 이루고 있다. 중소형 교회는 그 규모와 운영방식에 있어서 많은 차이를 보인다. 교회 환경에 대한 선행 조사는 소그룹리더 성품리더십 프로그램 적용에 귀중한 자료 근거로 활용할 수 있다. 교회 규모에 따라서 기존에 양육훈련이 존재했는지, 어떤 소그룹 공동체 활동이 있는지, 소그룹리더의 존재유무와 역량 등을 파악할 수 있다. 교회공동체 규모, 운영방식, 소그룹 공동체 다양성 등은 주요 조사 대상이다.

둘째, 성품리더십 양육훈련 프로그램의 필요성을 충분히 설명해야 한다. 그리스도 중심 성품리더십 프로그램의 적용은 교회 공동체 구성원의 적극적인 동의와 수용을 필요로 한다. 양육훈련 프로그램의 성공적 안착은 교회 구성원의 자발적인 참여와 적극성에 달려 있다.

셋째, 리더 성품리더십 양육훈련 프로그램 대상자를 파악한다. 프로그램 대상자는 교회 규모와 환경에 따라 다를 수 있다. 교회 공동체 강화는 교회 구성원 전체를 대상으로 시행하기 어려울 수 있다. 그러므로 소그룹리더 양성을 일차 목표로 한다. 소그룹리더 성품리더십 양육훈련 대상자는 교회의 다양한 공동체 활성화를 위한 목회자 또는 잠재적 리더 등으로 선정할 수 있다. 잠재적 리더는 교회의 다양한 공동체리더로서 활동할 수 있는 잠재적 역량과 활동성, 참여 여부를 기준으로 판단한다.

넷째, 그리스도 중심의 성품리더십 양육훈련 프로그램은 소그룹 공동체 활성화를 위한 리더 양성을 통해 기여할 수 있다. 그와 동시에 성품리더십 훈련 프로그램은 그 자체로 교회 공동체 활성화에도 기여할 수 있다. 리더 성품리더십 양육훈련 프로그램은 성령의 열매를 핵심으로 하는 다양한 공동체활동 프로그램을 포함하고 있으며, 폭넓게 적용하기에 가능하다.

다섯째, 공동체를 위한 성품리더십 양육훈련 프로그램은 건강한 관계를 회복하는 바탕을 형성할 수 있다. 인간의 타고난 기질은 상황과 관계를 통해 변화하고 재형성된다. 출생과 함께 자신과의 관계가 제일 먼저 형성되고, 가족, 사회 그리고 하나님과의 관계 등 끊임없이 영역을 확장해 나가면서 성품을 형성해 간다. 건강한 관계는 건강한 성품을 형성하는 데 큰 영향을 미친다.[399] 교회 공동체를 위한 그리스도 중심의 성품리더십 양육훈련 프로그램은 건강한 관계를 회복하는 바탕을 이룰 수 있으며, 교회 공동체를 활성화하고 강화시키는 데 크게 기여할 수 있다.

---

399 김영계, "건강한 목회 리더십을 위한 목회자 성품훈련의 필요성", 61.

교회 소그룹 공동체 활성화와 공동체성 강화는 리더의 성품리더십 양육훈련 프로그램을 통해 기초와 토대를 확보할 수 있다. 성품리더십 양육훈련 프로그램은 성령의 열매에 담긴 핵심개념과 현실적 개념을 바탕으로 실행 가능한 구체적인 내용을 담고 있다. 소그룹 공동체 강화를 위한 적용 가능한 프로그램은 성령의 열매의 의미를 포함한 실행 프로그램으로 구체화하여 제시했다. 그 예시로써 성령의 열매 '사랑'을 적용한 실천적 내용을 살펴보기로 한다. 성령의 열매 '사랑'은 예수님의 사랑과 실천으로 이해할 수 있다. '사랑'의 현실적 개념은 '이웃과 형제에 대한 사랑과 실천적 사랑'으로 전환할 수 있으며, 이에 적합한 다양한 프로그램으로 적용할 수 있다.

'이웃과 형제에 대한 실천적 사랑'은 마음 훈련, 나눔 활동, 사회적 소외자 돌봄 활동 등을 주제로 공동체 강화를 위한 프로그램을 제작할 수 있다.

양육 훈련 공동체 활동은 성품리더십 양육훈련과 함께 예수님의 '제자훈련', '셀훈련'과 'TEE 소그룹공동체학습훈련' 등의 특징을 반영한다. '제자훈련', '셀훈련'과 'TEE 소그룹공동체학습훈련' 등은 공동체 활성화를 위한 구체적 내용으로 상호 보완적인 특징을 반영한다.

양육훈련 프로그램은 교육대상과 환경조건에 따라 다양하고 유동적으로 개발 적용할 수 있다. 공동체 활동의 활성화는 교육대상과 교회 구성원 간의 자발적 참여를 필요로 하며, 교회 환경과 여건에 따라 기존의 '제자훈련', '셀훈련'과 'TEE 소그룹공동체학습훈련' 등을 유동적이며 복합적으로 적용하여야 한다.

제6절 소그룹리더 양육훈련의 기대효과와 전망

필자는 교회 내 소그룹공동체 활성화를 위해 성령의 9가지 열매를 핵심원리로 삼아 소그룹리더 성품리더십 양육훈련 프로그램을 제작하였다. 그리스도 중심 성품리더십 양육훈련 프로그램은 4주간의 '사랑의 성품리더십 양육훈련 프로그램'을 시작으로, 순차적 과정으로써 '희락', '화평', '인내', '자비', '양선', '충성', '온유', '절제'에 이르기까지 총 9가지 양육훈련 프로그램을 36주간 9개월에 걸쳐서 진행하게 된다. 이로써 다음의 효과를 기대할 수 있다.

첫째, '그리스도 중심 소그룹리더 성품리더십 양육훈련 프로그램'은 중소규모 교회의 공동체 활성화에 기여할 수 있다. 중소교회는 대형교회에 비해 인적, 물적 자원이 부족하여 소그룹 공동체 활동이 원활하지 못하다. 교회 전반의 업무를 담당하는 목회자는 소그룹공동체를 이끌어 가기에는 많은 어려움과 한계가 있다. 이때 교회 소그룹공동체 활성화가 공동체를 활성화하고 강화하는데 기여할 수 있다. 이를 위해 중소규모 교회는 교회내 소그룹공동체를 이끌고 소그룹공동체를 활성화할 리더를 필요로 한다. 소그룹공동체 리더를 필요로 하는 중소규모 교회는 '그리스도 중심 리더 성품리더십 양육훈련 프로그램'을 도입하거나 교육훈련에 참여하도록 파견할 수 있다. 양육훈련 프로그램에 참여한 해당 교회는 소그룹공동체 리더를 확보할 수 있다. 성품리더십 양육훈련 프로그램을 이수한 소그룹 공동체 리더는 교회 내 소그룹 공동체를 활성화하고, 교회 내 공동체의 다양성과 건강성을 회복하는 데에 기여할 수 있다.

둘째, 프로그램 참여와 이수과정에서 성경묵상과 체험활동을 통해 신앙의 본질성을 회복하고 믿음을 공고히 할 수 있다. 그리스도 중심 성품리더십 양육훈련에 참여한 교회의 리더는 신앙과 믿음을 굳건히 하고, 나아가 교회 내 소그룹 공동체성을 강화하고 공동체 활성화에 긍정적 영향을 줄 수 있다. 이러한 과정은 그리스도인의 삶을 회복하고, 하나님과 예수님의 사랑을 교회 내에 실현하는 데에 크게 기여할 수 있다.

셋째, '사랑 성품리더십훈련'은 교회 공동체 내에 관계적 공동체성과 방법론적 방향성을 제시하는 데에 기여할 수 있다. 성령의 열매 사랑은 공동체적 관계성을 반영한다. '사랑한다'는 말 안에서는 사랑하는 자와 사랑받는 자를 필요로 하며, 관계성과 공동체적 의미를 반영한다. 이는 요한일서 4장 7~12절[400]에 담긴 성경구절에서 명확하게 드러나고 있다. 성령의 열매 사랑은 그리스도 중심 성품리더십을 지닌 소그룹 공동체 리더에게 가장 핵심적인 덕목이라 할 수 있다. 또한, 성령의 열매 사랑은 사랑의 방법론적 방향성을 제시한다. 성령의 열매 사랑을 실천하는 소그룹 공동체 리더에게 "내가 너희를 사랑한 것 같이 너희도 서로 사랑하라"(요 15:12)라는 구절은 참다운 사랑의 실천적 방향성을 제시한다. 또한, 참다운 사랑은 실천으로써 완성된다. 소그룹 공동체 리더에게 성령의 열매 사랑은 실천적 행위를 완성하게 한다. 성령의 열매 사랑이 내재한 이는 참사랑을 베풀고 실현하는 데 주저하지 않는다(요일 4:20). 성령의 열매 '사랑의 성품리더십'은 소그룹공동체 리더에게 사랑의 마음을 기꺼이 실천하고 행동하게 하는 데 기여한다.

넷째, '희락 성품리더십훈련'은 교회 공동체 내에 어려움 극복, 공동체 결속력 강화, 믿음의 성장성을 제시하는 데에 기여할 수 있다. 공동체 활동의 충만한 기쁨은 건강한 공동체를 지속하고 어려움을 이겨내는 원동력으로 작용한다. 소그룹리더의 활동이 교회 공동체를 위한 희락의 믿음을 반영한다면, 다양한 시련에도 리더는 이를 감수하고 인내로써 실천하며 나아갈 수 있다. 옳은 일을 한다는 충만한 믿음의 기쁨은 시련을 극복하는 자산으로 작

---

400 "사랑하는 자들아 우리가 서로 사랑하자" (요일 4:7~12)

용한다. 교회 공동체 구성원과 함께 하는 기쁨은 구성원 간의 결속력을 강화하고, 공동체 구성원 간의 사랑과 믿음을 성장하게 한다. 그 안에서 하나님을 향한 사랑과 믿음은 성장하고 완성된다. 희락의 성품리더십을 지닌 소그룹리더의 공동체 활동은 하나님을 향한 가족과 공동체 구성원 간의 사랑과 기쁨을 실현하는데 기여할 수 있다.

다섯째, '화평 성품리더십훈련'은 교회 공동체 내에 정신적인 안정과 믿음의 지지, 영적 안정과 건강한 생활인을 제시하는 데에 기여할 수 있다. 소그룹공동체 리더는 공동체 구성원과의 관계를 원활히 하며 친밀한 관계를 형성하고, 상호관계 속에서 구성원의 내면에 자리한 죄책감과 두려움의 목소리를 듣게 된다. 성령의 열매 화평으로 충만한 소그룹공동체 리더는 죄책감과 두려움으로 어려움에 처한 공동체 구성원을 위로할 수 있으며, 정신적인 믿음과 사랑으로 지지를 보낼 수 있다. 리더는 도움을 청한 구성원이 어려움을 극복할 수 있도록 지원하고, 한 걸음 더 나아가 하나님을 향한 참된 사랑과 믿음으로 성장하게 하는 역할을 수행한다. 또한, 화평은 염려와 불안으로부터 벗어난 평화(마 6:26~27)를 의미한다. 공동체 구성원과 친밀한 관계를 형성한 리더는 구성원의 염려와 불안의 목소리를 접할 수 있다. 성령의 열매 화평으로 충만한 리더는 불안을 호소하는 구성원을 위로할 수 있으며, 함께 기도하며 영적 안정과 건강한 생활인으로 이끌 수 있다. 화평의 성품리더십을 지닌 리더는 공감과 위로, 영적 방향성을 제시하여 건강한 하나님의 자녀로 성장할 수 있도록 도울 수 있다.

여섯째, '오래 참음의 성품리더십훈련'은 공동체의 시련극복과 인내, 말과 언어 사용의 신중함, 분노하지 않는 관용을 제시하는 데에 기여할 수 있다. 성령의 열매 '오래 참음'은 공동체 갈등 상황을 조율해야 할 리더에게 필요한 기초체력과 같다. 오래 참음의 성품리더십을 지닌 리더는 공동체의 다양한 갈등 상황에서 인내로써 공동체와 구성원에게 그 방향성과 신뢰, 안정성을 제시할 수 있다. '오래 참음'은 타인의 약점이나 단점을 말하지 않는 인내를 필요로 한다. 침묵은 공동체 리더에게 매우 중요한 덕목 중의 하나다. 공동체 리더는 구성원을 비판하는 것을 삼가야 한다. 단점을 다른 구성원에 전달하는 것 역시 공동체를 붕괴시키는 매우 위험한 결과를 초래할 수 있다. '오래 참음의 성품리더십'을 지닌 리더는 인내로써 구성원을 포용하며, 결속력을 강화할 수 있다. '오래 참음'은 화내거나 분노하지 않는 관용이며, 공동체 리더에게 중요한 가치 덕목 중에 하나다. 공동체 리더는 많은 구성원들과 접하고 상호작용하는 위치에 있다. 리더는 공동체 구성원에게 공동체를 대표하여 안정감 있는 신뢰를 보여야 한다. 화내거나 분노하는 리더보다 '품위와 관용을 지닌 리더'가 사랑과 믿음으로 하나 되는 교회 공동체를 세울 수 있다.

일곱째, '자비 성품리더십훈련'은 교회 공동체 내에 '가난하고 약한 자를 위한 포용, 이웃을 위한 헌신과 사랑의 표현'을 제시하는 데에 기여할 수 있다. 성령의 열매 자비는 가난하고 약한 자를 위한 따뜻하고 너그러운 하나님의 사랑을 담고 있다. 공동체 리더는 사랑과 포용으로써 자비를 실천하고 공동체 구성원과 함께 해야 한다. '자비'는 이웃을 위한 헌신과 사랑의 표현이다. 공동체 리더는 이웃을 위한 사랑과 실천에 앞장서야 한다. 리더의 앞선 행동은 공동체 구성원에게 이어지고, 범 사회적으로 확산될 수 있다. 이것은 예수님의 사랑의 실천이며 자비의 실천이다. 자비의 성품리더십을 지닌 리더는 공동체 구성원 간에 사랑과 헌신을 적극적으로 드러내고 표현하는 공동체성에 기여할 수 있다.

여덟째, '양선 성품리더십훈련'은 교회 공동체 내에 '옳은 일을 행함'으로써 방향성을 제시하는 데에 기여할 수 있다. 성령의 열매 '양선'은 하나님의 선함으로 옳은 일을 행하는 것이다. '리더'는 공동체 구성원에게 하나님의 선함과 옳음을 제시하여 건강한 공동체로 이끌 수 있다. '양선'은 하나님과 예수님의 선함으로, 가난하고 약한 자를 위해 헌신하고, 베풀고, 사랑하는 것을 의미한다. 양선은 하나님과 예수님의 선함과 사랑을 실천하는 구체적인 모습이며, 양선의 성품리더십을 지닌 리더는 공동체 안에 예수님의 사랑을 실현하는 데에 기여할 수 있다.

아홉째, '충성 성품리더십훈련'은 교회 공동체 내에 '하나님을 섬기는 종, 예수님의 헌신과 사랑, 성실함과 정직함, 한결같은 사랑과 정의'를 제시하는 데에 기여할 수 있다. 성령의 열매 '충성'은 하나님을 섬기는 종으로서 예수님의 헌신과 사랑을 따르는 성실하고 정직함, 그리고 충만함을 이른다. 교회 공동체 리더는 그리스도인으로서 하나님의 섬기는 종으로서의 본분을 다하고 성실하고 정직한 삶의 모범을 보여야 한다. 충성은 작은 일에 성심을 다하고 성실함과 진실함으로 한결같으며 하나님의 신실함을 따른다. 공동체 리더는 모든 일에 성실함으로 대하여 마음을 다하고, 오래도록 진실하며 불의에 굴하지 않으며 충성된 마음으로 헌신하는 삶의 태도를 보여야 한다. 그렇게 함으로써 공동체 구성원은 리더를 믿고 따르며, 하나님을 섬기는 충성된 마음으로 사랑의 공동체를 완성할 수 있다. '충성'은 하나님의 신실함으로 사랑과 정의이다. 공동체 리더는 하나님의 신실함을 따르고, 사랑과 정의를 지키며 실천하는 자이다. 공동체 리더가 교회의 사랑과 정의를 따르지 않고, 다가선 어려움과 시련에 쉽게 굴복한다면, 공동체 구성원은 그 방향성을 잃고 온전한 그리스도인의 공동체를 이룰 수 없다. 교회 공동체 리더는 크고 작음을 넘어서 충성된 마음으로 예수님의 사랑과 정의를 실천하는 일관된 믿음을 보여야 한다. 충성의 성품리더십을 지닌 리더는 교회 공동체 구성원에게 그리스도인의 삶의 방향성을 제시하는데 기여할 수 있다.

열째, '온유 성품리더십훈련'은 교회 공동체 내에 '겸손과 타인에 대한 동정심, 공격적 상황에서 용서와 온화함, 이해와 배려의 마음'을 제시하는 데에 기여할 수 있다. 공동체 리더는 하나님과 예수님의 은총으로 마음을 온화하게 할 수 있도록 정돈하고 기도해야 한다. 리더는 평정심을 지니며, 용서와 사랑의 마음을 지니는 온유로써 직분을 다해야 한다. 용서와 너그러움, 겸손을 지닌 리더는 교회 공동체의 화합과 온기를 채우는 역할을 함으로써 구성원의 신뢰를 얻을 수 있으며, 사랑의 공동체를 이룰 수 있다. '온유'는 이웃과 다투지 않으며, 상대를 이해하고 배려하는 마음이다. 공동체 리더는 마음을 따뜻하게 하고 타인을 이해하고 배려하는 마음으로 공동체 구성원을 대하고 이끌어야 한다. 온유의 성품리더십을 지닌 리더는 공동체 구성원에게 믿고 의지하는 구심점으로써 역할을 담당할 수 있으며, 공동체의 결속력과 활성화에 기여할 수 있다.

열한째, '절제 성품리더십훈련'은 교회 공동체 내에 '욕망 조절 통제력, 영적 권능, 말과 비판을 삼가는 힘과 지도력'을 제시하는 데에 기여할 수 있다. 교회 공동체 리더는 욕망을 조절하고 건강한 그리스도인의 삶을 살 수 있도록 모범을 보여야 한다. 절제의 성품리더십을 지닌 리더는 공동체 구성원과 인내와 사랑, 우애와 화합으로 함께 하며, 욕망에 맞서 건강한 그리스도인의 삶을 이끌도록 노력해야 한다. 교회 공동체의 건강성은 리더의 절제된 모습과 건강한 그리스도인의 삶에서 비롯된다. '말을 삼가는 절제'는 교회 공동체 리더에게 매우 중요한 덕목이다. 공동체 리더의 소통은 구성원과의 말과 언어 사용으로부터 시작된다. 리더의 언어가 정제되어 있지 않다면, 오해나 분란의 빌미를 줄 수 있다. 말은 사람을 아프게 하며, 신뢰를 잃게 하고, 다툼을 일으키기도 한다. 참된 신앙인과 리더는 따뜻한 말과 온화한 말, 이해하며 사랑의 언어로써 소통하고 마음을 나누며, 공동체의 화합과 융합에 기여할 수 있다.

이상으로 교회 내 소그룹공동체 활성화를 위한 그리스도 중심적 리더 성품리더십 양육훈련 프로그램의 기대효과에 대해서 주목할만한 내용을 중심으로 살펴보았다.

다음은 그리스도 중심 리더 성품리더십 양육훈련 프로그램 활용과 교회 공동체 적용에 관한 향후 전망에 대해서 살펴보기로 한다.

첫째, 그리스도 중심 리더 성품리더십 양육훈련 프로그램은 중소규모 교회 공동체 활성화와 공동체성 강화를 위해 소그룹리더를 양성하는 데에 중요성이 있다. 이를 위해 출판물 간행, 홍보물 제작, 세미나 등을 우선 시행해야 한다. 일련의 활동을 통해 수요를 파악할 수 있으며, 적용 대상 그리고 진행 일정을 구체화할 수 있다.

둘째, 교육훈련 참여를 요청하는 중소교회와 성도들은 다양한 상황을 고려하여 '정규 프로그램'[401] 외에 특강과 세미나, 압축적 프로그램의 시행을 요청할 수 있다. 중소교회는 교육 여건과 현실적 진행 상황이 매우 다양하다. 이러한 점을 고려하여 프로그램 일정과 규모를 유동적으로 적용하는 것을 검토할 필요가 있다.

셋째, 프로그램을 구체화하여 진행하면 많은 문제점이 노출될 것이다. 이를 즉시 기록하고, 내부적으로 회의를 거쳐 보완, 개선하도록 한다. 최종 프로그램은 이를 반영하되, 진행 상황의 유동성을 구분하여 혼란이 없도록 한다.

넷째, 진행 과정에서 접하는 다양한 피드백을 날짜별로 정리하

---

[401] 그리스도 중심 성품리더십 양육훈련 프로그램은 4주간의 '사랑의 성품리더십 양육훈련 프로그램'을 시작으로, 순차적 과정으로써 '희락', '화평', '인내', '자비', '양선', '충성', '온유', '절제'에 이르기까지 총 9 Step 양육훈련 프로그램을 36주간 9개월에 걸쳐서 진행하게 된다. 이 과정은 성품리더십 양육훈련으로 기본과정에 해당한다. 다만, 본 연구에서는 기본과정인 성품리더십 양육훈련 프로그램을 중심으로 연구되었다. 또한, 그리스도 중심 성품리더십 양육훈련 프로그램은 기본과정에 이어 심화과정, 실천사역 전문과정 프로그램으로 진행된다. 본 연구에서 연구자가 제안하는 성품리더십 양육훈련은 기본과정이며, 계속적으로 심화 과정인 성품리더십 양육훈련 과정과, 실천사역 전문과정으로 재생산 훈련을 할 수 있다.

고, 프로그램에 반영하여 신뢰도를 높인다.

　이외에 성품리더십 양육훈련 프로그램의 다양한 변수와 상황에 대해서는 별도로 주목하여 대응하기로 한다.

Chapter4 결론

필자는 '성령의 9가지 열매'를 소그룹리더의 성품리더십 양육훈련 원리로 삼았다. 본 연구에서는 가르쳐서 얻어지는 것보다, 임하여 주어진 성령의 열매를 강화하고 일깨우는 데에 초점을 맞추었다.

성령의 열매 이해는 성경에 담긴 성령의 열매와 하나님 말씀을 강독하고 기도하는 것에서 얻고자 했다. 기도는 하나님의 선물에 대한 인간의 응답이다. 구원은 이를 통해 이루어진다. 교회 공동체의 기도는 '삼위일체 하나님'을 향한 것이며, '기도'는 하나님에 대한 신앙적인 응답이다.[402] 하나님을 믿는 사람들은 설교와 성경 낭독뿐만 아니라, 세례와 성찬 그리고 기도를 통해, 사랑과 봉사를 실천하고 하나님의 말씀을 믿고 따라야 한다. 이 모든 것은 교회 홀로 행하는 것이 아니다. 하나님께서 경륜(經綸)을 실행하시고, 하나님 백성이 되도록 인도하시며, 신앙공동체에 적극적으로 관여하심으로 온전해진다.[403]

성령의 열매에 대한 성경적 이해는 성품리더십 양육훈련 원리로써 기능하며, 교회 소그룹활동을 위한 현실적 개념으로 교환한다. 이를 토대로 소그룹리더 성품리더십 양육훈련을 위한 프로그

---

402 박근원, 『오늘의 예배론』 (서울: 대한기독교서회, 2005), 114~115.
403 Justo L. Gonzalez & Catherine Gunsalus Gonzalez, 『초대교회 예배』, 김상구·배영민 역 (서울: CLC, 2024), 26.

램 개발과정 절차에 진입한다. 그리스도 중심 성품리더십 양육훈련 원리로써 성령의 9가지 열매는 각각 다음의 속성과 양육훈련의 실제적 훈련 방향성을 제시한다.

성령의 열매 '사랑'은 이웃과 형제에 대한 사랑과 생명이며 실천적 사랑의 속성을 담고 있으며, 성품리더십 강화를 위해 관계적 공동체성, 방법론적 방향성을 제시한다.

성령의 열매 '희락'은 그리스도인의 삶에서 우러나오는 기쁨과 만족, 이웃과 사회적 약자를 배려하는 기쁨을 담고 있으며, 성품리더십 강화를 위해 어려움 극복, 공동체 결속력 강화, 믿음의 성장성을 제시한다.

성령의 열매 '화평'은 불안과 두려움으로부터 마음의 평화, 이웃과 타인에 대한 사랑과 포용을 담고 있으며, 성품리더십 강화를 위해 정신적인 안정과 믿음의 지지, 영적 안정과 건강한 생활인을 제시한다.

성령의 열매 '오래 참음'은 시련과 두려움을 이겨내는 인내, 타인에 대한 관용과 사랑을 담고 있으며, 성품리더십 강화를 위해 공동체의 시련극복과 인내, 말과 언어 사용의 신중함, 분노하지 않는 관용을 제시한다.

성령의 열매 '자비'는 가난한 자와 약자를 위해 베푸는 선행과 실천적 사랑을 담고 있으며, 성품리더십 강화를 위해 '가난하고 약한 자를 위한 포용, 이웃을 위한 헌신과 사랑의 표현'을 제시한다.

성령의 열매 '양선'은 가난한 자와 약자를 위해 베푸는 선행을 담고 있으며, 성품리더십 강화를 위해 '옳은 일을 행하는 것으로써 그 옳음의 방향성'을 제시한다.

성령의 열매 '충성'은 하나님을 섬기며 믿음으로 진실하게 순종하는 것을 담고 있으며, 성품리더십 강화를 위해 '하나님을 섬기는 종, 예수님의 헌신과 사랑, 성실함과 정직함, 한결같은 사랑과 정의'를 제시한다.

성령의 열매 '온유'는 겸손과 타인에 대한 동정심, 하나님에 대한 순종을 담고 있으며, 성품리더십 강화를 위해 '겸손과 타인에 대한 동정심, 공격적 상황에서 용서와 온화함, 이해와 배려의 마음'을 제시한다.

성령의 열매 '절제'는 욕망을 조절하는 통제력과 영적인 힘을 담고 있으며, 성품리더십 강화를 위해 '욕망 조절 통제력, 영적 권능, 말과 비판을 삼가는 힘과 지도력'을 제시한다.

본 연구에서 필자는 그리스도 중심적 성품리더십 재생산 훈련 프로그램을 살펴보았으며, '제자훈련', 'Cell훈련', 'TEE 소그룹공동체학습훈련'을 비교하여 그리스도 중심적 성품리더십 양육훈련 방법에 대해 제시하였다. 제자훈련은 '예수님의 12제자 양성과정'을 모델로 삼은 것이며, 소그룹리더로서 지성, 감성, 영성, 관계성, 공동체성을 지닌 하나님의 백성과 영적으로 성숙한 그리스도인을 양성하기 위한 훈련을 담고 있다. Cell훈련은 교회 소그룹활동의 일환으로써 세포 단위의 작은 교회공동체 훈련을 말한다. 셀 훈련과 목회활동은 초대교회 소그룹공동체 교회 활동과 유사한 특성을 보이고 있으며, 셀 안에서 배우며 셀 안에 지도자를 양성하고, 셀 안에서 은사체험을 통해 건강한 그리스도인으로 거듭나는 과정을 말한다. 'TEE 소그룹공동체학습방법'은 교회 및 삶의 현장에서 성경말씀을 핵심원리로 하여 창의적 성경학습시스템을 구축한 것으로 현장 사역의 역동성을 반영한 공동체학습훈련 프로그램이다.

본 연구의 그리스도 중심적 소그룹리더의 성품리더십 재생산 훈련의 특징은 다음과 같다. 우선, 성품리더십 재생산 훈련에 참여하는 참여자는 성령의 열매 핵심개념 원리를 담은 성경말씀의 정독, 낭송, 암송, 묵상기도를 통해 '내면화하는 양육훈련'을 통해 영적으로 성장하게 하는 과정을 가진다. 다음 과정으로, 재생산 훈련 참여자는 성령의 열매 핵심개념 원리를 담은 성경말씀을 소그룹공동체 구성원과 강론, 토론, 나눔활동 과정을 통해 '공론화하는 양육훈련'의 과정을 가진다. 재생산 훈련 참여자는 성령의 열매 핵심개념 원리를 담은 성경말씀의 '내면화과정'과 '공론화과정'을 거치고, 반드시 '실천과정의 양육훈련'을 통해 교회공동체와 지역사회 안에 예수님의 사랑과 헌신을 최종적으로 실현한다.

성품리더십 재생산 양육훈련 원리의 이론적 근거는 교육방법론 학습이론의 '인지주의 학습이론, 구성주의 학습이론, 행동주의 학습이론'과 '영성 인지주의, 영성 구성주의, 영성 행동주의 학습이론'을 참고했다.

성품리더십 양육훈련과정에서 '성경말씀의 내면화 과정'은 성품리더십의 지성, 감성, 성품, 영성 형성에 기여할 수 있으며, 영적 성숙을 위한 '영성 인지주의 양육훈련'의 실행과정이다. '균형 잡힌 공론화 과정'이라는 일련의 활동은 영적 성숙을 위한 '영성 구성주의 양육훈련' 활동으로써 성품리더십의 관계성, 공동체성, 균형성에 기여할 수 있다. '실천과정의 양육훈련'은 영적 성숙을 위한 '영성 행동주의 학습이론'을 바탕으로 하며, 성령의 열매를 통해 성품리더십의 관계성, 공동체성, 현실성, 소통성, 사랑의 확장성에 기여할 수 있다.

성령의 열매를 핵심원리로 삼는 성품리더십 양육훈련의 실제 적용과정은 다음과 같다. 우선, 양육훈련 프로그램 개발자는 핵심원리로써 성령의 열매에 대한 성경적 이해과정을 선행하여 가진다. 다음의 과정으로, 성령의 열매의 성경적 이해는 핵심 개념 정립과 현실적 개념으로 전환해야 한다. 성령의 열매는 궁극적으로 양육훈련 프로그램의 핵심원리로 반영된다. 마지막 과정으로, 양육훈련 프로그램 개발자는 성령의 열매에 담긴 핵심 개념과 현실적 개념을 바탕으로 실행 가능한 구체적인 프로그램을 개발한다. 성품리더십 양육훈련 프로그램은 적용 대상과 교회 공동체의 다양한 환경을 고려하여 프로그램을 제작한다. 이상으로 소그룹 리더의 성품리더십 양육훈련 프로세스, 성령의 열매와 성품리더십 양육훈련원리, 소그룹리더 훈련프로그램, 실질적 연구 과정 등에 대해 살펴보았다.

필자는 앞으로도 성령의 9가지 열매를 핵심원리로 한 그리스도 중심적 성품리더십훈련교재들이 다양하게 개발되고 활용되어지기를 기대한다.

참고 문헌

1. 국내서적

강근환 외. 『세계 기독교 교회사』. 서울: 기독교선교회, 1988.
길선주. 『영계 길선주 목사 저작집』. 제1권. 서울: 기독교서회, 1968.
김광건. 『영적 리더십의 새로운 패러다임』. 서울: 웨스트민스터출판부, 2006.
김남용. 『역동적인 평신도 지도자를 세워라』. 서울: 멘토, 2002.
김대인 외. 『섬김의 리더십』. 천안: 도서출판 백향, 2019.
김덕수. 『리더십다이아몬드』. 서울: 두란노아카데미, 2008.
김린서. 『영계선생 소전』. 저작 전집 제5권. 서울: 산방에서, 1951.
김상구. 『개혁주의생명신학에서 본 예수생명 예수목회』. 서울: 대서, 2022.
_____. 『개혁주의 예배론』. 서울: 대서, 2017.
_____. 『한국교회와 예배서』. 서울: CLC, 2013.
_____. 『세례로의 초대』. 서울: 대서, 2009.
_____. 『일상생활과 축제로서의 예배』. 서울: 이레서원, 2008.
김상구·김태규. 『한국교회 예배사』. 서울: 대서, 2022.
김성곤. 『두 날개로 날아오르는 건강한 교회』. 고양: 두날개, 2008.
김성욱. 『현대 평신도 전문인 선교』. 서울: 프라미스키퍼스, 2010.
_____. "평신도 신학" 『복음주의 실천신학 개론』. 서울: 세복, 1999.
김승곤. 『성경적 리더십』. 서울: 태창문화사, 1997.
김요나. 『일사각오』. 서울: 주성, 1987.
김연택. 『건강한 교회와 예배』. 서울: 프리셉트, 2000.
김영태. 『존 웨슬리로 본, 한국교회 주일예배 이렇게 드리라』. 서울: 대서, 2018.
김점옥. 『평신도 사역자 이렇게 키우라』. 서울: 기독신문사, 2001.
김재성. 『무디, 오 놀라운 복음전도자』. 용인: 킹덤북스, 2013.
김태수. 『성경 인물과 리더십 유형』. 서울: 기독교연합신문사, 2005.
김충남. 『순교자 주기철 목사 생애』. 서울: 은혜출판사, 2016.
김희보. 『구약신학논고』. 서울: 예수교문서선교회, 1980.
노정현. "평신도운동의 유래" 『평신도와 교회: 남선교회 운영지침』. 서울: 대한예수교
    장로회총회교육부, 1981.
남홍석. 『유가와 서번트 리더십』. 서울: 동과서, 2014.

민경배. 『한국 기독교 사회운동사』. 서울: 대한기독교출판사, 1987.
_____. 『순교자 주기철 목사』. 서울: 대한기독교출판사, 1985.
명성훈. 『창조적 리더십』. 서울: 서울서적, 1991.
박근원. 『오늘의 예배론』. 서울: 대한기독교서회, 2005.
박광재. "평신도운동의 발자취" 『평신도운동-우리의 생활 안내』. 서울: 한국기독교연합회, 1965.
박성민. 『섬기는 리더십: 숙명리더십연구-세상을 바꾸는 부드러운 힘 3』. 서울: 숙명리더십개발원, 2006.
박성익·임철일·이재경·최정임. 『교육방법의 교육공학적 이해』. 서울: 교육과학사, 1999.
박용규. 『한국기독교사 Ⅰ』. 서울: 생명의 말씀사, 2004.
_____. 『한국기독교사 Ⅱ』. 서울: 생명의 말씀사, 2004.
박정식. 『평신도는 없다』. 서울: 국제제자훈련원, 2003.
배본철. 『성령의 열매, 예수 그리스도의 품성』. 서울: 크리스천투데이, 2019.
배종석·양혁승·류지성. 『건강한 교회, 이렇게 세운다』. 서울: 한국기독학생회, 2008.
백석정신아카데미 백석연구소 편. 『개혁주의생명신학 교회를 살리다』. 서울: 기독교연합신문사, 2023.
성종현. 『설교의 원리와 실제』. 서울: 기독교연합신문사, 2005.
소기천. "신약성경에서 본 평신도와 초기 한국교회의 권서인 소요한 장로." 『교회의 직제와 평신도론』. 서울:장로회신학대학교출판부, 2001.
손동희. 『사랑의 순교자 손양원 목사 옥중목회』. 서울: 보이스사, 2001.
안승오. 『건강한 교회 성장을 위한 핵심원리 7가지』. 서울: 대한기독교서회, 2006.
안재은. 『소그룹 목회원리와 프락시스』. 서울: 그리심, 2010.
여상기. 『21세기 목회 경영과 평신도 사역』. 양평: 크리스처헤럴드, 1999.
옥한흠. 『다시 쓰는 평신도를 깨운다』. 서울: 국제제자훈련원, 2007.
우지연. 『크리스천 성품교육 THE성품』. 서울: 겨자씨, 2014.
유성준. 『예수처럼 섬겨라: 예수 그리스도가 자신의 삶을 통해 보여주신 서번트 리더십』. 서울: 평단문화사, 2009.
유화자. 『멘토링: 성경적 제자 양육』. 서울: 합동신학대학원출판부, 1999.
이동원. 『성령에 속한 사람』. 서울: 규장, 2008.
이성희. 『미래목회 대예언』. 서울: 규장, 1998.
이학준. 『한국교회, 패러다임을 바꿔야 산다: 변화와 갱신을 위한 로드맵』. 서울: 새물결플러스, 2011.
이형기. "종교개혁과 평신도" 『교회의 직제와 평신도론』. 서울: 장로회신학대학, 2001.
인사이트리서치. 『한국교회 역할모델에 관한 조사 보고서』. 서울: 인사이트리서치, 2011.
은준관. 『신학적 교회론』. 서울: 한들출판사, 2009.

장종현. 『개혁주의생명신학』. 서울: UCN, 2023.
_____. 『만화, 신학은 학문이 아닙니다』. 천안: 백석정신아카데미, 2023.
_____. 『신학은 학문이 아닙니다』. 천안: 백석정신아카데미, 2022(개정판).
_____. 『개혁주의생명신학 7대 실천운동』. 천안: 백석정신아카데미, 2018.
_____. 『개혁주의생명신학 선언문』. 천안: 백석정신아카데미, 2017.
_____. 『백석학원의 설립정신』. 천안: 백석정신아카데미, 2014.
_____. 『생명을 살리는 교육』. 서울: 백석신학연구소, 2008.
전요섭. 『그룹 활동과 인간관계 훈련』. 서울: 은혜출판사, 1986.
정경호. 『바울의 선교신학』. 서울: 기독교문서선교회, 2009.
정재영. 『소그룹의 사회학』. 서울: 한들출판사, 2010.
조경현. 『초기 한국장로교 신학사상』. 서울: 그리심, 2011.
주도홍. 『개혁교회 경건주의』. 서울: 대서, 2011.
주도홍 편저. 『독일의 경건주의』. 서울: 기독교문서선교회, 1991.
주상지. 『팀워크: 21세기 사역 패러다임』. 서울: 서로사랑, 2002.
_____. 『리더십 개발의 12가지 열쇠』. 서울: 서로사랑, 2001.
주종훈·이상예. 『일상 성찬』. 서울: 두란노서원, 2019.
지용근 외 10인. 『한국 교회 트렌드 2024』. 서울: 규장, 2023.
지용덕. 『팀 목회론』. 서울: 쿰란, 2002.
차종순. 『애양원과 사랑의 성자 손양원』. 서울: KIATS, 2008.
천환. 『성경적 리더십을 회복하라』. 서울: CLC, 2017.
채이석. 『소그룹의 역사』. 용인: 소그룹하우스, 2010.
_____·이상화. 『건강한 소그룹사역 어떻게 할 것인가』. 용인: 소그룹하우스, 2005.
최영기. 『가정교회로 세워지는 평신도 목회』. 서울: 두란노서원, 1999.
최원식. 『2020·2040 한국교회 미래지도』. 서울: 생명의 말씀사, 2013.
황규애. 『가정과 성격형성』. 서울: 도서출판 영문, 1999.
황준배. 『카리스마적 리더십』. 서울: 그리심, 2007.
한국기독교목회자협의회. 『한국기독교분석리포트』. 서울: 대한기독교서회, 2023.

2. 번역서적

Banks, Robert J. 『1세기 교회 예배 이야기』. 신현기 역. 서울: 한국기독학생회출판부, 2021.
_____. 『바울의 공동체 사상』. 장동수 역. 서울: IVP, 2007.
Barrett, Lois. 『가정교회 세우기』. 임종원 역. 서울: 미션월드 라이브러리, 2002.

Beckham, Bell. 『제2 종교개혁』. 임원주 외 터치 코리아팀 역. 서울: 도서출판 NCD, 2001.
Bob Yandian. 『다윗 섬김의 리더십』. 강주현 역. 서울: 경영정신, 2001, 130.
Branick, Vincent P. 『초대교회는 가정교회였다』. 홍인규 역. 서울: 기독교연합신문사, 2005.
Buchanan, James. 『성령의 사역, 회심과 부흥』. 신호섭 역. 서울: 지평서원, 2011.
Cherry, Constance M. 『예수님처럼 예배하라』. 김상구·배영민 역. 서울: CLC, 2023.
Clark, Charles Allen. 『한국 교회사』. 심재원 역. 서울: 기독교서회, 1968.
Comiskey, Joel. 『사람들이 몰려오는 소그룹 인도법』. 편집부 역. 서울: NCD, 2010.
_____. 『셀그룹 폭발』. 박영철 역. 서울: NCD, 2000.
Donahue, Beill. 『삶을 변화시키는 소그룹 인도법』. 김주성 역. 서울: 국제제자훈련원, 2015.
_____. 『윌로우크릭 교회 소그룹이야기』. 송영선 역. 서울: 도서출판 디모데, 2002.
_____. Leding Life-Changing Small Groups. 송영선 역. 『윌로우크릭 교회 소그룹 이야기』 서울: 도서출판 디모데, 2002.
Eims, L. 『제자가 되는 길』. 네이게이토 편역 (서울: 네비게이토 출판사, 2021)
_____. 『당신도 영적 지도자가 될 수 있다』. 네이게이토 편역. 서울: 네비게이토 출판사, 1990.
George, Carl F. 『성장하는 미래교회 메타교회』. 김원주 역. 서울: 요단출판사, 1999.
_____. 『다가오는 교회 혁명 이렇게 대비하라』. 전의우 역. 서울: 요단출판사, 1999.
Gibbs, Eddie. 『넥스트처치』. 임신희 역. 서울: 교회성장연구소, 2010.
Gilbert, Larry. 『팀사역』. 채수범 역. 서울: 프리셉트, 1995.
Gonzalez, Justo L. & Gonzalez, Catherine Gunsalus. 『초대교회 예배』. 김상구·배영민 역. 서울: CLC, 2024.
Greenleaf, Robert K. 『서번트 리더십 원전: 리더는 머슴이다』. 강주현 역. 서울: 참솔, 2008.
Harrington, Daniel J. 『신약성서의 교회』. 김동수 역. 서울: 대한기독교서회, 2007.
Hart, D. G. · Muether, John R. 『개혁주의 예배신학』. 김상구·김영태·김태규 역. 서울: 개혁주의신학사, 2009.
Henricher, W. A. · Garrion, W.N. 『평신도 사역자를 계발하라』. 유재성 역. 서울: 나침반사, 1988.
Henriehsen, Walter A. 『훈련으로 되는 제자』. 네비게이토 편역. 서울: 네비게이토출판사, 2009.
Hunter, James C. 『서번트 리더십』. 김광수 역. 서울: 시대의 창, 2002.
Hull, Bill. 『변혁, 21세기 교회의 생존 전략』. 마영례 역. 서울: 도서출판 디모데, 1999.
_____. 『온전한 제자도』. 박규태 역. 서울: 국제제자훈련원, 2017.

Icenogle, Gareth W. 『소그룹 사역을 위한 성경적 기초』. 김선일 역. 서울: SFC, 2007.
Ikujiro, Nonaka & Takeuchi, Hirotaka. 『지식창조기업』. 장은영 역. 서울: 세종서적, 1998.
Long, Jimmy외. 『소그룹 리더 핸드북』. IVF 자료개발부 역. 서울: IVP, 2004.
Louis Berkhof. 『벌코프 조직신학』. 권수경 이상원 역. 고양: 크리스챤다이제스트, 2013.
_____. 『소그룹 리더 핸드북』. IVP자료개발부 역. 서울: 한국기독학생출판사, 1996.
Maxwell, John. 『성경에서 배운 21분 리더십』. 정성묵 역. 서울: 생명의 말씀사, 2017.
Mcbride, Neal F. 『소그룹 인도법』. 네비게이토 번역. 서울: 네비게이토출판사, 1997.
Merritt, James. 『성령의 열매가 당신을 리더로 만든다』. 장택현 역. 서울: UCN, 2004.
Naver, Ralf. 『셀 목회 지침서』. 장학일 역. 서울: 서로 사랑, 1999.
Nicholas, Ron. 『소그룹 운동과 교회성장』. 신재구 역. 서울: IVP, 1986.
Offner, Hazel. 『성령의 열매』. 권영석 편역. 한국기독학생회출판부, 1994.
Osmer, Richard R. 『실천신학의 네 가지 중심과제』. 김현애·김정형 역. 서울: WPA, 2012.
Packer, James I. and Stibbs, A. M. 『우리 안에 거하시는 성령님』. 정다올 역. 서울: 생명의 말씀사, 2010.
Quicke, Michael J. 『전방위 리더십: 회중을 변화시키는 리더십 설교』. 이승진 역. 서울: CLC, 2009.
Reid, Clyde. 『소그룹이 살면 교회가 산다』. 전요섭 역. 서울: 쿰란, 1996.
Rogers, Everett M. 『개혁의 확산』. 김영석 · 강내원 · 박현구 옮김. 서울: 커뮤니케이션북스, 2005.
Rusaw, Rick. & Swanson, Eric. 『교회밖으로 나온 교회』. 김용환 역. 서울: 국제제자훈련원, 2013.
Shaw, R. Daniel & Engen, Charles Van. 『기독교복음전달론』. 이대헌 역. 서울: CLC, 2007.
Stott, John R. W. 『설교자상』. 문창숙 역. 서울: 개혁주의신행협회, 1990.
Sanders, J. O. 『영적 지도력』. 이동원 역. 서울: 요단출판사, 1996.
_____. 『하나님의 학교를 졸업한 사람들』. 최혜숙 역. 서울: 나침반사, 1986.
Stanley, Andy. 『성품은 말보다 더 크게 말한다』. 윤종석 역. 서울: 도서출판 디모데, 2017.
Webber, Robert E. 『예배학』. 김지찬 역. 서울: 생명의 말씀사, 2005.
Wolff, R. 『지도자론』. 조동진 역. 서울: 크리스챤 헤럴드사, 1971.
Wright, Christopher J. H. 『성령의 열매』. 박세혁 역. 서울: 도서출판CUP, 2019.

3. 영문서적

Bonhoeffer, Dietrich. The Cost of Discipleship. New York: Macmillan, 1973.
Dandamayev, Muhammad A. "Slavery: Old Tastament", The Anchor Bible Dictionary Vol.62 New York: Doubleday, 1992.
Donahue, Bill and the Willow Creek Small Groups Team. Leading Life-Changing Small Group. Grand Rapids: Zondervan, 2002.
Dunn, James. Jesus and the Spirit. London: SCM Press Ltd., 1975.
Dykstra, Craig R. Vision and Character. New York: Paulist Press, 1981.
Galloway, Dale. & Mills, Kathi. The Small Group Book. Grand Rapids: Fleming H. Revell, 2000.
IVP, Small Group Leaders Handbook, IVP press, 1995.
Mcbride, Neal F. How to Small Groups. Colorado: Navpress, 1990.
John White. Excellence Leadership. Downers Grove, III: Intervarsity Press, 1986.
Sanders, J. Oswald. Spiritual Leadership. Chicago, IL: Moody Press, 1982.
Tea W. Engstrom. The Making of a Christian Leader. Grand Rapids, Michigan: Zondervan, 1980.
Voegelin, Eric. Anamnesis. Notre Dame, Ind.: University of Notre Dame Press, 1978.
Wilkins, Michael. Following the Master. Grand Rapids, MI: Zondervan, 1992.

4. 학위논문

강석훈. "선교적 교회의 리더십 전환 연구: 앨런 J. 록스버그의 선교적 리더십 이론의 속초중앙교회 적용을 중심으로". 박사학위논문, 장로회신학대학교대학원, 2021.
구자희. "도시민 치유효과 제고를 위한 도시농업공원 조성계획요소 중요도". 석사학위논문, 서울시립대학교 과학기술대학원, 2023.
김경래. "목회자의 올바른 성품에 대한 연구". 석사학위논문, 안양대학교 신학대학원, 2008.
김영태. "예배예식서에 나타난 주일예배의 형성과정 연구: 한국 감리교회를 중심으로". 박사학위논문, 백석대학교 기독교전문대학원, 2008.

김영태. "소그룹 목회 시스템을 통한 교회성장 활성화 방안". 박사학위논문, 총신대학교 목회신학전문대학원, 2009.
김외식. "목회지도력 유형연구". 석사학위논문, 감리교신학대학신학대학원, 1986.
김재환. "목회자리더십유형절 분석을 통한 지역교회 리더십 활성화 방안". 박사학위논문, 총신대학교 목회신학 전문대학원, 2013.
김태종. "한국교회 청년대학생의 공동체성 회복을 위한 예배 방안 연구: 청년대학생 예배 인식도 조사를 중심으로". 박사학위논문, 백석대학교 기독교전문대학원, 2019.
김희백. "변혁적 목회리더십 계발과 적용-변혁적 리더십 이론을 중심으로". 박사학위논문, 총신대학교대학원, 2010.
박광일. "목회자의 Leadership에 관한 연구". 석사학위논문, 서울신학대학교 대학원, 1990.
서정국. "목회자의 지도력 개발에 관한 연구". 석사학위논문, 호서대학교 대학원, 1991.
서혜성. "제4차 산업혁명 시대 크리스천 리더십 향상을 위한 교육프로그램 개발과 실행에 관한 연구". 박사학위논문, 웨스트민스터신학대학원, 2022.
송우룡. "성육신적 회중사역으로서의 선교적 교회론 연구". 박사학위논문, 백석대학교 기독교전문대학원, 2015.
이금석. "평양신학교 설립과 미국 청교도 신학연구". 박사학위논문, 국제신학대학원대학교, 2015.
이광수. "소그룹 목회에 관한 연구". 박사학위논문, 한신대학교 신학전문대학원, 2009.
이문숙. "영적 리더십의 본질로 본 성령의 열매에 대한 고찰". 석사학위논문, 고신대학교 대학원, 2013.
이성규. "자기조직화 이론을 통한 교회 기능 활성화 방안 연구". 박사학위 논문, 백석대학교 기독교전문대학원, 2018.
이인환. "도시민의 도시농업 참여 만족도와 농촌체험관광 인식에 관한 연구". 석사학위논문, 서울시립대학교 일반대학원, 2012.
이원복. "공동체 이해를 통한 주일예배 갱신 방안 연구". 박사학위논문, 백석대학교 기독교전문대학원, 2019.
이진철. "예배구조와 예배공간의 상관성 이해를 통한 예배 활성화 방안 연구". 박사학위논문, 백석대학교 기독교전문대학원, 2023.
이종석. "소그룹 다이나믹스를 통한 리더십개발이 교회 공동체에 미치는 영향에 관한 연구". 박사학위논문, 장로회신학대학교 목회전문대학원, 2007.
이창진. "소그룹 활동을 통한 교회의 활성화 방안". 박사학위논문, 장로회 신학대학교 목회전문대학원, 2010.
정종일. "진정성 리더십이 구성원의 조직시민 행동에 미치는 영향에 관한 연구". 박사학위논문, 東新大學校, 2015.

정대일. "교회학교 아동부 성품교육 커리큘럼 연구: 소망교회 아동부를 중심으로". 박사학위논문, 장로회신학대학교 목회전문대학원, 2017.
조성래. "소그룹 공동체학습의 원리와 교안작성: TEE의 교재를 사용한 공동체학습의 효과분석". 박사학위논문, 백석대학교 기독교전문대학원, 2011.
조용재. "디모데후서에서의 목회 리더십과 교회성장에 관한 연구". 박사학위논문, 고신대학교 일반대학원, 2015.
주하나. "크리스천 유아의 리더십코칭 프로그램 구성과 적용효과 황금원모델 활용". 박사학위논문, 숙명여자대학교, 2022.

5. 학술논문 및 간행물

강미자. "가족 역할극을 통한 경도 정신지체 학생들의 부적응 행동 수정 방안". 특수교육총연합회. 「한국연구재단(NRF)」 (1997): 1~105.
구차순·박주홍·노봉근·김혜경. "전문직 은퇴자의 재능나눔활동 경험에 관한 연구". 중앙대학교 한국인적자원개발전략연구소. 「역량개발학습연구」 10 (2015): 126~130.
김가원·황혜신. "노인 1인가구의 연령대별 행복감 영향요인에 관한 연구". 한국노인복지학회. 「노인복지연구」 76 (2021): 49~51.
김광식. "교회론의 성서적 기초와 교리사적·신학사적 의미". 「신학논단」 (1991): 45~70.
김경숙·이미나. "KBB_SCHOLAR_목회지도자의 자기효능감과 섬김리더십 간의 관계 연구". 인문사회과학기술융합학회. 「예술인문사회융합멀티 미디어논문지」 Vol.8 No.10 (2018): 603~610.
김남식. "한국교회 프로그램식 전도의 현실과 문제, 그리고 대안". 한국실천신학회. 「신학과 실천」 No.46 (2015): 479~510.
김동수. "보혜사: 교회의 성령". 한세대학교 영산신학연구소. 「성령과 신학」 18 (2002): 123~140.
김동현. "올바른 형태의 대화 또는 소통 : 가다머의 대화와 하버마스의 의사소통을 중심으로". 한국정책과학학회. 「한국정책과학학회보」 18 No.1 (2014): 245~265.
김린서. "영계선생소전(상)". 「신학지남」 Vol.13 No.6 (1931): 37~41.
_____. "영계선생소전(중)". 「신학지남」 Vol.14 No.1 (1932): 37~43.
_____. "영계선생소전(중2)". 「신학지남」 Vol.14 No.2 (1932): 33~36.
_____. "영계선생소전(하)". 「신학지남」 Vol.14 No.3 (1932): 33~36.
김민영. "배려 윤리에서 배려 받는 자의 중요성". 대동철학회. 「大同哲學」 93 (2020):

21~40.
_____. "배려 윤리와 환대". 대동철학회. 「大同哲學」 89 (2019): 19~42.
김상구. "개혁주의생명신학과 실천신학 연구방법론". 백석정신아카데미 백석연구소. 「개혁주의생명신학 세계를 살리다」 제2권 (2023): 891~917.
김영계. "건강한 목회 리더십을 위한 목회자 성품훈련의 필요성". 칼빈대학교, 「칼빈논단」 Vol. No.31 (2011): 47~64.
김영한. "KBB_SCHOLAR_국가 지도자가 가져야 할 성품의 리더십". 개혁주의이론실천학회. 「개혁주의 이론과 실천」 12 (2017): 7~29.
김정은·김고은. "건강하고 활동적인 일상을 보내는 전기 1인 가구 노인의 잘 늙어감에 관한 연구". 「노인복지연구」 75 (2020): 130~144.
김정옥·구향숙. "원예활동이 결혼이민자여성의 자존감에 미치는 영향". 한국인간·식물·환경학회. 「인간식물환경학회지」 15 (2012): 429~433.
김정호. "미소짓기". 「맘울림, 깊고 넓고 맑은 삶을 위하여」 4 (2004): 48~52.
김진우·박장근, "저항성 운동과 간헐적 단식 프로그램이 신체조성에 미치는 영향". 「한국사회체육학회지」 Vol.0 No.59 (2015): 721~731.
김한옥. "한국교회 소그룹 목회의 실태와 발전 방안". 한국실천신학회. 「신학과 실천」 12 (2007): 9~37.
민장배·이수환. "제자훈련을 통한 선교 방안 연구". 「신학과 실천」 72호 (2020): 599~622.
박명수. "한국성결교회의 역사와 특징". 현대기독교역사연구소. 「성결교회와 신학」 Vol.37 (2017): 68~85.
박봉배. "전통문화와 한국 목회자들의 윤리의식". 「목회와 신학」 제167권 (2003. 5): 45.
박석·박재호. "간헐적 단식: 공복감 속의 과학". 「스포츠과학」 Vol.147 (2019): 28~35.
박재주. "아리스토텔레스의 실천지의 능력과 적용과정". 한국윤리교육학회. 「윤리교육연구」 35 (2014): 465~484.
박옥숙. "대화기술을 이용한 피드백의 유형과 의미". 한국프랑스문화학회. 「프랑스문화연구」 Vol.13 (2006): 489~521.
박정식. "효과적인 평신도 소그룹 리더에 대한 연구: 미주한인교회를 중심으로". 한국복음주의기독교교육학회,「복음과 교육」 제10집 (2011): 73~111.
박종진. "7가지 리더십 관점에서의 성품 계발 타당성 연구". 국제문화기술진흥원. 「문화기술의 융합」 Vol.4 No.1 (2018): 183~186.
박형룡. "한국장로교회의 신학적 전통".「신학지남」 제13권 3집 (1976): 16.
성민경. "제자훈련을 위한 역량모델링 및 평가 설문도구 개발에 관한 연구". 한국실천신학회.「신학과 실천」 51호 (2016): 501~527.
성종현. "장종현 목사의 개혁주의생명신학 포럼 주제설교 연구". 백석정신아카데미 백석연구소.「개혁주의생명신학 세계를 살리다」 제1권 (2023): 313~338.

손형우. "내담자 학생을 위한 생활 상담과 미술교육을 통한 성품 교육과 영적 성숙". 대유학당,「대유학보」통권185호 (2024): 64~68.
신창호·석창훈. "서번트리더십 함양을 토대로 한 청소년 인성교육 내실화 모형 탐색",「한국교육학연구」21(2) (2015): 153~173.
신현광. "한국교회 성장에 나타난 문제점(1)". 한국복음주의실천신학회.「복음과 실천신학」제10권 (2005): 301~330.
신현태, "예절과 예절교육", 한국교육철학회「교육철학」13 (1995): 161~175.
안태용. "의사소통 교육의 주요 내용 및 방법과 어울림 의사소통 프로그램". 한국초등상담교육학회.「초등상담연구」Vol.16 No.1 (2017): 45~65.
유혜정·조병은. "청소년 자녀와 부모간 의사소통 개선을 위한 교수학습 과정안과 실제 상황적 수행평가 개발 및 적용". 한국가정과교육학회.「한국가정과교육학회지」Vol.23 No.3 (2011): 139~160.
이근식. "부목사의 목회적 권위와 윤리적 리더십에 대한 고찰". 감리교신학대학교.「신학과세계」Vol. No.85 (2016): 303~336.
이승진. "장종현 목사의 개혁주의생명신학에 기초한 성경해석과 설교 전달". 백석정신아카데미 백석연구소.「개혁주의생명신학 세계를 살리다」제1권 (2023): 423~447.
이은경. "중간기 회당공동체의 선교적 삶을 통한 현대교회 적용". 한국선교신학회.「선교신학」54 (2019): 292~307.
_____. "구약의 율법에서 보여준 '더불어 사는 삶'으로서의 선교에 관한 연구". 한국선교신학회.「선교신학」46 (2017): 261~272.
이은숙·박천호. "노인과 유아의 원예활동 프로그램이 세대간의 상호작용과 인식변화에 미치는 영향".「원예과학기술지」28 (2010): 150~154.
이영숙. "지면으로 만나는 성품강연: 이영숙의 성품리더십 지혜와 지식의 차이". 한국성품학회.「성품저널」Vol.4 (2014): 46~49.
이영숙. "성품칼럼 성품리더십이란". 한국성품학회.「성품저널」Vol.1 (2011) : 36~39.
이용숙.『분류체계/성분분석 결과를 통합 분석하여 설문조사 문항으로 발전시키기』"교육프로그램 개발 실행연구". 한국열린교육학회.「열린교육연구」Vol.23 No.1 (2015): 157~186.
이진욱. "환경오염 정화 과정에 나타난 지역공동체 회복력 영향 요인". 한국지역학회.「지역연구」37 (2021): 61~74.
이정배. "그리스도교 내의 대화원리 모색 : 종교간 대화를 위한 자기 발견적 해석학". 西江大學校 宗敎硏究所.「韓國宗敎硏究」Vol.4 (2002): 51~70.
이현민·최미선. "노인1인가구의 삶의 만족에 영향을 미치는 고령친화 지역사회환경 요인". 한국보건사회연구원.「보건사회연구」제42권 제2호 (2022): 262~279.
임영효. "영적지도력의 본질로서의 성령의 열매에 관한 연구". 고신대학교 고신신학

연구회. 「고신신학」 Vol. No.14 (2012): 357~422.
_____. "크리스천 리더십의 원리: 살전 2:7~12을 중심으로". 고신대학교 고신신학연구회. 「고신신학」 Vol. No.7 (2005): 18~50.
안재은. "소그룹 리더십 개발 원리와 훈련 방안". 한국복음주의실천신학회. 「복음과 실천신학」 제27권 (2013): 95~120.
양병모. "오늘날 한국 목회상황과 과제". 백석대학교 기독교전문대학원 실천신학추계 학술대회. (2023): 1~16.
양세라. "공동체의 치유 도구로서 연극의 역할 연구". 한국연구재단 KRM(Korean Research Memory), (2016): 115~148.
양즈치·조정형. "공공예술디자인 분야 재활용품 활용방안 연구". 한국기초조형학회. 「한국기초조형학회학술발표논문집」 No.2 (2019): 153~156.
양형철. "하워드 스나이더의 선교적 교회론에 관한 연구". 서울신학대학교 기독교신학연구소. 「신학과 선교」 62 (2022): 81~98.
여상일. "저소득시민 불량주거환경 개선방안". 한국지방행정연구원. (1992): 1~122.
여혜진. "생활환경개선 활성화를 위한 마을기업 지원제도 연구". 「국가정책연구포털(NKIS)」 (2014): 1~276.
오태균. "셀사역의 기독교교육학적 이해". 한국기독교교육정보학회. 「기독교교육정보」 19 (2008): 249~277.
유혜원. "대학 토론 교육의 방법론 연구 - 〈토론의 이론과 실제〉". 우리말교육현장학회. 「우리말교육현장연구」 10 (2016): 272~300.
이춘수. "주기철, 십자가를 지고 간 순교자". 연세대학교 신과대학 동문회 편저. 「인물로 보는 연세신학 100년」 (2015): 282~303.
이후정. "영성신학의 본질과 주제". 「기독교사상」 449권 (1996): 18~19.
정봉현. "교회성장을 위한 제자훈련의 운영실태와 발전방향: 서울 사랑의교회 및 일반사례를 중심으로". 전남대학교 종교문화연구소. 「종교문화학보」 제13권 (2016): 173~197.
정진우. "한국교회 셀목회 현황과 분석". 장로회신학대학교. 「敎會와 神學」 54 (2003): 18~24.
정진희. "피드백 유형이 토론 수업의 태도 및 내용에 미치는 효과 연구". 한국독서교육학연구회. 「독서교육연구」 4 (2009): 53~73.
정재영. "소그룹을 통한 교회공동체의 실현". 새가정사. 「새가정」 (2008): 54~57.
정회현. "교회성장과 소그룹 운동". 신학과 실천학회. 「신학과 복음」 5 (2018): 27~63.
정희영·이정규·한민좌. "기독교 유아 인성교육을 위한 덕목추출". 「기독교교육논총」 제36집 (2013. 12): 195~218.
조태린. "언어의 품격과 공공언어의 품격(성) 문제에 대한 비판적 고찰", 한국문법교육학회. 「문법교육」 41권 (2021): 97~124.
주도홍. "성령의 신학자 틸리케의 생명신학". 백석정신아카데미 백석연구소. 「개혁주의생명신학 세계를 살리다」 제2권 (2023): 389~418.
차미란. "지식과 도덕 : 아리스토텔레스 '실천지'(phronesis) 개념의 성격과 한계". 한국도덕교육학회. 「道德敎育硏究」 25 (2013): 39~64.
최경천. "KBB_SCHOLAR_요한계시록의 선교적 리더십". 「선교신학」 45집 (2017): 239~268.
최윤배. "성령의 열매로서 절제". 한국성서학연구소. 「성서마당 한국교회를 위한 성경연구지」 119 (2016): 4~7.
하현주. "간헐적 단식과 주열요법 병행이 인체의 기초대사량에 미치는 영향". 한국자연치유학회. 「Journal of Naturopathy」 Vol.4 No.2 (2015): 62~69.
한만오. "건강한 미래형 소그룹 사역을 위한 효과적인 전략". 「복음과 실천신학」 Vol.16 (2008): 33~67.
한지연. "커뮤니티 댄스의 가치공유 및 확산을 위한 프로그램 개발 연구: Nonaka의 SECI 모델에 기반 하여". 한국무용교육학회. 「韓國舞踊敎育學會誌」 Vol.26 No.3 (2015): 71~95.
황지연·강혜정. "묵상기도에 대한 고찰: 위니캇의 중간현상 이론을 중심으로". 한국실천신학회. 「신학과 실천」 71 (2020): 281~311.

6. 사전 및 주석

민영진 편, 『성서대백과 사전』 제10권 (서울: 성서교재간행사, 1981)

7. 인터넷 자료

김현기 기자, 「손흥민은 토트넘 앰버서더…토트넘 감독 SON리더십+공격력 극찬」, 엑스포츠뉴스, 2023. 09. 30. (검색일: 2023. 11. 11) (https://www.xportsnews.com/article/1776271)
손형우, "내담자 학생을 위한 생활 상담과 미술교육을 통한 성품 교육과 영적 성숙", ARTE-9 미술문화연구소
https://cafe.naver.com/gallerygrimi 〈검색일: 2024. 3. 30.〉

https://dic.daum.net 〈검색일: 2023. 11. 25.〉
https://dic.daum.net 〈검색일: 2023. 11. 30.〉
https://terms.naver.com 〈검색일: 2023. 12. 23.〉
https://terms.naver.com 〈검색일: 2024. 01. 06.〉
https://100.daum.net 〈검색일: 2024. 01. 06.〉
https://dic.daum.net 〈검색일: 2024. 01. 06.〉
https://insightink.co.kr/26 〈검색일: 2024. 03. 09.〉

찾아보기

숫자, 영문

- 17~18세기에 나타난 소그룹활동   51
- 4세기 이후의 소그룹활동   47
- Cell훈련   233
- TEE 소그룹공동체학습훈련   236

ㄱ

- 감리교의 소그룹활동   55
- 경건주의시대의 소그룹활동   50
- 공감능력   127
- 교회 내 소그룹 이해   20
- 교회 내 소그룹사역과 성품리더십   115
- 교회 역사적 발전과정에서의 소그룹활동   45
- 구약성경에 나타난 성품리더십   96
- 구약성경에서의 소그룹   28
- 구약성경에서의 종의 의미   96
- 그리스도 중심 성품리더십 원리와 훈련 프락시스   250
- 그리스도 중심 성품리더십 재생산 훈련 모형   247
- 그리스도 중심 성품리더십의 필요성   112
- 그리스도 중심적 성품리더십 재생산 훈련   240
- 그리스도 중심적 성품리더십 정의   109

ㄴㄷ

- 느헤미야의 하나님의 종 리더십   100
- 다윗의 하나님의 종 리더십   99

ㄹㅁ

- 리더가 지녀야 할 일반적 자질   123
- 리더십과 성품리더십   65
- 리더십의 유형   72
- 리더십의 의미와 정의   65
- 리더십의 주요이론   67
- 리더에게 필요한 성품리더십   115
- 리더와 성품리더십간의 상관성   133
- 모세의 하나님의 종 리더십   98

ㅂ

- 바나바형 소그룹
- 바울의 섬기는 종 리더십
- 바울형 소그룹
- 베드로의 섬기는 종 리더십
- 변혁적 리더십
- 비전

ㅅ

- '사랑' 성품 강화를 위한 실제적 훈련
- '사랑'의 의미
- 사랑의 열매 속성과 의미
- 서번트 리더십
- 성결교의 소그룹활동
- 성경에 근거한 성령의 기능
- 성경역사 안에서 소그룹의 위상과 의미
- 성령 충만함의 참된 의미
- 성령의 기능과 역할
- 성령의 사역 훈련과 연합의 특징
- 성령의 열매 속성과 의미
- 성령의 열매를 통한 훈련
- 성품리더십 재생산 훈련의 특징
- 성품리더십 재생산 훈련의 효과
- 성품리더십교육의 필요성
- 성품리더십의 그리스도 중심성
- 성품리더십의 본질
- 성품리더십의 성경적 이해
- 성품리더십의 성화과정
- 성품리더십의 정의와 본질
- 소그룹 공동체 강화 활성화 방안
- 소그룹공동체 도입의 전제조건
- 소그룹공동체 활성화 방안
- 소그룹리더 갱신 강화 방안
- 소그룹리더 양육훈련의 기대효과와 전망